欧洲文艺复兴时代
名家名作丛书

刘明翰　主编

文艺复兴时代
科学巨匠及其贡献

闵军　等著

中国青年出版社

"欧洲文艺复兴时代名家名作丛书"
总序

刘明翰

　　恩格斯以高屋建瓴的视野，曾对欧洲文艺复兴运动做出过精辟的评价。他指出："这是人类以往从来没有经历过的一次最伟大的、进步的变革，是一个需要巨人并且产生了巨人的时代，那是一些在思维能力、激情和性格方面，在多才多艺和学识渊博方面的巨人。给资产阶级的现代统治打下基础的人物，决没有市民局限性。相反，这些人物都不同程度地体现了那种勇于冒险的时代特征。那时，几乎没有一个著名人物不曾作过长途的旅行，不会说四五种语言，不在好几个专业上放射出光芒。"[1]

　　我国人文社会科学界一部分中老年历史学工作者，在中国特色社会主义道路的旗帜指引下，从2001年起，根据国家社科规划办公室的计划和要求，通过与各国学术界广泛交流，辛勤笔耕，以十年的时间（2001—2010）完成了囊括意大利及整个欧洲范围的文艺复兴史大型丛书《欧洲文艺复兴史》（12卷，包括：总论卷、经济卷、政治卷、哲学卷、科学技术卷、

---

[1]　恩格斯.自然辩证法 // 马克思恩格斯选集：第三卷.北京：人民出版社，2012：847.

文学卷、艺术卷、教育卷、法学卷、宗教卷、史学卷以及城市与社会生活卷，约 500 万字）。这一成果走在了世界前列。这套丛书因各卷以综合阐析某一领域的历史发展为主，加之字数的限制，因而对欧洲文艺复兴时代各个领域的巨人、名人的生平及其代表作（典籍或艺术作品）未能分别加以详介。近几年来，一些读者，特别是高校的青年学生，很盼望多了解一下欧洲文艺复兴时代各界巨人的水平、奋斗史实和贡献，以及他们的代表作。为满足读者需求，现根据中国青年出版社的计划和要求，原参加过《欧洲文艺复兴史》的部分作者，分别执笔撰写"欧洲文艺复兴时代名家名作丛书"的各卷。这套丛书共计 6 卷，各有侧重和特点，分别为：《文艺复兴时代著名政治思想家及其代表作》《文艺复兴时代著名历史学家及其代表作》《文艺复兴时代杰出哲学家及其代表作》《文艺复兴时代文学巨匠及其经典作品》《文艺复兴时代著名美术家及其名作》《文艺复兴时代科学巨匠及其贡献》。

一

习近平主席在中共中央政治局第十八次集体学习时强调，要"牢记历史经验、历史教训、历史警示"[1]。2015 年伊始，中共中央纪委监察部网站推荐介绍了"新年第一书"——《历史的教训》，这部书是美国著名历史学家威尔·杜兰夫妇的著作。杜兰夫妇用了 50 年时间写出《世界文明史》11 卷，其中包括《欧洲文艺复兴》的专卷。[2]《历史的教训》这部专著"浓缩了《世界文明史》的精华，通过提纲挈领的线条，总结了历史留给人们的丰富精神遗产"。

---

[1]　光明日报，2014-10-14（1）.

[2]　威尔·杜兰.世界文明史：11 卷.幼狮文化公司，译.北京：东方出版社，1999.

欧洲文艺复兴时代是历史上极其伟大的时代。在这个时代，欧洲各国的社会、经济、政治、文化等诸多方面都发生了全面的转折和变化。文艺复兴是一场反对封建主义、弘扬以人为本新观念的文化运动。人们解放思想，反对禁欲主义，以一种崭新的精神创建自己的幸福家园。人们"不再集中他们的思想与他们的才力于来世天堂上的存在了。他们竭力想建设他们的天堂在这一个地球上，并且老实说，他们的成功是很多的"[1]。

关于欧洲文艺复兴，长期以来，国内外学术界对文艺复兴的地域范围以及时间范围和分期等问题，一直有着明显的分歧。

（一）西方国家有些书刊说文艺复兴局限于西欧各国，显然不够准确。史实证明，文艺复兴在东欧亦得到传播与发展。

16世纪初，波兰国王西吉斯孟德一世（1506—1548年在位）与意大利米兰公爵之女波娜·斯莫莎结婚时，斯莫莎先后从意大利带来了许多朝臣、文化人作为随员，这些人成为16世纪波兰文艺复兴运动的栋梁。波兰的人文主义活动的中心，主要在宫廷的上层范围，与法国很相似。波兰哥白尼的"日心—地动论"的伟大成就和巨著《天体运行论》的问世，是波兰文艺复兴在科学领域深入发展的体现。

在捷克，布拉格的著名学者提霍·布拉伊是16世纪欧洲文艺复兴运动中有影响的代表人物。捷克杰出的教育思想家、《大教学论》的作者夸美纽斯（1592—1670），曾被世人誉为"近代教育科学之父"，是欧洲文艺复兴时代教育史上里程碑式的杰出代表。

在东南欧亚得里亚海岸达尔马提亚的杜布罗克城中，塞尔维亚的盖克托洛维奇（1487—1572）、巩都利奇（1588—1638）都是著名的人文

---

[1] 房龙.西洋史大纲.张闻天，译.上海：上海辞书出版社，2003：415—416.

主义作家。

显然文艺复兴运动并非仅局限于西欧。

（二）关于欧洲文艺复兴运动的时间范围（上、下限），这是一个长期有分歧、待研讨的问题。过去，国内外的通说是：欧洲文艺复兴运动发生在 14—16 世纪。[1]我们认为与史实不符，是不确切的。因为塞万提斯的《堂吉诃德》、莎士比亚的"四大悲剧"等世界文学名著，都是在 17 世纪初才面世的。欧洲文艺复兴时代的弗朗西斯·培根和笛卡儿等人的名著、伽利略物理学上的三项重大定律、哈维生理学的诞生以及伦勃朗等艺术大家的名画——这些文艺复兴晚期的杰作在 16 世纪末以前并未出现。

根据国家课题的任务，我们在撰著《欧洲文艺复兴史》（12 卷）的过程中，进行了 6 次全国性的研讨，对欧洲文艺复兴时代的时间范围（上、下限）问题，取得了下述基本认识。

我们认为，欧洲文艺复兴的上限，应以但丁发表《神曲》（1307—1321）为标志。但丁的思想恰好是中世纪末期一系列基本观点的反映和表现，就这一特点而言，他的代表作《神曲》较之彼特拉克、薄伽丘的有关作品，显得更为明显。

关于欧洲文艺复兴运动的下限，迄今一直是众说纷纭。国内外有些书刊笼统地讲，文艺复兴运动是在 16 世纪末结束；国外有的著作称，欧洲文艺复兴运动迄 1517 年德国的路德宗教改革开始时，已告结束；或称1527 年德皇查理五世攻陷罗马，出现"罗马浩劫"，是文艺复兴衰落的表现。我国国内有的著作称，"欧洲文艺复兴是 15 世纪中叶起至 16 世纪趋于

---

[1] 见《不列颠百科全书》第 15 版"文艺复兴"条。我国高级中学课本《世界历史》上册，人民教育出版社，1981：135。此后续印时一直沿用此说。国内最早有朱龙华编著的《意大利文艺复兴》，商务印书馆，1964：3。国外有些书刊迄今仍沿用通说，将欧洲文艺复兴运动的时间定为 14—16 世纪。

衰落"^[1]，或认为"欧洲文艺复兴结束于 1642 年意大利天文学家伽利略的逝世"^[2]，等等。

通过历年来的研讨，我们认为：欧洲文艺复兴时代的下限时间，应以英国弗朗西斯·培根发表的《新工具》（1620 年）和法国笛卡儿写出的著名代表作《方法论》（1637 年）为标志，即 17 世纪 30 年代为时间下限。因为培根曾被马克思、恩格斯评价为"英国唯物主义和整个现代实验科学的真正始祖"^[3]。笛卡儿被黑格尔称为"现代哲学的倡导者"。在 17 世纪二三十年代，培根和笛卡儿的名著问世后，意识形态才逐渐转型进入近代时期。

（三）关于欧洲文艺复兴时代的历史分期问题，根据欧洲各国的史实和特点，我们认为应划分为三个时期。

从但丁的《神曲》问世（1321 年）起至 15 世纪中叶是早期。这段时期，文艺复兴的活动主要在意大利境内。从佛罗伦萨逐渐扩大到罗马、米兰、威尼斯及那不勒斯等城，首先是文学（文学三杰：但丁、彼特拉克和薄伽丘及其代表作），同时扩大到历史学（如布鲁尼的《佛罗伦萨人民史》和比昂多的《罗马衰亡以来的历史》等）。文艺复兴早期主要在文史领域中，人文主义观点和现实主义的创作方法开始结合，这是突出的特点。

中期：从 15 世纪中叶至 16 世纪中叶。由于中国的四大发明在欧洲的传播，尤其是德国古登堡印刷术的推广，加速了文艺复兴运动在欧洲向纵深扩大。这一时期的特点是：文学艺术高度繁荣，史学和政治学名著大量涌现，新文化运动从意大利传播到欧洲各国。在文艺复兴运动的推动下，哲学、教育、经济等领域的研究、交流和发展，特别是欧洲的

---

[1] 缪朗山.西方文艺理论史纲.北京：中国人民大学出版社，1985：257—258.
[2] 陈小川等.文艺复兴史纲.北京：中国人民大学出版社，1986：53.
[3] 马克思，恩格斯.神圣家族//马克思恩格斯全集：第2卷.北京：人民出版社，2012：163.

宗教改革自1517年从德国爆发后，迅速扩及欧洲各地（包括东欧和北欧）。

晚期：从16世纪中叶至17世纪30年代。这是文艺复兴运动取得空前成就的时期。文学、艺术、政治、法学、史学、哲学、经济学等继续发展和繁荣的同时，波兰哥白尼的《天体运行论》（1543年）和尼德兰维萨里的《人体构造论》（1543年）——人类历史中空前卓越的两部论著（"两论"）的诞生[1]，标志着近代自然科学的产生与科学革命的新纪元。这一时期里，自然科学和人文社会科学开始从神学中解放出来。科学中的许多定理定律和新学科开始出现，近代自然科学和新的人文社会科学相继诞生并取得了划时代的伟大成就。"科学的发展从此便大踏步地前进。"[2]

二

欧洲文艺复兴时代"以人为本"，反对"以神为本"，其主要方向是把人当作主体，强调人的主体性，人有其独立的个性和人格。"文艺复兴"时期表现出前所未有的对人的注意：描写人、歌颂人，把人放在宇宙的中心。"以人为本"的基本含义是：1. 肯定人在社会发展中的主体地位和作用。2. 这是一种价值取向，强调应尊重人和塑造人。尊重人就是尊重人的价值（社会价值和能力价值）；塑造人，就是既要描述人的秀美和刚毅、丰富内心或精神，又要把人塑造为权利的主体和责任的主体。3. 这是一种思维方式，要求处理一切问题都要关注人的生活世界和发展命运，关注人的共性和个性，树立人的自主意识。4. 否定封建文化和神学的主导地位。

---

[1]　刘明翰，等.欧洲文艺复兴史：总论卷.北京：人民出版社，2010：349—412.

[2]　恩格斯.自然辩证法 // 马克思恩格斯选集：第4卷，1995：263.

人文主义和"以人为本"的提出，有过积极的贡献，起过进步的历史作用。但他们在思想上反映的多属新兴资产阶级的诸多观念。"著名的人文主义者大部分都是管理过国家事务的人或积极的社会活动家。"[1]他们虽然反对封建社会，绝大多数并非无神论者，并不反对宗教与上帝；也从未否认过基督教的基本教义，未脱离教会组织，并且履行了教会规定的职责和义务。

欧洲文艺复兴文化的主要载体是欧洲的城市社会和一些大学。

欧洲各国文艺复兴有一些不同的特点，概括说来：

意大利是文艺复兴的摇篮。文艺复兴运动最先从意大利开始，在众多领域很繁荣，成就亦突出。14—15世纪意大利是拜占庭等各国学者、欧洲大量留学生的集中地，蕴藏和吸收了古代希腊、罗马、中世纪欧洲及阿拉伯的先进文化。巨人辈出，著名教堂、学校逐渐发展。文学有但丁、彼特拉克和薄伽丘等；历史学有维兰尼、布鲁尼、瓦拉、比昂多和瓦萨里；艺术上达·芬奇、米开朗琪罗、拉斐尔之外，乔托、多纳泰罗、乔尔乔内和提香等齐名秀出；政治学中马基雅维里和康帕内拉甚为突出；哲学有彭波那齐、特勒肖和布鲁诺等。许多巨人被引聘至欧洲各国成为传播文艺复兴的火种。

德国是意大利的近邻，文艺复兴传播早，主要活动中心不在贵族和宫廷等狭窄的范围内，而是在一些著名大学之中。德国文艺复兴的主要内容不是文学艺术作品，而是对宗教、哲学、道德以及反对德国分裂、要求德国统一、摆脱罗马教廷的奴役等问题最为敏感。文艺复兴活动与宗教改革密切结合，勒克林、胡登及库萨和尼古拉等人是主要代表。人文主义的活动中心南部在纽伦堡，西部是科隆等城，北部则与尼德兰联

---

[1] 加林.意大利人文主义.李玉成，译.北京：生活·读书·新知三联书店，1999：15.

系密切。

法国是意大利的又一近邻，在 15 世纪中叶，文艺复兴活动亦传播开来。活动多以宫廷为中心，主要在王室和一部分贵族之间流行。法国封建君主专制形成早，王权较强大，民族观念强烈。人文主义文学成就显著，以贵族龙沙和杜贝莱为首的"七星诗社"同以拉伯雷（杰作《巨人传》著者）、蒙田等人民民主派有明显的分歧和斗争。博丹的名著《主权论》（亦译为《国家论》），主张国家权力至上，影响遍及全欧。法国文艺复兴运动期间各类作品均提倡用法兰西语言创作，反对用拉丁文和外国语写作，增强了法兰西民族的凝聚力，法国民族历史学的成就明显扩大。

英国文艺复兴开始的时间比德、法两国都晚，是在 16 世纪末和 17 世纪初，文艺复兴运动最初主要在伦敦市和牛津大学进入高潮。人文主义的应用性明显，重视办教育，提倡积极的基督教生活。某些活动受到英王亨利八世的保护。托马斯·莫尔抨击了圈地运动中的"羊吃人"现象；"戏剧艺术奠基人"莎士比亚的戏剧驰名世界，剧团与剧院在英首创；弗朗西斯·培根的新哲学和威廉·哈维生理科学的确立等是 17 世纪初文艺复兴成果辉煌的标志。英国的国家统一、经济活跃、人文科学同自然科学的交融与互动，是英国文艺复兴后来居上的重要条件。

西班牙是早期殖民主义国家，其文艺复兴运动兴晚衰早。修道士中人文主义者拉斯·卡萨斯揭露殖民侵略的论著意义突出。宗教文学以及骑士文学《堂吉诃德》等影响广泛。因长期在阿拉伯人统治之下，西班牙曾将中华文明和东方文化向西欧传播。西班牙的流浪汉文学独具独色，自然科学和大学教育较发达。专制王室对人文主义的一部分活动曾予以支持。西班牙的北部受法、德和尼德兰的影响大，西南部和中部则大量融入阿拉伯文化的影响。至 17 世纪中叶，西班牙文艺复兴活动衰落。

尼德兰（荷兰）文艺复兴活动的特点同尼德兰革命前后的历史背景

紧密相关，综合成就突出，成为早期资本主义文化的传播中心。尼德兰北部资本主义较发达，是中世纪晚期西欧经济和文化最先进的地区。代表人物有：画家鹿特丹的伊拉斯谟、格雷科等，"庄稼汉"画家勃鲁盖尔和油画家伦勃朗，近代国际法奠基人格劳秀斯和《神学政治论》的作者斯宾诺莎。欧洲新思想和文化书刊 17 世纪时多在荷兰出版发行。

欧洲文艺复兴在东欧的波兰、捷克、塞尔维亚，北欧的瑞典等国均有传播与发展。在多数国家，文艺复兴与宗教改革是同时展开的。

通过对欧洲各国文艺复兴特点的归纳，再对各国情况加以对比评析，则可得出许多重要启示。以英国为例，虽地处西欧边缘，国土小，人口少，文艺复兴开始时间晚，但都铎王朝国家统一后，政权稳固，民族和谐，文艺复兴过程中破除迷信、生产发展、工商业活跃，促进了文化联系的扩大。在英国，莎士比亚誉满欧洲的"四大悲剧"（1601—1608）问世时，同样是培根的新哲学和哈维的生理学产生之时，也是人文科学同自然科学之间的交融与互动之时，这促进了英国文艺复兴的繁荣。而当时，意大利和德国国内长期分裂，西班牙自 16 世纪末霸权衰落，法国文艺复兴范围的狭窄及长期的胡格诺战争，以致 17 世纪初时制约了文艺复兴成果的扩大，从而较英国的辉煌大为逊色。

三

自 2013 年春《欧洲文艺复兴史》（12 卷）荣获教育部的鼓励[1]之后，为满足广大读者的要求，《欧洲文艺复兴史》的一部分著者开始策划"欧洲文艺复兴时代名家名作丛书"。2013 年 7 月上旬，在北京西山国林山

---

[1] 教育部曾于 2013 年 3 月公布，刘明翰主编的《欧洲文艺复兴史》（12 卷）为全国第六届高等学校科学研究优秀成果（人文社会科学）一等奖第一名，以资奖励。

庄宾馆举办的"欧洲文艺复兴史研究"学术座谈会上,学者们对这套丛书的框架进行了初步的酝酿和研讨。三年来,各卷著作的作者通过辛勤努力,不断加工和修改,迄今已完成了各卷的书稿。

这套丛书有哪些重点和特点呢?它同 2010 年面世的《欧洲文艺复兴史》(12 卷本)有哪些异同处呢?

本丛书 6 卷是分别独立的著作,计有:著名政治思想家、史学家、哲学家、文学家、美术家及其代表作,以及著名科学家及其贡献。因早在 2006 年《欧洲文艺复兴史》(12 卷)的主编和有关著者已应山东教育出版社之约,出版了《文艺复兴时代的教育思想家》一书,其中介绍了 21 位教育家分别在初等教育、中等教育或教育心理学等方面的教育理念和贡献,故本丛书未包括教育家的生平和著作。

本丛书的 6 卷同《欧洲文艺复兴史》(12 卷)的互异之处主要是:1. 本丛书各卷以介绍各领域的名人的生平及其代表作为主;2. 本丛书各卷对各位名人的代表作进行详细的介绍;3. 本丛书各卷中所评介的名人的代表著作,以该书近年最新版本的中文译著为主,原书中的重要注释避免遗漏。[1]

欧洲文艺复兴时代众多的文化巨人——先进知识精英,在史无前例的新文化运动中,为人类做出了辉煌的里程碑式的贡献。他们中的先进人士为了理想和真理矢志不渝,甚至在罗马教廷的强权高压和宗教裁判所的残酷迫害下,牺牲了宝贵的生命。

大量史实充分证明,恩格斯所指出的许多巨人"在几个专业上都放射出光芒",即在多个专业领域都有过杰出的成就和不朽的名著。

---

[1] 如:托马斯·莫尔著《乌托邦》,戴镏龄译,原通用的是 1959 年新 1 版,现参照的是商务印书馆 1997 年第 2 版第 9 次印刷本。再如:伊拉斯谟著《论基督君主的教育》,现采用李康译,上海人民出版社 2003 年版。

但丁既是人文主义文学的先驱、文艺复兴的"文学三杰之首",又是杰出的政治思想家,著有《论世界帝国》等杰作。

马基雅维里多才多艺、兼通多科。他在历史学、政治学方面的成果尤为辉煌,而他的意大利语散文著述,无论戏剧、政论、史书皆称典范。而在社会实践中,他又集政治家、军事家、外交家于一身,其不朽巨著《君主论》《佛罗伦萨史》《论李维〈罗马史〉》等皆作于此时。[1]

达·芬奇既是文艺复兴"盛期艺术三杰之首",又是早期自然科学的杰出理论家,他还是大数学家、力学家和工程师,他在物理学的各种不同分支中都有重要的发现。[2]他的《最后的晚餐》《蒙娜丽莎》等绘画,曾被世人誉为世界名画之冠。他提出的飞行器、降落伞等设想揭开了人类飞行史启蒙的第一页;他提出了人能认识自然、研究和利用自然,高举出"实验乃为精确性之母"的旗帜,指引并推动了欧洲各国自然科学研究的发展。他的科学思想和理论具有划时代的历史意义。[3]

法国"唯理论"哲学的开拓者勒奈·笛卡儿发表了《方法论》《哲学原理》等名作,他还创立了"解析几何学",使数学的分支门类进一步扩大。[4]

鹿特丹的伊拉斯谟被誉为人文主义思想家的泰斗,也是古希腊语、拉丁文的语言学权威。他的名著《愚人颂》曾有过12种译本,他本人在世时翻印再版达40次之多。他还是著名的政治思想家,当马基雅维里在1513年写出《君主论》后,伊拉斯谟在1516年发表的《论基督君主的教育》一书中阐发不同于马基雅维里的君主论,提出君主在统治上应加强

---

[1] 刘明翰,等.欧洲文艺复兴史:总论卷.北京:人民出版社,2010:186.

[2] 恩格斯在《自然辩证法》的《历史导论》的《导言》中盛赞过他,载于《马克思恩格斯选集》(北京:人民出版社,2012:847)。

[3] 刘明翰,等.欧洲文艺复兴史:总论卷.北京:人民出版社,2010:180—182.

[4] 刘明翰,等.欧洲文艺复兴史:总论卷.北京:人民出版社,2010:393—394,378—379.

德治的观点。

本丛书的《文艺复兴时代著名政治思想家及其代表作》一书，特别提出了托马斯·莫尔与《乌托邦》、康帕内拉与《太阳城》以及安德里亚与《基督城》这三位空想社会主义先驱者类似的政治观，将他们作为政治家的另一类型，这是本书与其他同类书不同的特点，说明文艺复兴时代不仅有反映新兴的正在形成中的资产阶级的政治观点，也有提倡公有制、空想社会主义的先驱思想的著作涌现。此外，《文艺复兴时代著名政治思想家及其代表作》一书，将天主教会多米尼克派僧侣的传教士拉斯·卡萨斯揭露西班牙对拉丁美洲殖民侵略的《西印度毁灭述略》列入其中，更属难能可贵的创新，选择并评介这本名著是本卷的精华。

欧洲文艺复兴运动中的一些精英，穷数年之功前往文艺复兴蓬勃兴起的意大利学习深造。比如，哥白尼在意大利结识了达·芬奇等人，为他日后创建的"日心—地动论"打下了坚实的基础。再如，瑞士的化学家和医学家帕拉西尔索斯、英国著名心理学家哈维（血液循环理论的创立者）等人意大利的访学为他们后来的贡献打下了科学理论基础。[1]

本丛书中《文艺复兴时代科学巨匠及其贡献》这部著作，以大量史实充分说明科学是第一生产力的真理；哥白尼、布鲁诺、伽利略等科学巨人长期被压抑、受迫害，仍矢志不渝地奋斗，这种精神对今天的读者仍有启示意义。

尼古拉·哥白尼从青年时代起为保卫祖国，积极投入了反对德国条顿骑士团侵略波兰的斗争。他还经常靠自学的医术治病救人。他用自制的粗陋仪器在教堂的塔楼上坚持不懈地观测和研究天象，近 30 年之久。哥白尼的《天体运行论》中选用的 27 个观测实例，其中有 25 个都是由

[1] 刘明翰，等.欧洲文艺复兴史：总论卷.北京：人民出版社，2010：182.

他本人亲自观测、记录和研究后整理的。哥白尼毕生刻苦勤奋，对科研极其热衷和审慎，直到去世前弥留之际才同意出版《天体运行论》这部宏著。

坚决维护并发展了哥白尼的"日心—地动论"学说的布鲁诺写过多部关于科学和哲学的名著名篇，欧洲至少有 130 处宗教裁判所都指控布鲁诺为"异端"，罗马教廷把他开除教籍，但布鲁诺在祖国意大利以及瑞士、英、法、德和捷克等地长达 16 年受迫害的流浪生活中始终宣传真理。1593 年，罗马教皇用卑鄙手段将他骗回意大利投入监狱，布鲁诺受尽酷刑，被囚禁 8 年后，于 1600 年被宗教裁判所判处烧死在罗马百花广场的火刑柱上。

物理学中动力学的落体、抛物体和振摆三大定律的发现者伽利略受迫害的史实更令人发指。在罗马教廷的指挥下，有些宗教裁判所的反动分子竟诬蔑伽利略试制出的望远镜是"魔鬼的发明"，甚至宣扬伽利略是"骗子"，是"大逆不道、亵渎神灵"的罪人。宗教裁判所于 1616 年公开宣布哥白尼的著作为禁书，并警告伽利略必须放弃对哥白尼学说的信仰和宣传。然而伽利略坚持斗争，他在 1632 年公开出版了《关于托勒密和哥白尼两个世界的对话》，进一步支持和宣传哥白尼的"日心—地动论"。1633 年，宗教裁判所再次下令把伽利略召回罗马，用严刑和囚禁对伽利略进行迫害。最后甚至强迫已经 70 岁高龄的他跪下宣誓和签字放弃哥白尼的学说。伽利略被迫签字，但同时他充满信心地说："但是，地球仍然在转着啊！"这句话成为名言，长期鼓舞着为真理而奋战的人们。

与哥白尼的《天体运行论》同时发表的《人体构造论》（1543 年），乃是划时代医学革命的宏著，促成了科学革命的新纪元。《人体构造论》的作者是近代解剖学的奠基人尼德兰的安德烈·维萨里。由于天主教会的保守和一些医生的反对，1564 年教会下令让维萨里忏悔，迫使他去耶路撒冷"朝圣"。维萨里因远途的劳累和饥饿而不幸英年病逝。

另一位西班牙名医米·尔·塞尔维特也因其主张同天主教的"三位一体"相违背，受迫害逃到加尔文教控制下的日内瓦，但加尔文仍以"异端"罪将其逮捕并处以火刑。

欧洲文艺复兴时代的文学杰作充满了精神高度。《堂吉诃德》等将骑士文学逐渐推向坟墓，封建时代的禁欲帷幔进一步揭开，热爱民族国家的情怀在众多作品中溢于言表，经典文学深入人心；当人们感觉迷茫、低落和情绪晦暗之际，《巨人传》在大境界下给人民大智慧，文以载道，给了了心灵指引；"诗歌之父"乔叟的《坎特伯雷故事集》乃市民形象的缩影；斯宾塞的长诗《仙后》是盛世诗坛的代表；莎士比亚戏剧不仅探索了人生的谷底，而且闪耀了人性的光辉，使人们会感到像被维吉尔引导但丁环游三界一样，增添了光明、自信和勇气。文艺复兴文学开始构建美学和各国民族语言的体系。

《文艺复兴时代著名美术家及其名作》充分展示了古代的"巨人"创造者米开朗琪罗毕生从事雕刻艺术的空前贡献；对达·芬奇生命与创作历程的艰辛和坎坷，尽量全面、具体详尽地加以介绍，使他能以"伟大"兼"普通"的形象站立在读者面前。达·芬奇的《绘画论》，反映了他本人对自然科学研究的功力和成果。尼德兰的勃鲁盖尔倡导自由思想，是文艺复兴时代草根画家的杰出代表。鲁本斯具有卓越外交家的赞誉，又获著名画家的殊荣，他的画作永远彪炳史册。众多艺术作品中突出了人文主义的"神人合一"思潮。

文艺复兴时代的历史学从来是学术史、思想史和文化史研究的重要领域，这一时期产生了具有重大历史意义的史学革命。其主要特征是：历史意识的觉醒、崇古之风的兴盛、时代误置观念的纠正、语文学方法的应用以及民族历史编纂传统的创建等。史学革命始自14世纪的意大利，

15 世纪达到高潮，16—17 世纪新史学在西欧繁荣。洛伦佐·瓦拉作为人文主义历史考证方法的开创者具有重要的历史地位；圭查迪尼及博杜安等人强调民族文化传统。德国新教史学和天主教史学呈现不同特点，英国文艺复兴时期史学的实证主义和实用主义的方法也各有不同。

长期以来学者对文艺复兴时期的哲学及其哲学家传记多从哲学研究的视角入手，仅根据传主的哲学著作分析各人的经历及其思想发展路径，因而缺乏对传主本人历史全貌的概括。本丛书的《文艺复兴时代杰出哲学家及其代表作》，既突出了历史性、知识性和文学性的结合，更加强了对不同哲学观的阐析与比较。如对人文主义人生哲学的全面评析、诠释，阐述其启蒙的历史价值和重大影响及其局限性；对欧洲宗教改革运动中各类新教哲学同天主教哲学，以及对人文主义社会政治哲学中各类空想社会主义的思想作了比较。评析中运用史学研究方法，强调史料的考释，避免史实硬伤。文艺复兴后期自然哲学的勃兴亦列为重点加以评研。

众多事实充分说明，历史上文化巨人在科学上的重大成就和对人类的贡献，是通过艰辛努力奋斗，甚至牺牲宝贵生命才取得的。欧洲文艺复兴是伟大的历史时代，世界人民应铭记历史，继承并发扬巨人们毕生拼搏不屈的精神。

综上所述，在世界中世纪历史晚期的欧洲文艺复兴时代，许多巨人和知识精英为了破除迷信，解放思想，争取人类的文明、科学和新文化，在罗马教廷专制强权的迫害下，依然舍身奋斗，他们的伟大贡献和历史经验是值得铭记、继承和发扬的。

人无完人，不可能十全十美。任何巨人由于出身、环境、经历和见识及人生观、世界观和价值观等因素的制约，有过不同的缺点、局限和错误，这是任何时代的伟人都不会完全超脱的。

　　文艺复兴时代的政治思想家、历史学家、哲学家、文学家、美术家、科学家，为人类文明发展留下了辉煌的遗产，我们应当吸取并借鉴其精华为中华文明的伟大复兴服务。

　　这六卷书通过众多巨人的生平和贡献，如能给读者以有益的启示，这是我们作者们的夙愿。限于我们的学力和资料，各卷不可避免地会有许多缺欠，期待得到专家、学界同仁和读者们的指正。

目录

序

有了人，就有了人类社会的历史。几百万年的世界历史也好，几千年有文字记载的文明史也罢，都是由活生生的人创造的。如若离开具体的人的活动，人类的历史和人类的文明史，也就无从谈起。因此，马克思、恩格斯将历史看作是一种具体的人的活动。在著名的《神圣家族》一文中，马克思和恩格斯就非常明确地指出："创造这一切，拥有这一切并为这一切而斗争的，不是'历史'，而正是人，现实的、活生生的人……历史不过是追求着自己目的的人的活动而已。"人类自从诞生以来，就通过自己的方式，在追求"自己目的的活动"中，创造自己的物质文明和精神文明。当然，人们追求"自己目的的活动"，总是通过一定的代表人物及其活动体现出来的。

不言而喻，在活生生的历史的创造者中，科学家和发明家对人类社会的发展做出了不可估量的巨大贡献。美国学者麦克·哈特博士的《影响人类历史进程的100名人排行榜》自1978年出版以来，风靡全球，在其排行榜上有36位是科学家和发明家，居第一位，而政治家和军事家则只有31位。此外，美国学者乔恩·巴尔钦还著有《影响人类历史进程的100位科学家》（海南出版社，2007）。在众多中国学者的"影响世界历史的 100 名人"的著作中，科学家和发明家也占有重要地位。总之，科学家和发明家对人类历史进程有着重要影响已成学界共识。

英国哲学家法兰西斯·培根（1561—1626）在《学术的推进》（1605）中说："智慧与学术给人类社会造成的影响远比权力与统治持久。在《荷马史诗》问世以来的两千五百年或是更长的时间里，不曾有诗篇遗失，但却有多少宫殿、庙宇、城堡以及城市荒芜或是被焚毁？""但祖先留给我们的文化遗产将世代相传。"法国启蒙运动的先驱者、思想解放的鼓吹者伏尔泰（1694—1778）曾经写道："一些知名人士在讨论，谁是最伟大的人物？——是恺撒、亚历山大、成吉思汗，还是克伦威尔？有人回答：毫无疑问是艾萨克·牛顿。非常正确，因为我们应该尊敬推崇的正是以真理的力量来统帅我们头脑的人，而不是依靠暴力来奴役人的人，是认识宇宙的人而不是歪曲宇宙的人。"法国的"先贤祠"被称为法兰西思想和精神的圣地，1791 年以来的 200 多年间，法国先后在这里安葬了 72 位代表法兰西精神的伟人，有思想家、作家、艺术家、科学家，其中，仅有 11 人是政治家。

人类历史发展到今天，人们已越来越深刻地认识到，统治人们头脑的力量是思想，而非暴力；对人类历史产生世界性和持久性影响的、为人类谋福祉的历史名人，大多是思想家和科学家，而非政治家。"政治可能成为一个时代的主宰，但学术文化可以笑到最后，成为历史的精魂。"无论是多么伟大的政治家，其大脑都受一定思想的支配，顺应时代潮流者，可以推进历史的发展；违背历史潮流者，可以阻碍历史的发展。但是，思想（真理）的力量，思想（真理）对历史发展的促进作用，则是任何政治家及其强制性措施都无法企及的。

文艺复兴时代是人类从封建社会向资本主义社会转变的时代，是从农业社会向工业社会转变的时代。在这个历史转折关头，科学技术开始在社会生产中显示出强劲的力量，法兰西斯·培根高瞻远瞩地提出了"知识就是力量"的名言，新兴资产阶级也开始从暴力的依赖转为对科学的依赖。科学家的发明创造以无可争辩的事实，证明了科学技术是第一生产力，证明了科学技术跨越历史时代的持久影响力。

科学家掀起和完成的科学技术革命，不仅改变了人们的宇宙观，而且能够创造新的生产方式，为人类生产更多的物质财富和精神财富。麦克·哈特在《影响人类历史进程的100名人排行榜》一书的前言中说：电磁理论的创立者、英国物理学家"法拉第和麦克斯韦，是对未来有影响的人，因为至少在500年内，人类生活还需要电"。19世纪的法国生物学家巴斯德的科学贡献，足以抵偿法国因普法战争战败而支付的赔款——50亿法郎。美国贝尔电话实验室的科学家巴西、肖克莱和布莱坦等人发明的晶体管（1947年研制成功第一支晶体管，1950年又发明晶体三极管），已经为人类创造了数以千亿美元计的财富，对人类的生产方式、生活方式产生了巨大影响，并且还在继续产生影响。我国科学家袁隆平等人发明的杂交水稻品种，使数十亿人摆脱了饥饿的威胁……

恩格斯在《自然辩证法》中曾经高度评价欧洲的文艺复兴运动。他明确指出：这是人类以往从来没有经历过的一次最伟大的、进步的变革，是一个需要巨人并且产生了巨人的时代，那是一些在思维能力、激情和性格方面，在多才多艺和学识渊博方面的巨人。给资产阶级的现代统治打下基础的人物，决没有市民的局限性。相反，这些人物都不同程度地体现了那种勇于冒险的时代特征。那时，几乎没有一个著名人物不曾做过长途的旅行，不会说四五种语言，不在好几个专业上放射出光芒。正是恩格斯所说的这批多才多艺的文化巨人，解放了人们的思想，使人文社会科学和自然科学摆脱了神学的束缚，走上了独立发展的道路。他们为人类文化做出的里程碑式的贡献，丰富了人类的文化宝库，显示了真理永远也不可战胜的力量，至今依然在为人类谋福祉。

在《文艺复兴时代的著名科学家及其贡献》这部著作中，我们将通过天文学家哥白尼，物理学家和天文学家伽利略、开普勒，医学和生理学家维萨里、塞尔维特、哈维，数家家韦达、笛卡儿、费马，化学家波义耳，旷世奇才达·芬奇等，为人们展示科学巨人睿智的目光、深远的思想、精深的智慧，以及矢志不渝地追求真理的科学精神和牺牲精神。他们个个才华横溢，治学严谨，崇尚真理，贡献巨大。

文艺复兴时代的科学家在人文主义思想的熏陶下成长，通晓多国语言，阅历广泛，视野开阔，学养深厚。例如："地心说"的掘墓人哥白尼从波兰克拉夫大学毕业后，到意大利的波洛尼亚大学、帕多瓦大学、斐拉拉大学学习了近 10 年；提出"我思，故我在"名言的笛卡儿，1617—1628 年随军转战南北，周游欧洲，继续"读世界这本大书"；没有接受过系统的高等教育的波义耳，先是在法国、意大利、瑞士旅行和学习了 5 年，继之又长期在"无形学院"深造，等等。

四百多年前的这些科学英杰们，知识渊博，文理兼通，在多个领域都有杰出成就。长期在教堂里履行圣职的天主教教士哥白尼，精通哲学、神学和天文学，也是闻名遐迩的医生，并且提出了"劣币驱逐良币定律"。天体力学和近代光学的奠基人、"天空的立法者"开普勒，1600 年还出版了一部纯幻想作品——《梦》，诉说人类与月亮人的交往。达·芬奇既是画家、雕塑家和工程师，又是建筑师、物理学家、生物学家和哲学家。美国学者菲尼普·李·拉尔夫等著的《世界文明史》（商务印书馆，1998）说："即便达·芬奇在绘画领域毫无所成，他在科学方面的贡献仍足以让他享有殊荣。他在物理学领域的成就丝毫不逊于绘画……他的'一切重量都以最短距离落至地心'的结论包含着万有引力定律的核心内涵。此外，他提出了一些与数目惊人的发明相关的原理，包括潜水艇、蒸汽发动机、坦克和直升飞机等。"享誉世界的"近代哲学之父"笛卡儿，不仅率先创立了影响深远的新思想体系，而且是解析几何的创始人，还提出了物质运动的惯性定律、直线定律和碰撞定律，在天文学、地质学和生理学方面也有杰出的研究成果，被誉为"最后一位全才"。费马除解析几何外，对微积分、数论、"亲和数"、概率论以及光学等都进行过开创性研究，并取得了令人瞩目的成就。

古希腊哲学家亚里士多德曾经说过："我爱我师，我更爱真理。"崇尚真理是科学英杰们的共同特征，在宗教信仰上，他们是虔诚的基督徒；在科学研究上，他们又将真理置于上帝之上。从某种意义说，在真理与上帝、科学与宗教之间，他们最终选择的是真理和科学。最先推动自然科学从神学中解放出来的科学家，正是天主教神职人员哥白尼，这位虔诚的天主教徒认为"人的天职在于勇于探索真理"。恩格斯在《自然辩证法》中说："自然科学借以宣布其独立并且好像是重演路德烧毁教谕的革命行动，便是哥白尼那本不朽著作的出版，他用这本书（虽然是胆怯地而且可以说是只在临终时）来向自然事物方面的教会权威挑战。从此自然科学便开始从神学中解放出来……科学的发展从此便大踏步地前进。"1611 年，宗教裁判所就对伽利略发出警告，1616 年，教皇保罗五世又下达了著名的"1616 年禁令"，禁止伽利略以口头的或文字的形式保持、传授或捍卫"日心说"。1633 年 6 月 22 日，在罗马的圣玛丽亚修女院的大厅，10 名枢机主教联席审判伽利略，强迫已经 70 余岁的伽利略跪下宣誓和签字放弃哥白尼的学说，伽利略一边被迫签字，一边充满信心地说：但是，地球仍然在转着啊！开普勒不仅受到天主教会的迫害，还受到新教同门的排挤，被逐出"圣餐仪式"，背上了异教徒的恶名。然而，开普勒的行星运动定律和伽利略对天空的观察结果，论证了哥白尼学说主要结论的正确性。因此，美国学者菲尼普·李·拉尔夫等著的《世界文明史》认为，"哥白尼在天文学上的革命得以取得胜利，应归功于开普勒和伽利略"。

文艺复兴时代的科学巨人们治学严谨，以自然为师，不迷信权威。哥白尼在《天体运行论》一书初稿写成后，又用了"差不多四个九年"的时间去观测、校核、修订。"解剖学之父"维萨里坚信"注重实际解剖的结果胜于雄辩"，其划时代巨著《人体构造论》"不以盖伦和蒙迪诺的学说为依据，而以他自己在解剖过程中所看见的和能够表现的现象为根据"。血液循环的发现者哈维广为人知的名言说："无论是教解剖学或学解剖学，都应当以实验为据而不应当以书本为据，都应当以自然为师，而不应当以哲学家为师。"被誉为"近代实验科学之父"的伽利略蔑视权威，重视实验，他不是先臆测事物发生的原因，而是先观察自然现象，由此发现自然规律。他认为要了解大自然，就必须进行系统的实验定量观测，找出它的精确的数量关系。波义耳提出了"空谈无济于事，实验决定一切"的科学名言，认为，化学"为了完成其光荣而又庄严的使命，必须抛弃古代传统的思辨方法，应该像物理学那样，立足于严密的实验基础之上"。他所确立的科学实验的重要原则——可重复性原则，即敢于接受任何人检验的原则，为化学成为实验科学打下了基础。

以《天体运行论》和《人体构造论》的诞生为标志，自然科学和人文社会科学开始摆脱神学的束缚，走上独立发展的道路，取得了许多意义重大、影响深远的伟大成就。哥白尼的《天体运行论》推翻了教会支持的托勒密的"地球中心说"，标志着人类对宇宙认识的突破。美国学者麦克·哈特评论说："哥白尼的书是伽利略和开普勒两人的工作不可或缺的序幕。而这两人又成为牛顿的主要先驱。正是他们的发现使牛顿能够提出他的运动定律和万有引力定律。历史地看，《天体运行论》的出版不仅是现代天文学的起点，而且是现代科学的开端。"维萨里的《人体构造论》否定了被中世纪西方医学奉为金科玉律的盖伦的解剖学，开启了认识人类自身身体构造的新时代，也为血液循环的发现奠定了基础。血液循环理论对人类的贡献，正如恩格斯的评价："哈唯由于发现了血液循环而把生理学（人体生理学和动物生理学）确立为科学。"英国著名外科学家和病理学家约翰·西蒙（1898—1968）则做了非常形象而生动的比喻："血液循环的知识在医疗实践中的地位，就像罗盘在航海中的地位一样，没有它，医生就会处于迷茫恍惚之中，无所依据。血液循环的发现，是生理学上至今还无可比拟的、最重要的发现，一定会为以后各个世纪人类的利益结出硕果。"韦达、笛卡儿、费马的伟大发现，开辟了数学发展的新时代。波义耳不仅使化学真正成为化学，而且确立了化学研究的方向和方法。

文艺复兴时代的科学家用坚忍不拔和献身科学的精神，使科学战胜了神学，使"人类天赋如日中天，光芒四射"（罗素语），在历史上留下了不可磨灭的印记，我们应该永远记住这些泽被后世的科学巨子。

吹响科学革命号角的巨人
——哥白尼

1543 年，波兰天文学家哥白尼的《天体运行论》吹响了科学革命的号角，科学开始摆脱神学的束缚，走上了独立发展的道路。恰如恩格斯在《自然辩证法》中所说："自然科学借以宣布其独立并且好像重演路德焚烧教谕的革命行动，便是哥白尼那本不朽著作的出版，他用这本书（虽然是胆怯地而且可以说是只在临终）来向自然事物方面的教会权威挑战。从此自然科学便开始从神学中解放出来，尽管科学和神学之间个别的相互对立的要求的争执一直拖延到现在，而且在许多人的头脑中还远没有得到解决。但是科学的发展从此便大踏步地前进，而且得到了一种力量，这种力量可以说是与其出发点的（时间的）距离的平方成正比的。"继《天体运行论》出版几个月后，布鲁塞尔医学家、解剖学家维萨里出版了重新认识人体的科学巨著《人体构造论》，发动了医学和生理学革命。紧接着，在物理学、数学等领域也相继爆发革命。

以哥白尼《天体运行论》和牛顿《自然哲学的数学原理》（1687）的问世为标志，人类发生了从未经历过的科学技术革命，创造了人类历史上从未有过的科学技术的繁荣。在此后的数百年间，近代科学技术革命的故乡——西欧再度处于人类科学技术发展的领先位置，引领科学技术发展的方向，还率先爆发了工业革命，拉开了与其他地区和国家社会发展的差距。

一、成长路上的良师益友

哥白尼是职业神学家，而非职业天文学家，但他的《天体运行论》却颠覆了流行一千多年的天文学理论，从根本上推翻了所谓上帝选定地球为宇宙中心的谬论，动摇了基督教的理论支柱，为科学摆脱神学的束缚和走上独立发展的道路做出了巨大贡献，也为近代唯物主义哲学的诞生提供了可靠依据。哥白尼还是一位体魄强健、多才多艺的科学家，精通医学、神学、教会法学、货币学、语言学和绘画艺术，对军事学也颇有研究。哥白尼之所以会成为掀起近代科学革命的旗手，与他成长道路上的良师益友密切相关。

1. 短暂的幸福童年

波兰的第一大河维斯瓦河，也是养育波兰人民的母亲河，它将上游的古都克拉科夫、首都华沙和下游名城托伦连在一起。1473 年，哥白尼（1473—1543）就诞生在美丽而富裕的托伦城。哥白尼出生在一个富有的商人家庭，父亲是精明能干的商人和托伦城议会的议员，母亲巴尔巴拉·瓦兹洛德是名门闺秀。外祖父、舅舅以及父亲都参加过同东普鲁十字骑士团的战争，并在战争中立下过不朽的功勋。因此，哥白尼的家庭在整个波兰都有很高的威望，甚至被誉为民族英雄。

富裕而又有社会地位的家庭，为哥白尼营造了良好的生活环境和家庭教育。在托兰城，小哥白尼过着幸福的童年生活。哥白尼的启蒙教育是在母亲和家庭教师的共同教诲下完成的。母亲教哥白尼学习拉丁文，向他讲述十字骑士团如何欺压沿海地区和托伦城居民的事情，讲述父亲和哥白尼的外祖父如何与十字骑士团进行斗争的故事。哥白尼就是在这种爱国主义、关心国家大事和热心公益事业思想的熏陶下成长起来的。这种爱国主义精神哺育了哥白尼并影响了他的一生，使他始终感到自己同故乡是紧密联系在一起的。他以后在从事天文学研究的同时，仍然花费大量心血，打击十字骑士团的非法活动和侵犯行为，曾率领民众抗击十字骑士团的进犯，保卫奥尔什丁城。父亲既要经商，又要参加管理托伦城的事务，但在孩子们的教育问题上，却从未掉以轻心过，1478年就给哥白尼请了一位家庭教师。哥白尼长大一些后，父亲便把他送到当地的学校读书。这是托伦城最好的一所学校，师资水平很高，哥白尼在这所学校里获得了当时最先进的基础教育，学习了拉丁文和数学等课程，还接触了天文学，这为他以后上克拉科夫大学做好了准备。

然而，幸福快乐的生活并没有在哥白尼的生命里持续多久。1483年，即哥白尼10岁那年，灾难降临这个家庭。先是父亲因染上瘟疫撒手人寰，留下了四个孩子，10岁的哥白尼、哥哥安杰伊和两个姐姐巴尔巴拉与卡塔日娜。紧接着，四个孩子唯一的支柱慈祥的母亲也随父亲而去，永远离开了他们。哥白尼幸福的童年生活，就这样被命运无情地掐断了。

父亲的不幸去世，使10岁的哥白尼在心中产生了对天主的怀疑。在哥白尼看来，父亲的形象是高大的，和蔼可亲、见义勇为和乐善好施的，为托伦城人民出力献策，虔诚敬神、信仰天主，可为什么天主偏偏要降灾给父亲呢？父亲是敬神信教的人，天主应该降灾惩罚那些不敬神信教的人才对呀！这种对天主教的疑问，始终伴随着哥白尼。

2. 学识渊博的舅舅

父母去世后，哥白尼和哥哥安杰伊一起被送到舅舅乌卡什·瓦兹洛德家里抚养。从此，舅舅瓦兹洛德便成了两个外甥的养育者和监护人，而对哥白尼一生影响最大的，就是舅舅瓦兹洛德。舅舅始终如父亲一样，养育、照护着兄弟俩。哥白尼和安杰伊的生活、学习、成长、工作及前程等等，无一不令舅舅操心，他俩也像对父亲一样敬爱着舅舅。

乌卡什·瓦兹洛德 1447 年 11 月 29 日生于托伦，16 岁时进克拉科夫大学学习，毕业后又留学于意大利，在博洛尼亚大学以优异成绩获得教会法学博士学位。回国后在托伦办学，任过托伦学校的校长。以后又到教会供职，还曾作为瓦尔米亚神父会的特使在罗马教皇的宫廷里工作过几年。他思想开明，学识渊博，多才多艺，曾任弗龙堡大教堂教长、瓦尔米亚地区大主教等职。瓦兹洛德也是一个人文主义者，热爱科学，同波兰国内外的许多人文主义者有密切往来。舅舅经常指导哥白尼的天文学、法学、数学等学科的学习，丰富和充实哥白尼在学校里学到的知识，哥白尼也因此益发酷爱科学知识。哥白尼还经常随舅舅参加人文主义者的聚会，接受进步思想的熏陶和影响，对意大利及欧洲各国的文艺复兴也有初步的了解。

父母去世后，除了舅舅外，利兹巴克中学的沃德卡老师对哥白尼也颇有影响。哥白尼到利兹巴克后，进了利兹巴克中学，沃德卡老师思想开明，重视科学实践，常常带着哥白尼进行实际操作，而不是将他关在房间里告知结果。哥白尼向沃德卡老师学到不少天文学知识，还常从老师的书架上拿书来看。有一次他从书架上拿下一本厚厚的书，这本书有一页折了一个角，写着沃德卡老师的批注，大意是：圣诞节晚上火星和土星排成一种特殊的角度，预示着匈牙利国王卡尔温有很大的灾难。于是，哥白尼向老师请教，老师说天文学家研究占星术是几千年来的一个老规矩，我只不过是照前人的老路走罢了。不过，我很难给你指出应该走的路。沃德卡虽然没有明确回答哥白尼的问题，但却引了哥白尼对天文学的兴趣。

3. 克拉科夫大学

克拉科夫是当时波兰的首都，地处东欧和西欧的交通要冲，是东欧最大的贸易和文化中心，受意大利文艺复兴的影响较早。克拉科夫大学（后改名为亚盖隆或雅盖隆大学）建于 1364 年，建筑规模和样式仿效意大利大学，是继捷克的布拉格大学之后中欧建立的第二所大学，人文主义思想浓厚。哥白尼入校时，克拉科夫大学已名闻遐迩，正处于兴旺发展时期。

1491 年，在舅舅的安排下，18 岁的哥白尼来到波兰首都克拉科夫，就读克拉科夫大学。克拉科夫大学也是哥白尼舅舅的母校，这里有他的导师、同学和朋友。克拉科夫大学是波兰最大的学术摇篮，学校实行教授治校，设有六个民法研究院、三个神学研究院、两个医学研究院和一个人文研究院。该校的天文学和数学在欧洲颇有影响。哥白尼本想攻读天文学，但舅舅出于对毕业后的就业实际考虑，劝哥白尼改学医学，因而哥白尼大学毕业时获得的是医学学位。在克拉科夫大学读书的四年期间，哥白尼已经开始自觉接受人文主义的思想。在这一时期，对哥白尼影响最大的有两个人，这就是卡里玛赫与沃伊切赫。

卡里玛赫（即菲利普·布奥纳克西，1437—1496）是意大利的革命家和著名诗人，因密谋推翻罗马教廷而亡命欧洲各地。在波兰避难期间，曾担任过波兰几位王子的拉丁文老师，后来又担任过继任国王扬·奥尔布拉希特的顾问。卡里玛赫与哥白尼的舅舅是好友，哥白尼在利兹巴克中学时见过卡里玛赫，还向卡里玛赫表达了对天文学的兴趣，卡里玛赫曾告诫说天文学研究必须具有过硬的数学功底和观测技能。哥白尼就读克拉科夫大学时，他经常带着哥白尼兄弟俩参加克拉科夫上层的社交活动，并给他讲述当年的革命活动和意大利的人文主义运动，以及意大利的风土人情和大学教育。哥白尼去意大利学习时，卡里玛赫曾为其向许多意大利知名人文主义者写过举荐信。

沃伊切赫·勃鲁泽夫斯基是当时欧洲著名的数学家、天文学家和人文主义者，这位克拉科夫培养出来的天文学家，治学严谨、学识渊博、视野开阔，对亚里士多德和托勒密的天文学有很深的研究。他讲授天文学课程时，往往把数学、天文学和人文主义思想结合起来，富有知识性和趣味性，对学生世界观的形成很有启迪，深受国内外学生的欢迎。哥白尼如饥似渴地听了沃伊切赫讲授的全部课程，课余时间也常到教授家请教，并积极参加有关天文学的各种学术讨论会，还发表过一些颇有见地的见解。在沃伊切赫的教诲和悉心指点下，哥白尼学到了许多天文学的理论知识，学会了使用天文仪器进行天文观测，养成了严谨的治学方法和求实的科学精神，对天文学的研究状况也有了较完整的了解，对天文学的兴趣愈来愈浓。

4. 留学意大利

1496 年，哥白尼到文艺复兴的发源地意大利留学。先在博洛尼亚大学和帕多瓦大学学习法律、医学和神学。1503 年，在费拉拉大学完成宗教法的学习，获得法学博士学位。在意大利的七年，一定程度上决定了哥白尼一生的事业。当时的意大利，既是欧洲宗教信仰的中心，也是欧洲人文主义思想和新文化的中心，文学艺术和科学技术遥遥领先于其他国家。

博洛尼亚大学是欧洲最古老的名牌大学之一，创建于 1088 年，吸引了众多来自欧洲各地的学生。舅舅瓦兹洛德的博士学位就是在这所大学获得的。经过人文主义思潮的洗礼，哥白尼到来时，这所著名的大学思想活络、生气勃勃，天文学、医学、数学等自然科学尤为突出。哥白尼在这所大学专修教会法专业，这主要是瓦尔米亚地区的需要和瓦兹洛德主教的决定。因为在基督教主宰欧洲宗教信仰的时代，在教堂里工作既有较高的社会地位，又有优厚的薪酬，被人看作是既体面又高贵的职业。

在博洛尼亚大学学习期间，哥白尼和哥哥安杰伊居住在舅舅的好友、著名天文学家诺瓦拉（1454—1540）教授家中。诺瓦拉是著名的人文主义者和重视实践的天文学家，亲自测定过南欧一些城市的纬度，发现这些纬度的数值同托勒密所得出的结果有差异，他还测量了黄道的倾角，发现黄道的倾角在逐步地变化。这些观测发现使他对托勒密体系发生了怀疑。他信奉古希腊哲学家毕达哥拉斯等人的治学精神，在科学上主张以简单的几何图形或数字间的关系去表达宇宙的原则。他相信宇宙的结构一定可以用很简单的数学关系表达出来，而不是像托勒密体系所描绘的那么烦琐复杂。诺瓦拉教授渊博的知识、实践的才干、严谨的学风、变革的思想，都令哥白尼敬佩不已。年轻的哥白尼从教授那里学到了许多书本上没有的东西，增长了知识，开阔了视野，明确了天文学变革的方向。在博洛尼亚三年多的学习生活中，诺瓦拉教授的人文主义思想，不迷信权威、不轻信任何学说、敢于怀疑原有理论的科学态度，以及重视实验和观测的研究风格，都给年轻的哥白尼以深刻影响。

对哥白尼产生重要影响的，还有帕多瓦大学教授庞波尼乌斯和弗拉卡斯多罗。著名的人文主义者庞波尼乌斯教授是该校天文学系主任，他的著作《论灵魂的不朽性》在意大利有较大影响。对哥白尼的一些想法和天文学研究，庞波尼乌斯教授予以理解和鼓励。在学术界威望很高的天文学教授弗拉卡斯多罗，精通哲学、医学和天文学，并做出过具有重大革新意义的贡献。对于哥白尼的天文学研究，他建议哥白尼重读古希腊罗马的哲学著作和天文学论著，梳理人类探讨宇宙奥秘的历程，从古代先哲那里吸收养料，获取信心和知识，提醒哥白尼回首人类认识天体宇宙的历程，对解决地球的运动和地球的位置问题，定会有极大的启迪作用。通过阅读古代典籍，哥白尼发现了与"地心说"完全不同的"日心说"。

在意大利留学的七年间，哥白尼深受人文主义思想的影响，完成了法律、医学、神学、数学及希腊文、拉丁文的学业，得到诸多教授的指导和朋友的帮助，重读了古代希腊罗马著名科学家著作。通过长时期的天文学理论研究和天象观测之后，基本上弄清了地球的形状和地球的运动问题，"日心说"理论的轮廓已在其心中初步形成。

二、惊世骇俗的太阳中心说

哥白尼在大学学习的专业是法学、医学和神学，不是天文学。他1503年获得法学博士学位回国后，所从事的职业是教会的牧师，也不是天文学。无论是天文学的学习，还是天文学的研究，哥白尼都是利用业余时间进行的。然而，在哥白尼心中，难以忘怀而数十年如一日孜孜不倦探索的却始终是天文学。不难想象，哥白尼为天文学研究付出了多么艰巨的劳动。

其实，早在克拉科夫大学读书期间，哥白尼就对托勒密的"地球中心说"产生了怀疑，提出了一些新的天文学观点。

1. 托勒密的地球中心说

古希腊的哲学家和天文学家早就提出过"地动"的思想，但是，主张地球静止并为宇宙中心的学说一直占据着唯我独尊的统治地位。之所以如此，一是因为亚里士多德、托勒密等人的权威"证据"，二是因为该学说和基督教的"上帝创世说"等宗教教条相契合。在中世纪的欧洲，君权与教权二元分离，俗权归各国君主，教权归罗马教皇，君主管理世俗事务，教皇垄断宗教信仰。同时，从某种意义上说，欧洲的君权是分裂的，神权则是统一的，君主的俗权仅限于本国，教皇的神权涵盖整个基督教世界，形成巨大的国际中心，教皇还曾经凭借神权向世俗领域扩张，干涉各国的世俗事务。1308 年法国国王强行将教廷迁往法国的阿维农城之前，教皇的权威常常凌驾于各国君主之上。即使在文艺复兴时代，教皇依然拥有强大的精神权威，其号召力也远在各国国王之上。出于维护精神上"万流归宗"的支配地位，基督教会将托勒密的地球中心说奉为正统，违者以异端罪论处。

哥白尼生活的时代，哲学是神学的婢女，科学是神学的附庸，居支配地位的天文学观点是古罗马天文学家托勒密（公元 90—168）的地球中心说。

毋庸讳言，托勒密是古代世界杰出的天文学家，他在系统总结古希腊天文学成就的基础上，结合自己的天文观测，形成了自己的天文学体系，写出了流传千古的天文学巨著《天文学大成》（也称《至大成》或《天文集》）。《天文学大成》共分为 13 卷，第一卷和第二卷涉及地心体系的基本构造，第三卷和第四卷分别是太阳和月亮的运动，第五卷是月地和日地距离的计算，第六卷是日食和月食的计算方法，第七卷和第八卷是恒星和岁差现象，第九卷至第十三卷是金、木、水、火、土这五大行星的运动。托勒密的天文学体系认为，宇宙有"九重天"，地球处于宇宙的中心，地球之外是天层，整个天层又分为九个距离完全相等的层次，每一层里都居住着一个行星。紧挨地球的是月球天层，在月球天层之外依次为水星天层、金星天层、太阳天层、火星天层、木星天层和土星天层。在土星天层之外的第八重天层为恒星天层，众恒星都定居在这第八重天层上。恒星天层之外是宇宙的边界原动力天层，那是神灵居住的天堂。在以原动力天层为界的宇宙之外，则空无一物。各个天层里的天体自己都不会运动，全部由原动力"天"即"上帝"来推动，围绕地球自西向东旋转，而地球则岿然不动地居于宇宙的中央，是宇宙的绝对中心。

托勒密的"地球中心说"希望凭借人类的智慧，用观测、演算和推理的方法，去发现天体运行的原因和规律，这正是托勒密学说中富有生命力的部分。因此，尽管托勒密的"地球中心说"和神学家的宇宙观不谋而合，但是两者是有本质区别的，一个是科学上的错误结论，一个是愚弄人类的弥天大谎。也就是说，无论是基督教借神化托勒密学说以论证"上帝创世说"等宗教神话，还是"由于托勒密的天才成就，某些比《至大成》古老得多的希腊天文学传统反而几近湮没"，托勒密都不应对其负责。

2. 博洛尼亚的月亮

哥白尼阅读了大量的古典作品，发现"地心日动说"是古希腊时代占主导地位的天文学观点，但也出现了"日心地动说"。"日心地动说"的先驱是古希腊天文学家阿里斯塔克（约前310—230），他认为不是日月星辰绕地球转动，而是地球和星辰绕太阳转动。这一地球自转并绕日公转的假说，被认为是对毕达哥拉斯学派"中心火"理论的继承和发展，只不过他将太阳放在了中心火的位置。因此，有学者认为哥白尼继承了阿里斯塔克的日心地动说。

在博洛尼亚大学期间，诺瓦拉作为哥白尼天文学方向的启蒙老师，不仅向哥白尼传授天文观测技术和古希腊的天文学理论，还和哥白尼一起做过多次天文观测，托勒密关于月亮记载的错误，就是他们一起在实际观测中发现的。托勒密根据地球是宇宙中心的理论，通过一套复杂的算式，给月球得出一条古怪的规律，说上下弦的月亮离地球的距离，比满月短一半。哥白尼认为根据这个理论，会得出十分荒谬的结论。因为观察的距离缩短，物体的体积看上去就较大，如果上下弦月离地球近，满月离地球远，那么，上下弦月就应该比满月还要显得大才对。于是，哥白尼决定找出真凭实据，以证明托勒密的说法并不正确。

1497年3月9日晚上，恰好月光清晰皎洁，哥白尼和诺瓦拉教授抱着观测仪器登上了圣·约瑟夫教堂高高的平台。两人很快便寻找到了那颗名叫"毕宿五"的红色的星星。朝着这颗星星的方向，半边上弦月正在浮游过来。它游得虽然很慢，却是毫不迟疑地向"毕宿五"靠拢，任何力量也不能扭转它的航程。两人一言不发，细心地拨准仪器，动手测量。他们必须十分精密地确定现象发生的时刻。时间不知不觉地过去了，明朗的上弦月越来越靠近那颗红色的"毕宿五"亮星。时候到了，"毕宿五"一下子消失了。但是，"毕宿五"消失的地方，并不是在明亮的半边月亮的后边，而是在它另一边的后面。显然，遮住毕宿五只能是月亮。这一观测结果，说明月亮虽然表面看上去有了亏缺，但它的大小并没有改变，月亮也照样还是圆的，那亏缺的部分只是因为没有了亮光，人们用肉眼看不到而已。这是哥白尼第一次用观测和演算推翻了托勒密学说的一部分，具有重大的意义。

3. 走近真理的《浅说》

1503年，30岁的哥白尼从意大利回到波兰，在弗龙堡布克天主教堂担任神甫。大约在1507年，哥白尼开始撰写自己的第一篇天文学论文。因事务繁忙，论文写作也断断续续。为了写作论文，哥白尼进行大量细致的天文观测，内容涉及日食、月食、火星冲日、金星冲日、黄道和赤道交角、春分点移动等50多种天象，并对观测数据进行了烦琐复杂的计算。大约在哥白尼40岁时，论文终于写成。这篇论文篇幅不大，概述了哥白尼"日心地动说"的主要内容。论文的首句就是"尼古拉·哥白尼浅说自己提出的关于天体运动的假设"，即《浅说关于天体运动的假设》，简称《浅说》或者《要释》。由于《浅说》的内容与托勒密的理论是根本对立的，也不符合宗教神学的基本精神，所以哥白尼采取了审慎的做法，只把它寄给熟知的朋友和同学。后来，这篇论文的手抄本传到欧洲许多国家，并引起了天文学界的重视。

　　哥白尼在这篇论文中，开篇就向当时的权威天体运动理论发难，指出这种理论存在着无法解释的矛盾，即行星运动的不均匀性。这种现象，用同心圆上的均匀运动理论是无法解释的，按照托勒密的地心说理论，采用偏心圆和本轮，也得不出与实际观测相符合的结果。如何解决这一矛盾，哥白尼指出，必须赋予我们生存的地球以类似于行星的运动，即围绕太阳的运动。哥白尼进一步指出，天体及其轨道和运动有七项原则：（1）不存在一个所有天体轨道或天体的共同的中心；（2）地球只是引力中心和月球轨道的中心，不是宇宙的中心；（3）所有天体都绕太阳运转，宇宙的中心在太阳附近；（4）地球到太阳的距离同天穹高度之比是微不足道的；（5）在天空中看到的任何运动，都是地球运动引起的；（6）在空中看到的太阳运动的现象，不是它本身运动产生的，而是地球运动引起的，地球同时进行着几种运动；（7）人们看到的行星向前和向后运动，是由于地球运动引起的，地球的运动足以解释人们在空中见到的各种现象。

　　接着，《浅说》中依次论述了天球的序列、太阳和月球的视运动，然后是三颗外行星（土星、木星和火星）和两颗内行星（金星和水星）的运动。最后结尾说："这样，水星总共按七个圆运转，金星沿五个圆运转，地球沿三个圆运转，月球则绕地球沿四个圆运转。而火星、木星和土星各沿着五个圆运转。于是，总共有 34 个圆就足以说明整个宇宙的构造和行星所跳的全部舞蹈了。"

可见，哥白尼的《浅说》是针对托勒密的地心静止理论提出来的。托勒密认为地球是整个宇宙的中心，一切天体包括太阳都围绕它均匀旋转。哥白尼则针锋相对，认为地球是运动的，而且同时在做几种运动，它和其他行星都在做绕日运动，太阳附近才是宇宙的中心。《浅说》中论述的地球自转和公转运动，在当时是惊天动地的观点。因此，当哥白尼将论文寄给自己的知心朋友和熟悉的天文学家时，尽管他们认为哥白尼的论文不无道理，甚至在心中也同意哥白尼的观点，但在宗教专制的巨大压力下，大家都不敢公开讲述和传播，有些人甚至三缄其口。最后，这篇论文的底稿未能保存下来，甚至哥白尼在后来的《天体运行论》中也没有提到过它。幸好丹麦著名天文学家帝谷·布拉赫（1546—1601）曾得到一份手抄本，这篇论文才得以留传下来。随着《浅说》的逐渐流传，也在欧洲学术界引起了愈来愈多的关注，出现了截然不同的反应和争论。

4. 天文学的不朽丰碑

《浅说》作为哥白尼早期的天文学研究成果，存在着明显的不足。为此，哥白尼决心进一步探索天体运行的规律，编撰一部更为完整、更为成熟的天文学论著。他克服种种困难，长期坚持天文观测，积累了大批关于行星运行、日食月食等天象的资料，为《天体运行论》的写作准备证据。

1512 年，舅舅去世后，哥白尼移居波罗的海南岸的弗龙堡。为了进行天文观测，他在教堂城垣的箭楼建立了自己的天文观测台，自制了四分仪、三角仪、等高仪等一批观测仪器，进行天文观测和计算。弗龙堡并非天文观测的理想地点，只有在深秋和严寒的冬天，天气晴朗、无雨少云，才是天文观测的大好时节。每年的这个时候，只要哥白尼在弗龙堡，他总是不畏严寒，拿着仪器到塔楼外的露天平台上，通宵达旦地观测。哥白尼三十年如一日，坚持天文观测，获得了大量第一手研究资料，观测计算得出的数值精确度之高，令人惊叹不已。例如：他的恒星年的时间与现代的精确数值相比，误差百万分之一；他的月亮到地球的平均距离与现代精确值相比，误差万分之五。可想而知，在400多年前的条件下，要付出多么艰巨的劳动才能得出如此精确的数据。

皇天不负有心人，经过数十年孜孜不倦的努力，1533年哥白尼终于写出了他的不朽巨著。然而，他却迟迟不敢公开发表。直到1539年，才在朋友们的劝说下同意发表。1543年5月24日，即哥白尼去世的那一天，他才收到出版商寄来的一本样书，这就是标志着天文学革命的划时代巨著《天体运行论》。

《天体运行论》共六章，第一章是全文的精髓，也是全文内容的概括和总结，主要论述了太阳位于宇宙的中心，鸟瞰式地介绍了宇宙结构；第二章用三角学论证天体运动的基本规律；第三章至第六章根据日心地动说的宇宙体系和观测结果，用数学方法分别讨论地球、月球、内行星、外行星的运行规律。

划时代的巨著虽有充分的证据，但也难以做到完美无缺，难免带有时代的烙印，《天体运行论》也是如此。哥白尼学说的不足之处同样是显而易见的：例如，他以太阳作为整个宇宙的中心，否定了宇宙的无限性；再如，他认为行星是以太阳为中心沿着正圆轨道运行的，还没有摆脱托勒密的本论、均论学说。

当然，哥白尼学说的划时代贡献也是不可磨灭的，主要体现在两个方面：（1）恰如恩格斯所说，"从此自然科学便开始从神学中解放出来"。

基督教会对科学文化的垄断地位由此画上了句号，哲学不再是神学的婢女，科学不再是神学的附庸。《天体运行论》成功打开了近代科学革命的突破口，继天文学革命之后，医学、物理学、数学等领域也爆发了革命，走上了独立发展的道路，人类进入了科学繁荣的新时代。（2）改变了人们的科学观、宇宙观。科学史家丹皮尔称："文艺复兴以后，科学观点的第一次重大变革，是尼古拉·哥白尼完成的。""哥白尼教人用新的眼光去观察世界。地球从宇宙的中心降到行星之一的较低地位。这样一个改变不一定意味着把人类从万物之灵的高傲地位降下来，但却肯定它使人对于那个信念的可靠性发生了怀疑。因此，哥白尼的天文学不但把经院学派纳入自己体系内的托勒密学说摧毁了，而且还在更重要的方面影响了人们的思想和信仰。"《天体运行论》的出版，不仅从根本上推翻了统治西方一千多年的"地球中心说"，也从根本上动摇了基督教关于上帝创造人类、上帝创造宇宙的神学世界观。

哥白尼的太阳中心说公开挑战基督教会的精神权威，触犯了基督教会的基本教义，因而遭到了基督教新旧教势力的激烈反对。但是，真理是扼杀不了的，对真理的追求是任何势力也阻挡不了的。意大利著名哲学家、天文学家布鲁诺（1548—1600）不仅宣传哥白尼的学说，还提出了宇宙是无限的新理论。为了坚持真理，1600年布鲁诺被宗教裁判所判处死刑，烧死在罗马的火刑场上。另一位意大利物理学家和天文学家伽利略（1564—1642），继续坚持和发展哥白尼的学说，1610年出版了《星空使者》一书，以大量无可辩驳的事实证明了哥白尼学说的正确性。德国天文学家开普勒（1571—1630），在1609年和1619年出版了《新天文学》和《宇宙谐和论》，提出了行星运动三大定律，澄清了太阳系的空间位形，将哥白尼的学说推进了一大步。1687年，随着英国著名科学家牛顿的《自然哲学的数学原理》问世，哥白尼天文学体系终于取得了最后胜利。1822年，罗马教廷正式裁定太阳是行星系的中心，撤销将《天体运行论》列为禁书的教令，科学战胜了神学。

三、多才多艺的科学巨人

在哥白尼时代，对杰出人物的评价标准是：要具有广泛的兴趣和多方面的才能。一个标准的杰出人物应是：对科学技术既有研究又要做出贡献，对政治事务应有高明的见解和参与能力，还要有较高的艺术修养和表现才能，会多种语言，有文学功底，并且在运动和战争中能表现出强健的体魄和勇敢。哥白尼以其多方面的才能堪称那个时代杰出人物的代表，除天文学、数学、医学、法学、货币经济理论外，还精通多种语言和绘画技术，具有深厚的语言文学功底。

1. 保卫祖国的勇士

1138年，波兰国王波列斯拉夫三世病逝后，国土分裂为西里西亚、库雅维亚、马索维亚、桑多米尔和卢布林等几个部分，各自独立，经常混战。于是，外族乘机入侵波兰。12世纪至14世纪，大批德国人移民波兰。在14世纪中叶，克拉科夫的城市贵族中就有80%是德国人。大量德国移民的存在，也使波兰与德国之间纷争不断。1226年，马索维亚王公出于对付普鲁士人的需要，将条顿骑士团引进波兰，还把托伦附近地区分封给他们。马索维亚王公的这一政策，留下了无穷的后患。瓦尔米亚原属普鲁士的一部分，1466年并入波兰，也称波属普鲁士，受波兰国王管辖。东部普鲁士称十字骑士团普鲁士，后称普鲁士公国，成为波兰的封地，以后这块封地发展成为强大的普鲁士王国。十字骑士团一直想寻找机会将瓦尔米亚攫为己有，哥白尼的父亲就曾组织过抗击十字骑士团的斗争。

16 世纪初，波兰和十字骑士团的关系日趋恶化，十字骑士团的袭扰活动越来越频繁，他们所到之处，不放过任何人和目标，连教堂也成为抢劫对象。哥白尼在奥尔什丁地区管理经济事务时期，正是波兰与十字骑士团的矛盾加剧的时期。

1519 年，波兰与十字骑士团的矛盾激化为战争，主战场正是哥白尼所在的瓦尔米亚地区。面对十字骑士团的烧杀抢掠，哥白尼也像他的父亲和舅舅一样，义无反顾地站在了抗击十字骑士团斗争的第一线。1520 年 1 月，十字骑士团悍然进攻哥白尼任职的弗龙堡。弗龙堡神甫会的成员纷纷逃往安全的地方，只剩下哥白尼一人留在孤独的弗龙堡。没有大炮，十字骑士团无法越过大教堂的围墙，于是他们就纵火焚毁城市和围墙外面的神甫住宅。哥白尼组织了几次抵抗十字骑士团的战斗，延缓了敌人的攻势，但终因家已被毁，不得不转移到奥尔什丁市。

到达奥尔什丁市后，哥白尼迅速投入备战工作，为防御十字骑士团的进攻积极做准备。为了最大限度地加强奥尔什丁的防御能力，哥白尼付出了巨大的努力。1520 年 2 月中旬，他从埃尔布隆格调来了防御武器设备，其中包括 17 杆火绳枪。在战斗中，奥尔什丁军民在哥白尼的激励下，都决心团结一致，与入侵者战斗到底。1519 年 11 月 16 日，哥白尼还亲自给波兰国王写信，请求增派军队支援，不料，信使被十字军骑士俘获。在孤立无援之际，哥白尼依然坚守在战斗岗位上，与奥尔什丁市的波兰城防指挥官密切合作。1521 年 3 月 26 日，双方达成妥协，奥尔什丁市保卫战胜利结束。

战争期间，哥白尼继承和发扬了与十字骑士团战斗到底的家族传统，坚定地站在祖国一边，表现了非凡的勇气和智慧，为此，国王斯塔雷亲自向哥白尼颁发了嘉奖令，还任命哥白尼为瓦尔米亚专员。不久，哥白尼被推举为瓦尔米亚主教区行政总管。

2. 救死扶伤的医生

哥白尼就读克拉科夫大学时，学习的专业是教会法和医学；留学意大利期间，在帕多瓦大学学习的专业也是医学。在众多一流医学教授们的指导下，哥白尼系统学习医学知识，广泛而深入地研读了大量医学著作，并且将医学理论与医学实践结合起来。在研究传统病例和药方的过程中，倾注了大量精力进行比较研究、筛选药方，得出了许多新的结论，形成了一些属于他自己的独特药方。

回到波兰，哥白尼既是天主教会的神甫，又是治病救人的医生，一边传教，一边行医。1503—1512 年，哥白尼一直担任瓦尔米亚主教瓦兹罗德舅舅的随从神甫、保健医生、私人秘书和助手。在波兰北方，至今还广为流传着哥白尼给人治病的故事。作为医生，哥白尼以其不断提高的医术和乐善好施的医德，赢得了人们的信赖。

哥白尼行医时，从来不分贫富贵贱，不论门第，只要是患者，他都热情接待、精心医治。他特别关心劳动者的疾苦，经常免费为他们看病，有时还分文不取地送药给他们。他曾多次到格但斯克和奥尔什丁行医，给穷人看病，并和许多普通劳动者结下了深厚友谊。

到哥白尼的晚年，其医生的声望早已越出瓦尔米亚地区，闻名于整个普鲁士甚至更远的地方，作为医生的哥白尼，知名度远远高于作为天文学家的哥白尼。慕名求医者络绎不绝，包括许多有地位、有名望的上层人士，除瓦尔米亚的瓦兹罗德主教外，如瓦尔米亚主教的继承人卢兹扬斯基、著名的人文主义者丹蒂谢克、海乌姆诺主教铁德曼、普鲁士大公阿尔布雷希特等。

盛名之下的哥白尼并没有忘乎所以，将穷人拒之于千里之外。在他眼中，治病救人是医生应尽的职责，病人就是病人，没有贫富之分、贵贱之别，依然一如既往为普通民众治病，常常为穷苦病人送医上门，免费治病。因此，哥白尼也被人们比作古希腊传说中救苦救难的神医"阿卡拉斯"，被称为"阿卡拉斯第二"。哥白尼的医术医德，由此可见。

3. 杰出的货币改革家

哥白尼从意大利学成归国后，曾协助瓦尔米亚主教瓦兹罗德舅舅管理教区事务，担任过瓦尔米亚神甫会办公厅主任、神甫会财产管理人，显示了较强的行政管理能力。

哥白尼做过神甫和行政管理人员，了解货币价值涨落给国家和人民所带来的动荡和灾难。于是，他下决心要找出货币价值涨落的原因，让人民了解货币价值涨落的规律，为国家提供稳定货币价值的对策。

当时的货币是用金属制造的，还没有纸币，金币也很少，主要是用银加入一些铜来制造。虽然法律对货币中贵重金属和其他金属的含量有明确规定，但一些造币者为了谋取私利，常常减少贵重金属的含量，贵重金属含量不足的货币越来越多，导致货币总的名义价值超过了国库中贵重金属的价值，或者社会商品的总价值，货币的价值也就没法稳定。导致货币价值不稳定的另一个因素，是国家没有统一的货币制度。波兰本土、国王所属的普鲁士和立陶宛都有各自的货币制度，各自的兑换率，十字骑士团统治的普鲁士也有自己的货币制度。

哥白尼作为神甫会财政管理人，对财产经济管理之道较为娴熟，1517 年，他写了一篇关于货币的文章——《深思熟虑》。不久，又写了一篇题目叫作《货币方法》的论文，对《深思熟虑》进行补充。1519 年，他提出了"劣币驱逐良币定律",认为:实际价值不同而名义价值相同的货币同时流通的结果,实际价值高的"良币"将被实际价值低的"劣币"自动取代。为此,哥白尼建议改革货币,回收销毁以前贬值的货币,建立各国间的"货币同盟",发行统一货币。人们都认为这个定律是英国女王伊丽莎白一世的顾问、金融家格雷欣发现的,所以被称为"格雷欣定律"。其实这不确切,它的真正发现者应当是哥白尼。因为哥白尼发现了这个定律那一年,格雷欣刚刚才诞生。后来,经济学家发现哥白尼比格雷欣先发现这个定律,便将"格雷欣定律"改为"哥白尼—格雷欣定律"。

1543 年,《天体运行论》正式出版。这一年,哥白尼去世,享年 70 岁。哥白尼离世了,但他探索科学的精神却永远地留了下来,人类永远不会忘记他为科学走上独立发展道路所做的伟大贡献。

生平大事记

1. 1473 年 2 月 19 日,哥白尼出生于波兰维斯瓦河下游的托伦城。

2. 1483 年,父母相继去世,瓦兹罗德舅舅将哥白尼和哥哥安杰伊接到身边抚养,入读利兹巴克中学。

3. 1491—1495 年,在波兰的克拉科夫大学学习教会法和医学,与克拉科夫大学教授一起进行天文观测。

4. 1496—1503 年,留学意大利,在博洛尼亚大学、帕多瓦大学和费拉拉大学学习法学、医学和天文学。

5. 1503 年,在费拉拉大学获得教会法博士学位后回国,任瓦兹罗德主教的保健医生、秘书和助手。

6. 1507 年,着手撰写第一篇天文学论文《浅说》;1510 年完成第一篇天文学论文《浅说》。

7. 1515 年,开始撰写天文学巨著《天体运行论》。

8. 1519 年,提出"劣币驱逐良币定律"。

9. 1519—1521 年,参与并组织抗击十字骑士团。

10. 1533 年，完成《天体运行论》的写作。

11. 1539 年，在朋友们的劝说下同意发表《天体运行论》。

12. 1543 年 5 月，《天体运行论》出版发行；哥白尼去世，享年 70 岁。

主要参考文献

1. 恩格斯 . 自然辩证法 . 北京：人民出版社，1984.

2. 尼古拉·哥白尼 . 天体运行论 . 南京：江苏人民出版社，2011.

3. ［美］艾伦·G 狄博斯 . 文艺复兴时期的人与自然 . 上海：复旦大学出版社，2002.

4. ［美］托马斯·库恩 . 哥白尼革命 . 吴国盛，译 . 北京：北京大学出版社，2003.

5. 哥白尼传：1473—1543. 李兆荣，编 . 武汉：湖北辞书出版社，1998.

6. 李家善编 . 哥白尼 . 北京：商务印书馆，1979.

7. 陶小康，李军政 . 哥白尼 . 北京：中国少年儿童出版社，2003.

8. 王春晖 . 哥白尼 . 北京：中国国际广播出版社，1989.

9. 史荣新 . 哥白尼传 . 赤峰：内蒙古科学技术出版社，2003.

10. 李旭雨 . 哥白尼传 . 北京：经济日报出版社，1997.

11. 解恩泽，钟米娜 .10 个催人泪下的科学故事 . 长沙：湖南科学技术出版社，2008.

12. 石云里 . 科学简史 . 北京：首都经济贸易大学出版社，2010.

13. 吴泽义，等 . 文艺复兴时代的巨人 . 北京：人民出版社，1987.

实验科学的大师和近代物理学之父

——伽利略

科学名言：真理就是具备这样的力量，你越是想要攻击它，你的攻击就愈加充实了和证明了它。

文艺复兴时期的欧洲,人才辈出,群星璀璨。在这些巨星中,伽利略·伽利莱(1564—1642)无疑是最耀眼的一个。恩格斯称他是"不管有何障碍,都能不顾一切而打破旧说,创立新说的巨人之一"。伽利略的科学研究,捍卫和发展了哥白尼的天文学说,奠定了经典的基础,开启了科学研究的新时代,为自然科学的独立发展做出了巨大贡献,因而被爱因斯坦誉为"近代科学之父"。

一、佛罗伦萨升起的巨星

欧洲资本主义萌芽和文艺复兴的发源地佛罗伦萨,不仅诞生了被誉为"佛罗伦萨三杰"的但丁、彼得拉克、薄伽丘(前三杰)和达·芬奇、米开朗琪罗、拉斐尔(后三杰),还诞生了伽利略等影响深远的自然科学家。

1. 人文之都佛罗伦萨

俄国学者鲍·格·库兹涅佐夫的《伽利略传》说:"伽利略创造力的根基是在少年时代奠定好的,而且是与佛罗伦萨的环境紧密相连的。"

1564 年 2 月 15 日,伽利略出生在比萨一个衰败的贵族之家。比萨位于阿尔诺河三角洲,是意大利中部名城和最早独立的城市共和国,1406年被佛罗伦萨击败后并入佛罗伦萨城市共和国。佛罗伦萨兴建于罗马共和国的恺撒时代，地处意大利中部平原，是欧洲各国通往基督教"神权中心"罗马的必经之路，素有"意大利的雅典"之称。1115 年建立城市共和国，13 世纪曾为教皇征税，并向各国贷款，其自铸货币"佛罗林"成为地中海区域通用的国际货币。13 世纪末，根据 1292 年制定的"正义法规"，政权由富商、银行家和手工工场主掌握，也就是说政权由资产阶级掌握。14 世纪初，佛罗伦萨已成为全欧呢绒工业和银钱兑换业中心。佛罗伦萨在欧洲最先产生资本主义萌芽，1306—1308 年，已有手工工场300 家，年产呢绒 10 万匹，全城有三分之一的居民从事呢绒业。1378 年梳毛工人大起义后，政权先后转入代表高利贷资本利益的阿尔毕齐家族和经营银行资本的美第奇家族。在柯西莫·美第奇之子罗棱索·美第奇（1469—1492）时代，佛罗伦萨迎来了鼎盛时期。

美第奇家族不仅是意大利的名门望族，而且是在欧洲拥有强大势力的家族。这个家族诞生了三位教皇（利奥十世、克莱门特七世、利奥十一世）、两位法国王后（卡特琳娜·德·美第奇、玛丽·德·美第奇）。美第奇家族酷爱艺术，在其保护和资助下，当时在佛罗伦萨聚结了众多名人，如：达·芬奇、但丁、拉斐尔、米开朗琪罗、多纳泰罗、乔托、莫迪利阿尼、提香、薄伽丘、彼德拉克、瓦萨里、马基亚维利等。正是众多卓越艺术家们创造的大量闪耀着文艺复兴时代光芒的建筑、雕塑和绘画作品，使佛罗伦萨成了文艺复兴的发源地，同时也成为当时欧洲艺术文化和思想的中心。举世瞩目的成就，也为美第奇家族赢得了"文艺复兴教父"的美称。有人甚至说"没有美第奇家族就没有意大利文艺复兴"。这话虽然有点夸大其词，但是，美第奇家族为佛罗伦萨成为举世闻名的文化古城、艺术天堂和旅游胜地做出过重要贡献，确实是不争的事实。这一切，也为伽利略的成长和科学研究创造了有利条件。英国人保罗·斯特拉森的《美第奇家族》即记载了该家族对伽利略的保护和资助。

佛罗伦萨浓浓的人文氛围，让生活在这里的人们有了较多的人文意识，为一代科学巨人的成长提供了良好的环境。

2. 贵族之家的勤奋少年

伽利略的家族曾是颇有名望的家族，先祖伽利略·博尼图是著名的医师和学者，1445 年被选为"最高司法行政长官"——共和国首脑。在 14 世纪末期，家族姓氏从博尼图改为伽利莱。不过，1520 年伽利略的父亲文森西奥·伽利莱出生时，家族的经济状况已经陷入窘境。文森西奥多才多艺，精通希腊文、拉丁文和英语，尤为爱好音乐，还希望通过自己的努力让传统音乐焕发新的活力。1581 年发表的论文《关于古典音乐和现代音乐的对话》，在音乐发展史上颇有影响。然而，美妙的音乐不能填饱一家人的肚子，为贴补家用，他在佛罗伦萨开了一间卖毛织品的小铺子。

1562 年，文森西奥和比萨贵族之家的小姐茱莉亚·安曼娜蒂结婚。伽利略是他们六个儿女中的长子，父母亲对这个长子寄予厚望，为其提供了良好的家庭教育，在他 11 岁进入修道院学习之前，父亲给他请过几位精心挑选的家庭教师，讲授音乐、诗歌、美术以及数学等。

1574 年，伽利略一家从比萨迁往佛罗伦萨，伽利略进入佛罗伦萨附近的瓦洛姆布洛萨修道院，接受古典教育。在修道院学习期间，他如饥似渴地阅读各类书籍，如《圣经》《工具论》《形而上学》《物理学》《天象论》等等。纯真的伽利略常常被《圣经》里那些动人的经典故事所感动，并萌生了将来当一名传教士的想法。然而，当他怀着激动的心情与父亲说起自己的理想时，父亲却立即决定必须马上把儿子领回家。之后，父亲劝伽利略去学医，说这是家族的光荣传统，也是家庭脱贫致富的最好出路，更是他为儿子早已谋划好的未来。

　　17岁那年，伽利略遵从父亲意愿进入著名的比萨大学，成了医科学院的一名学生。比萨大学是所古老的大学，图书馆藏书丰富，这让伽利略很是开心。鲍·格·库兹涅佐夫的《伽利略传》称，那时的"伽利略是一个有着多方面才能的年轻人。他既是一个很有天赋的音乐家、出色的画家，又是一个有才华的作家"。不过，真正让伽利略感兴趣的并非医学，而是数学、物理等自然科学。他广泛阅读各类相关书籍，并以怀疑的眼光看待那些自古以来被人们奉为经典的学说。一个偶然的机会，伽利略听了宫廷数学家玛窦·利奇的讲课。这位青年数学家渊博的学识、严密的逻辑性，特别是他证明数学难题时的求证方法，使伽利略十分着迷，仿佛发现了一个神奇无比的世界，找到了梦寐以求的理想王国！此后，凡是玛窦·利奇的课，他都想方设法去听，甚至不惜逃掉医学课。在玛窦·利奇鼓励下，伽利略越发刻苦钻研数学和物理学，那些人们认为是真理的权威结论，在他的脑子里却不断有疑问涌现，使他常常陷入深深的思索之中，对亚里士多德物理学的疑虑也越来越多。他认为阿基米德的物理学强调理论联系实际，注意观察各种自然现象，应该受到重视。

　　18岁的伽利略一次到比萨教堂去做礼拜时，发现教堂里悬挂的那些长明灯被风吹得一左一右有规律地摆动，他按自己脉搏的跳动来计时，发现它们往复运动的时间总是相等的。可是，书本上明明写着亚里士多德的结论是：摆经过一个短弧要比经过长弧快些。难道自己的测量出了问题？事后，他变换方式反复做这个实验。找来不同长度的绳子、铁链，还有不知从哪里弄到的铁球、木球，在房顶上、在窗外的树枝上，一次又一次重复，用沙漏记下摆动的时间。最后，伽利略不得不大胆地得出这样的结论：亚里士多德的结论是错误的，决定摆动周期的是绳子的长度，和它末端的物体重量没有关系。而且，相同长度的摆绳，振动的周期是一样的，这就是伽利略发现的摆的运动规律。后来荷兰物理学家惠更斯根据摆的等时性原理制成挂摆时钟，人们称之为"伽利略钟"。可是在当时，有谁会相信一个医科大学生的科学发现？何况他的结论是否定了大名鼎鼎的亚里士多德的权威说法。

3. 帕多瓦大学的青年才俊

令人惋惜的是，正当伽利略在比萨大学对数学物理如痴如醉时，父亲的商铺却越来越不景气，身体状况也大不如前，尤其是知道儿子并没有按照自己的意愿学习医学，而是成天沉迷于不相干的实验时，严厉的父亲决定让他回家去当一个店员。就这样，即将大学毕业的伽利略成了父亲铺子里的一名店员。但他认真阅读想方设法找到的一些自然科学书籍，用有限的生活用品做实验。欧几里得的《几何原本》和阿基米德的著作，是他最喜欢的书籍。

《几何原本》是世界上流传下来的最早的几何学著作，为希腊科学家欧几里得所著，是初等几何学的集大成者，包含了丰富的数学与力学知识，其中的一些物理实验，更是深深吸引着伽利略。他又根据阿基米德的学说，做了迅速确定合金成分的流体静力天平的研究。1586 年，他发明了可以测定物质密度的浮力天平，写出了名为《小天平》的论文。后来，他潜心研究物体重心的几何学。1587 年，伽利略带着关于固体重心计算法的论文，到罗马大学求见著名数学家和历法家 C.克拉维乌斯教授，大受称赞和鼓励。克拉维乌斯还回赠罗马大学教授 P.瓦拉的逻辑学讲义与自然哲学讲义，这对于伽利略以后的工作大有帮助。1588 年，他在佛罗伦萨研究院做了关于但丁《神曲》中炼狱图形构想的学术演讲。同年发表了关于几种固体重心计算法的论文《固体的重心》，其中包括若干静力学新定理，受到学术界的高度关注，被誉为"当代的阿基米德"。

少年得志让家人备感骄傲，但天才少年的美誉却不能给一家人带来生活急需的钱财。父亲的身体状况每况愈下，一家人的生计已经捉襟见肘。父母期望作为长子的伽利略能够为养家糊口出力，而伽利略既没有兴趣和精力经营店铺，又没有其他固定的工作收入，当时"他始终只是个大有前途的青年人"。

1589 年，经数学家玛窦·利奇和贵族盖特保图侯爵的推荐，伽利略被比萨大学破格聘为数学和科学教授，讲授几何学与天文学，年薪 60 托斯卡纳银币。工资虽然不高，但可以勉强维持一家人的基本生活。更重要的是他可以在完成日常教学之余，专心从事他向往的科学研究。当时，比萨大学教材均为亚里士多德学派的学者所撰，书中充斥着神学与形而上学的教条。伽利略经常对亚里士多德学说发表辛辣的反对意见，由此受到校内几乎所有老师们的歧视和排挤，再加上他得罪了大公爵的亲戚乔范尼，导致他 1591 年被比萨大学解聘，父亲也在这一年病逝。于是，养家糊口的重担完全落到了伽利略肩上。伽利略向当时以爱才出名的盖特保图侯爵求助，这位珍惜人才的贵族运用自己的影响，把伽利略推荐给帕多瓦大学。

帕多瓦是意大利北部一个学术空气极浓的小城，属于威尼斯共和国管辖，远离罗马，不受教廷直接控制，学术思想比较自由。帕多瓦大学在欧洲仅次于博洛尼亚大学和巴黎大学，是欧洲第三座最古老的大学，也是意大利最优秀的大学之一。该大学成立于 1222 年，当时博洛尼亚大学限制学术自由，而且不能保证师生基本的公民权利，于是大批的教授和学生从博洛尼亚大学脱离出来建立了帕多瓦大学，从 15 世纪到 18 世纪由威尼斯共和国管理。帕多瓦大学的校训是"Universa Universis Patavina Libertas"（为全体帕多瓦人民以及全世界的自由而奋斗）。它最初开设的是法学和神学课程，后来又增加了医学、哲学、天文学、文法和修辞学。由于其医学、天文学、哲学等领域的突出成就，因而在整个意大利都占有重要地位。

1592 年，28 岁的伽利略被任命为帕多瓦大学的数学、科学和天文学教授，拉开了伽利略一生科学研究的序幕。在帕多瓦大学相对宽松自由的学术气氛中，他一面吸取塔尔塔利亚、贝内代蒂、科门迪诺等前人的数学与力学成果，一面经常到帕多瓦城市的工场、作坊、矿井和各种军工生产场所，与技术工人们交流，帮助解决技术难题，从中吸取生产技术知识和各种新经验，并得到启发。日后，伽利略回顾在帕多瓦的 18 年时，认为这是他一生中工作最开心、精神最舒畅的时期。事实上，这也是他一生中学术成就最多的时期。

在帕多瓦大学期间，最初，他把主要精力放在他一直感兴趣的力学研究方面，发现了物体运动的惯性；做过斜面实验，总结了物体下落的距离与所经过的时间之间的数量关系；研究了炮弹的运动，奠定了抛物线理论的基础；第一个明确提出加速度概念，深入而系统地研究了静力学、水力学以及一些土木建筑和军事建筑等；发明了第一支空气温度计，浮力天平和天文望远镜等。

二、名垂千古的科学巨人

伽利略是近代科学史上划时代的人物，他对近代科学的贡献主要表现在三个方面，一是奠定了经典力学的基础，二是论证了哥白尼"日心说"的真实性，三是创立了实验与数学相结合的科学方法。美国学者科恩将伽利略的主要贡献概括为四个领域，即"望远镜天文学，运动原理和运动规律，数学与经验的关系的模式，以及实验科学或实验法科学"。无论是三个方面还是四个方面，我们都完全有理由说伽利略科学研究的一生，是造福人类、功垂万代的一生。

1. 经典物理学的奠基人

伽利略蔑视权威，重视实验，他以实验为基础的运动力学定律，猛烈地批判了传统的权威理论，特别是亚里士多德的学说。

（1）自由落体定律

早在 1582 年前后，他经过长期的实验观察和数学推算，得到了摆的等时性定律。1585 年伽利略离开比萨大学后，根据杠杆原理和浮力原理，于第二年写出了第一篇题为《小天平》的论文，不久又写了论文《论重力》，第一次揭示了重力和重心的实质并给出准确的数学表达式。与此同时，还对亚里士多德的许多观点提出了质疑。

亚里士多德的"落体运动法则"认为两个物体以同一高度落下，重的比轻的先着地。

1589—1591 年，伽利略对落体运动作了细致的观察，经过反复的研究与实验后，得出了与之截然相反的结论：物体下落的快慢与重量无关。据说，1590 年伽利略在比萨斜塔公开做了著名的自由落体实验。一个晴朗的秋日，他领着几个年轻的大学生，兴致勃勃地穿过游人熙来攘往的广场，钻进比萨斜塔底层的拱形门，沿着塔内螺旋状的楼梯拾级而上。不多一会儿，广场上聚集了许多看热闹的游人，在人们议论纷纷之中，塔顶的伽利略喊了起来："准备好了没有？"从每层伸出的脑袋齐声喊道："好了，可以开始！"这时，塔上各层的大学生伸出半截身子，手里托着一个沉甸甸的盒子，身旁还有一个玻璃的沙漏，那时还没有精确的秒表，沙漏是计算时间的工具。盒子里装着两个重量不同的物体，有的是两个大小不同的铁球，有的是大小不同的石块，甚至还有的放着一个墨水瓶和一管鹅毛笔。盒子是特制的，安上一个按钮，只要轻轻地按下按钮，底盖会自动打开。只听见塔顶的那个红头发青年人一声号令，最下边一层的大学生按下按钮。这时，只见盒子打开，两个重量完全不同的物体飞快下落，几秒钟后，广场上的人们听见"当"的一声，两个物体同时落地。紧接着是二层、三层、五层，重复的实验依次进行。最后，塔顶的伽利略也举着一个盒子，里面是两个大小不同的铁球，他按下按钮，铁球飞落下来，结果也是同时着地。沙漏记下的时间说明这样一个道理：不同重量的物体从同样高度落下来，都是同时到达地面。

著名的比萨斜塔实验，唯一的依据是伽利略晚年的学生维维安尼撰写的《伽利略传》，因而不少学者认为这只是历史传闻。不过，"自由落体定律"确实是伽利略创立的，并且否定了亚里士多德的"落体运动法则"。

（2）惯性和加速度原理

推动重物时需要的力大，而推动轻物时需要的力小，是人们的直觉经验。亚里士多德据此得出普遍性的结论：一切物体均有保持静止或所谓寻找其"天然去处"的本性，认为"任何运动着的事物都必然有推动者"，并用比例定律把动力与速度联系起来。

伽利略则得出新的概念，他观察到一个沿着光滑斜面向上滑动的物体，因斜面的斜角不同而受到不同程度的减速，斜角越小，减速越小。如在无阻力的水平面上滑动，则应保持原速度永远滑动。因而得出这样的结论："一个运动的物体，假如有了某种速度以后，只要没有增加或减小速度的外部原因，便会始终保持这种速度——这个条件只有在水平的平面上才有可能，因为在斜面的情况下，朝下的斜面提供了加速的起因，而朝上的斜面提供了减速的起因；由此可知，只有在水平面上运动才是不变的。"这样，伽利略第一次提出了惯性概念，并第一次把外力和"引起加速或减速的外部原因"即运动的改变联系起来。与前述的匀加速运动实验结合在一起，伽利略提出了惯性和加速度这个全新的概念，以及在重力作用下物体做匀加速运动的全新的运动规律，为牛顿力学理论体系的建立奠定了基础。

伽利略的惯性运动指出运动的物体具有维持原有运动状态的特性，表明亚里士多德认为必须有外力才能维持物体运动的观点是站不住脚的，推翻了亚里士多德学派认为物体运动靠精灵或外界迂回空气推动的说法，也澄清了中世纪含糊的"冲力"说。伽利略虽然没有明确地写出惯性原理，可是表明了这是属于物体的本性的客观规律，在研究其他物理问题时，他熟练地运用了这一原理。然而，他未能彻底摆脱柏拉图关于行星做圆运动的观点，相信"圆惯性"的存在，因此未能将惯性运动概念推广到一切物体运动上。

伽利略把物体速度的大小和方向的改变或加速度的产生归诸力的作用，这是对力的性质的客观认识，也是牛顿第二定律的雏形。惯性原理的发现破除了力是运动原因的旧概念，而认为力是改变运动状态的原因。后来，牛顿在《自然哲学的数学原理》一书中高度评价了伽利略对第一、第二两运动定律所做的开创性工作。

伽利略用物理学原理为哥白尼的"日心说"进行辩解时，应用运动独立性原理，通俗地说明了石子从桅杆顶上掉落到桅杆脚下而不向船尾偏移的道理。他又进一步以做匀速直线运动的船舱中物体运动规律不变的著名论述，第一次提出惯性参照系的概念。这一原理被爱因斯坦称为伽利略相对性原理，是狭义相对论的先导。

2. 杰出的天文学家

天文学的起源可以追溯到人类文化的萌芽时代。远古时候，基于农牧业生产活动需要知道季节的变更，于是，人们通过观察太阳、月亮和星星在天空中的位置，找出它们随时间变化的规律，并在此基础上编制历法。可以说，天文学是最古老的自然科学学科之一。公元2世纪，罗马人托勒密（约85—165）提出的"地心说"，因其成为基督教"上帝创世说"的依据而被披上神学的外衣，奉为主导地位的天文学观点，直到16世纪才被人们所舍弃。在这场科学与神学的大决战中，伽利略为新天文学体系的确立发挥了独特的作用。

（1）第一位望远镜天文学家

1597年，伽利略收到开普勒赠阅的《神秘的宇宙》一书，开始关注哥白尼的"日心说"，承认地球有公转和自转两种运动。1604年，帕多瓦的天空出现超新星，亮光持续18个月之久。在此期间，伽利略在威尼斯做了几次精彩动听的科普演讲，宣传哥白尼的学说，听众多达千余人。

1609年7月，伽利略听说荷兰眼镜商人利帕希发明了供人玩赏的望远镜，可以看见远处肉眼看不见的东西。"这难道不正是我需要的千里眼吗？"伽利略非常高兴。不久，一个学生从巴黎来信证实了这个消息的准确性，信中说尽管不知道利帕希是怎样做的，但是这个眼镜商人肯定是制造了一个镜管，用它可以使物体放大许多倍。

"镜管！"伽利略把来信翻来覆去看了好几遍，急忙跑进实验室，找来纸和鹅管笔，开始画出一张又一张透镜成像的示意图。伽利略由镜管这个提示受到启发，镜管能够放大物体的秘密在于选择怎样的透镜，特别是凸透镜和凹透镜如何搭配。他找来有关透镜的资料，不停地进行计算，经过数个通宵的努力，伽利略终于明白，把凸透镜和凹透镜放在一个适当的距离，就像那个荷兰人看见的那样，遥远的肉眼看不见的物体经过放大后也能看清了。伽利略顾不上休息，立即动手磨制镜片，这是一项很费时间又需要细心的活儿。他一连干了好几天，终于磨制出一对凸透镜和凹透镜，然后又制作了一个精巧的可以滑动的双层金属管。小心翼翼地把一片大一点的凸透镜安在管子的一端，另一端安上一片小一点的凹透镜，然后把管子对着窗外。当他从凹透镜的一端望去时，奇迹出现了，那远处的教堂仿佛近在眼前，可以清晰地看见钟楼上的十字架，甚至连一只在十字架上落脚的鸽子也看得非常清晰。经过不断改进，1609 年 12 月他终于造出了一架口径 5 厘米、长 120 厘米、放大 32 倍的望远镜。

伽利略制成望远镜的消息马上传开了。在一封写给妹夫的信里，伽利略写道："我制成望远镜的消息传到威尼斯，一星期之后，就命我把望远镜呈献给议长和议员们观看，他们感到非常惊奇。绅士和议员们，虽然年纪很大了，但都按次序登上威尼斯的最高钟楼，眺望远在港外的船只，看得都很清楚；如果没有我的望远镜，就是眺望两个小时，也看不见。这仪器的效用可使 50 英里的以外的物体，看起来就像在 5 英里以内那样。"

伽利略发明的望远镜，据他自述，这架望远镜"同肉眼所见相比，它们几乎大了一千倍，而距离只有其三十分之一"。用望远镜进行天文学研究，结束了天文学家依靠肉眼观察日月星辰的时代，打开了通往近代天文学的大门。

（2）"天空的哥伦布"

丹麦科学家蒂谷（1546—1601）是最后一个用肉眼探索宇宙奥秘的天文学家，伽利略则是第一个用望远镜探索宇宙奥秘的天文学家。每当星光灿烂或是皓月当空的夜晚，伽利略便把他的望远镜瞄准深邃遥远的苍穹，不顾疲劳和寒冷，夜复一夜地观察着。他观察到了一系列新奇而重要的天文现象。1609 年 12 月，他观察到了月亮上的山脉和火山口。次年 1 月，又发现了木星的四颗卫星。为了谋求托斯堪那大公首席数学家的职位，他将它们命名为"美第奇星"，当然，现在这四个卫星都称为"伽利略星"。

发现木星的四颗卫星对于支持哥白尼学说具有格外重要的意义，托勒密学说的支持者们有一个很强的理由，即：只有地球才可能有天体绕着转动，因为这些天体是地球的仆人。1610年3月，伽利略的著作《星际使者》在威尼斯出版，书中报告了他用望远镜观察到的新天象：月亮并不像亚里士多德所说的那样完美无缺；木星有四颗卫星，它们绕木星而不是绕地球转动；银河是由大量恒星组成的。该书刚一出版便在欧洲知识界引起轰动，人们争相传诵，把伽利略誉为"天空的哥伦布"，称赞说"哥伦布发现了新大陆，伽利略发现了新宇宙"。伽利略自然科学方面的巨大成就，为伽利略赢得了极高的社会声誉，受到托斯堪那大公柯西莫二世的重视，被聘为"宫廷哲学家"和"宫廷首席数学家"。这样，伽利略便回到了故乡佛罗伦萨，在那里继续从事物理学和天文学研究。1612年，他用望远镜观察到了太阳黑子，还从黑子的缓慢移动推断太阳能自转，周期为28天。1613年，在罗马发表了《论太阳黑子》。

伽利略的发现为哥白尼学说提供了强有力的证据支持，也颠覆了传统的天文学观念。用望远镜看到的天体现象，是前人从来没有看到过的，也是亚里士多德学派的学者们不敢看的和不敢想象的，因为亚里士多德说过"天体是完美无缺的"，而他们无论如何也不愿看到"亚里士多德错了"。所以，当伽利略一再向他们发出邀请，让他们亲自用望远镜观看月球上的山脉和木星的卫星时，他们不但坚决拒绝观看，反而污蔑伽利略是骗子，甚至说他的望远镜是"魔鬼的发明"，有的还质问伽利略为什么要将望远镜对准天空，"为什么要凝视天国"。

（3）开创望远镜天文学时代

望远镜已经成为人类文化最伟大的奇迹之一，它开阔了人类的眼界，改变了人类的世界观和认识观，极大地推动了近代科学技术的发展。天文望远镜是观测天体的重要手段，没有望远镜的诞生和发展，就没有现代天文学。伽利略 1609 年制造的折射式望远镜，向人们展现了一幅前所未见的天文景观，颠覆了传统的天文学观，开创了天文学研究的一个新时代。

1668 年，牛顿利用光线反射的方式，发明了反射式望远镜。这是天文望远镜的一大突破，因为反射式望远镜在制造上远比折射式望远镜容易得多，并且没有折射式望远镜的色差现象，能让观测质量大幅提升。1672 年，法国人盖赛格林变更了牛顿式反射镜的焦点位置，发明了盖赛格林式反射望远镜，让反射式望远镜更容易操作。这几位同是 17 世纪的伟大科学家，分别留下了以自己名字命名的光学系统，让 17 世纪在望远镜史上发出耀眼的光芒。自此以后，世界各地的天文台愈来愈多，望远镜也愈来愈大，天文学的进展也愈来愈快了。1938 年德国人史密特把折射式望远镜及反射式望远镜合而为一，发明了折反射式望远镜，也就是史密特式望远镜（史密特照相机），开创了望远镜的另一个新纪元。之后，俄国人马克斯托夫也发明了另一种折反射式望远镜——马克斯托夫望远镜。20 世纪以来，无线电波望远镜把天文望远镜所能看到的延伸到所有的电磁波长，让我们观看宇宙的视野不再局限于可见光，进而成了天文望远镜的另一次革命，也让天文学能在最近极短的数十年中，得到超越数千年的发展。

望远镜不仅推动天文学发展，也极大地促进了军事科学的进步。在 1595 到 1598 年间，伽利略设计并改良了地理军事两用圆规，由设备制造商马克·安东尼奥·马哲勒尼于 1604 制造出来，为炮兵和勘探员提供了极大方便。尼古勒·塔尔塔利亚与吉多贝多·蒙蒂早些时候制作了类似的仪器，伽利略则在他们的基础之上进行了创新。对于炮兵来说，圆规不但可以更快更准地测出弹道角度，而且可以根据炮弹的大小和材质测算出添加火药的量。作为地理仪器，他可以绘制出任意的规则多边形，并对其他计算提供辅助。

3. 划时代的研究方法

伽利略的伟大贡献还有他开创的全新的科学方法论，即"现象观察，逻辑判断，数学演绎，实验验证"的科学方法。这种将观察、实验方法与数学方法相结合的方法，坚持以实验为基础，在实验中发现物质世界的运动规律。自由落体定律、钟摆和抛物射体运动的研究，就是这种研究方法的典范。观察、实验方法与数学方法相结合的方法，至今依然是科学研究的基本方法，依然是精密科学的理想方法。因此，人们称他是"近代实验科学之父"和"近代科学方法论的奠基人"。伽利略的研究方法直接促进了自然科学的发展，经典力学就是牛顿等物理学大师运用这一科学方法论创立的。

美国学者科恩在《科学中的革命》第8章中，对伽利略进行了颇为详细的介绍，并给予了很高的评价。书中说："比任何人都先提倡新的实验科学的科学家，就是伽利略。伽利略的科学纲领……确实是富有革命性的，而且，它还包含了有可能会潜在地影响所有科学的方法和结果，从这一点来讲，它有着更为重要的意义。""伽利略的著作广为流传（或被译为别的语言），而且，他的著作对他那个时代的科学家和科学思想产生了巨大的影响。这种影响甚至随着对他进行的著名的审讯和定罪而扩大了。""伽利略的确不是第一位进行实验的科学家，但他是头等重要的科学家之一，他在进行数学分析的同时，使实验成了他的科学的一个组成部分。事实上，他把实验技术与数学分析相结合（例如在斜面实验中所做的那样），使他名副其实地成了科学的探究方法的奠基人。""伽利略所表明的信念：'感性经验和必要的证明''不仅优于哲学信条而且优于神学信条'。""阿基米德的权威并不比亚里士多德的权威更加重要；阿基米德之所以正确，是因为他的结论与实验相符。"伽利略在总结自己的科学方法时说过，"这是第一次为新的方法打开了大门，这种将带来大量奇妙成果的新方法，在未来的年代里，会博得许多人的重视"。爱因斯坦也高度评价说："伽利略的发现，以及他所用的推理方法，是人类思想史上最伟大的成就之一，而且标志着物理学的真正的开端。"

伽利略不是先臆测事物发生的原因，而是先观察自然现象，由此发现自然规律。要了解大自然，就必须进行系统的实验定量观测，找出它的精确的数量关系。基于这样的新的科学思想，他倡导数学与实验相结合的研究方法，这种研究方法是他在科学上取得伟大成就的钥匙，也是他对近代科学的重要贡献。用数学方法研究物理问题，可以追溯到公元前 3 世纪的阿基米德，14 世纪的牛津学派和巴黎学派，以及 15、16 世纪的意大利学术界，但他们并未将实验方法放在首位，因而在思想上未能获得突破。

在同时代的思想家中，伽利略明确宣称自然规律是数学性的。他在1623 年发表的《试金者》中，批判以权威而不是事实作为最终论据的做法。还说："哲学写在这本伟大的著作中，这宇宙中……它是用数学作为语言写成的，他的特性是三角、圆和其他几何形状，没有这些，人类连一个字也读不懂。"数学与实验相结合的研究方法，使伽利略养成了重视实践、无视权威的科学思想，特别是亚里士多德学派的权威。在更广泛的意义上说，他的成果更进一步推动了科学从哲学与宗教中分离出来，这是人类思想的一大进步。他常常愿意根据自己的观察来改变想法。为了进行实验，伽利略为长度与时间制定标准，以便在不同时间和不同实验室所做的工作可以复制，为数学归纳法提供了坚实基础。

伽利略的科学研究离不开科学实验，科学实验又需要科学仪器，为此他还设计制造了不少科学仪器，例如比重秤（1586）、测温器（1593）、望远镜（1599）、显微镜（1616，一说 1610）等。不言而喻，在伽利略设计制造的仪器中，望远镜是最为重要的。不过，其他仪器的作用也不可忽视。

1593 年，伽利略发明了第一支空气温度计。这种气体温度计是用一根细长的玻璃管制成的。它的一端制成空心圆球形；另一端开口，事先在管内装进一些带颜色的水，并将这一端倒插入盛有水的容器中。在玻璃管上等距离地标上刻度。这样，当外界温度升高时，玻璃球内气体膨胀，使玻璃管中水位降低；反之，温度较低时，玻璃球内气体收缩，玻璃管中的水位就会上升。

空气温度计的发明，催生了体温计的问世。伽利略的一位朋友、帕多瓦大学医学教授桑克托留斯，一直在关注着伽利略研制温度计的进展。当他看到世界上第一支空气温度计后，按照自己的设想和诊病需要，对气体温度计进行了改进，在 1600 年制成了世界上第一支体温计。1654 年，伽利略的学生斐迪南在老师的指导下，研制出了世界上第一支酒精温度计。它是往玻璃球里注入适量酒精，再加热玻璃球，用酒精蒸气赶跑玻璃管中的空气，然后迅速把玻璃管口封死以避免大气压强的影响。1659 年，法国天文学家布里奥，利用水银沸点较高的特性，制成水银温度计。这种温度计可测得 357℃ 的高温，也可测得 –39℃ 的低温。到 19 世纪末 20 世纪初，许多科学家运用各种物理原理，发明了多种形式的新型温度计，如电阻式温度计、辐射式高温计、光测高温计、氢温度计等。

1616 年研制成功的显微镜，是改进了的望远镜，它"可将苍蝇放大成母鸡一般"，从而大大改变了植物学、动物学、微生学等学科的面貌，运用于医学、生理学领域则直接造福于人类。显微镜可以看到非常近和非常小的物体，研制成功不久后的 1625 年，利用伽利略显微镜所绘制的昆虫图便出版了。

三、顽强抗争的一生

伽利略为人类留下了不可估量的宝贵财富，然而，他奉献给人类的财富却是在巨大的困境中创造的。也就是说，他将财富留给了人类，而将苦难留给了自己。

近代自然科学是在与神学、与传统权威的决战中诞生的，而伽利略又致力于争取自然科学独立发展的权利，这就注定了伽利略的科学研究不可能在和风细雨的环境中度过；衰败的贵族之家和家庭的生活重担，又注定了伽利略的科学研究不可能在衣食无忧的条件下进行。总之，伽利略科学研究的一生，也是与神学和传统学术权威搏斗的一生，以及与孤独和贫困搏斗的一生。

1. 贫困的一生

几乎从出生之日起，伽利略就与贫穷结下了不解之缘。因为贫穷，不得不提前离开比萨大学快乐的校园生活，成为一名肄业的大学生；因为贫穷，即使有天才少年的美誉和贵族家庭的身份，也未能赢得一个女孩的爱情！当同龄人都娶妻生子时，他还孑然一身，为家人的一日三餐焦头烂额。27 岁时，父亲病逝，全家人的生计以及弟妹的婚嫁全归他负担，尽管想尽办法挣钱，但妹妹的嫁妆、弟弟的婚姻还是让他债台高筑。在最困难的时候，甚至不得不把祖先传下来的物品拿去换取食物。

1599 年，35 岁的伽利略去威尼斯旅行时，遇见了美丽而单纯的威尼斯姑娘玛丽娜。伽利略风趣幽默的谈吐和充满关爱的眼神，让情窦初开的玛丽娜一见钟情。然而，玛丽娜出身贫寒，与伽利略的贵族之家门不当户不对，遭到了家人的一致反对。家族和母亲的反对，导致一对新人不能在教堂举行婚礼，只能在家里举行一个简单的仪式。

婚后，伽利略认为事业永远是第一位，可玛丽娜对他的工作没有丝毫兴趣，对他房间里一群学者们常常进行的科学讨论感到厌烦，还抱怨他们太吵闹。转眼之间，他们有了三个孩子（大女儿弗吉尼亚生于 1600 年，二女儿利维亚生于 1601 年，儿子文森特生于 1606 年）。这期间，伽利略取得了许多新成果，但玛丽娜对他却是越来越冷淡，伽利略的名声越大，她越发反感。加之他们的婚姻没有得到伽利略家族的认可和教堂的净化，她这个妻子就成了名不正言不顺的"非法同居者"，没有合法身份，还遭社会鄙视。于是，一个曾经海誓山盟的爱人，携着伤痛离去，被辗转的流年弄得下落不明。

孩子们逐渐长大后，新的烦恼又随之而来。由于没有进教堂举行净化仪式，伽利略的婚姻被认为是非法婚姻，三个孩子成了"非婚子"。在当时，非婚生的女孩如果没有丰厚的嫁妆来弥补，是嫁不出去的，她们唯一的出路是当修女，最终只能成为基督的新娘。男孩没有合法身份，连继承父亲财产的权利都没有。因为缺少妆奁，伽利略的两个女儿不得不出家当了修女，这也是伽利略心中一辈子的最痛。两个女儿所在的修道院隶属于克拉雷修道会，信奉清苦的修行，修女们甚至吃不饱饭，许多人大冬天还睡在寒冷的地板上，窗户没有玻璃挡风，室内没有取暖的火炉。女儿弗吉尼亚曾经多次写信诉说生活条件的艰苦，希望父亲能给予一些帮助。由于修女的生活艰苦而又寂寞，大女儿弗吉尼亚才 33 岁就先父亲离世，二女儿先天残疾。对儿子文森特，伽利略则找朋友托关系为他取得合法身份，这样，他不仅可以娶一门门当户对的亲事，还可以成为伽利略合法的继承人。

其实，伽利略一生大大小小的发明很多，这些发明都有或多或少的奖金收入，加上他大学教授的工资和宫廷数学家和哲学家的薪酬，是完全可以远离贫困的。但年轻时要负担全家的生活和弟妹的婚嫁，老了还要照顾弟妹的子女和儿子一家。儿子文森特婚后，夫妻两人都住在父亲家里，后来文森特害怕感染上流行的鼠疫离开佛罗伦萨，把妻子和孩子都扔给老父亲照顾。伽利略的弟弟米开兰基罗常常要求哥哥资助，后来索性把妻子克拉拉连同孩子、保姆一同送到哥哥家里。他曾写信给伽利略说："如果您死了，贫穷的克拉拉会多么痛苦，我一想起就发抖。"1631年1月，米开兰基罗逝世，他的一家老小都留给哥哥伽利略抚养。

2. 宗教神学的迫害

1611年，宗教裁判所警告伽利略，禁止他宣传他的学说。1615年，伽利略被控违反基督教义。他迅速赶到罗马，力图挽回自己的声誉，企求教廷不因自己保持哥白尼观点而受到惩处，也不公开压制他宣传哥白尼学说，教廷默认了前一要求，但拒绝了后者。1616年，教皇保罗五世下达了著名的"1616年禁令"，禁止他以口头的或文字的形式保持、传授或捍卫"日心说"。伽利略知道，16年前布鲁诺就是被这些披着黑色道袍、道貌岸然的上帝的卫道士活活烧死的。他如果敢于反抗，下场绝不会比布鲁诺更好。

1624年，他又一次去罗马，希望故友新任教皇乌尔邦八世能够同情并理解他的意愿，以维护新兴科学的生机。他先后谒见教皇6次，力图说明"日心说"可以与基督教教义相协调，说"圣经是教人如何进天国，而不是教人知道天体是如何运转的"，并且试图以此说服一些大主教，但毫无效果。乌尔邦八世坚持"1616年禁令"不变，只允许他写一部同时介绍"日心说"和"地心说"的书，但对两种学说的态度不得有所偏倚，而且都要写成数学假设性的。

在教会的威胁下，伽利略被迫做了放弃哥白尼学说的声明。此后6年间，他撰写了《关于托勒密和哥白尼两大世界体系的对话》一书，1630年他到罗马取得了此书的"出版许可证"。此书1632年出版，表面上保持中立，但实际上却为哥白尼体系辩护，并多处对教皇和主教隐含嘲讽，远远超出了仅以数学假设进行讨论的范围。《对话》出版后6个月，罗马教廷便勒令停止出售，认为作者公然违背"1616年禁令"，问题严重，亟待审查。原来，有人在教皇乌尔邦八世面前挑拨说伽利略在《对话》中，借头脑简单、思想守旧的辛普利邱之口，以教皇惯用词句发表了一些可笑的错误言论，使教皇大为震怒。神圣罗马帝国和西班牙王国认为纵容伽利略，会对各国国内的异端思想产生重大影响，联合对教皇提出警告。在这些内外压力和挑拨下，教皇便不顾旧交，于这年秋发出了伽利略到罗马宗教裁判所受审的指令。

年近七旬而又体弱多病的伽利略被迫在寒冬季节抱病前往罗马，在严刑威胁下被审讯了三次，根本不容申辩。几经折磨，1633年6月22日在圣玛丽亚修女院的大厅上，由10名枢机主教联席宣判，主要罪名是违背"1616年禁令"和圣经教义。伽利略被迫跪在冰冷的石板地上，在教廷已写好的"悔过书"上签字。主审官宣布：判处伽利略终身监禁；《对话》必须焚绝，并且禁止出版或重印他的其他著作。此判决书立即通报整个天主教世界，凡是设有大学的城市均须聚众宣读，借此以一儆百。

对伽利略被迫在法庭上当众表示忏悔，同意放弃哥白尼学说，并且在判决书上签了字，很多人都不理解，连他最信任、也是亲如父子的学生安德雷亚都骂他"酒囊饭袋！保住一条狗命了吧？"伽利略却平心静气地说："不。需要英雄的国家真不幸。"伽利略的"忏悔"为他自己赢得了继续从事科学研究的时间。几年后的一天下午，安德雷亚去探望伽利略，在帮助整理他的一些研究资料时突然问伽利略："您其实从来没有放弃过哥白尼学说，但您当年为什么要悔罪呢？"伽利略坦率地说："因为我害怕皮肉之苦。"这样的话，不啻为一个晴天霹雳。不要说当时，就是在人类文化史上，负有盛名的科学家以及其他学科的带头人，又有几人敢承认内心的卑微呢？伽利略的坦诚，并没有损害他在学生面前的形象，安德雷亚深情地说："怕死是人之常情！人的弱点和科学毫无关系。"这在当时又有几人能够理解？

　　1637年伽利略双目完全失明，次年获准在其子家中居住。不久，他唯一的亲人——小女儿利维亚先他离开人间，这给他很大的打击。后来，宗教裁判所对他的监视有所放宽。伽利略虽然双目失明了，但仍然坚持与学生讨论如何应用摆的等时性设计机械钟，还讨论过碰撞理论、月球的天平动、大气压下矿井水柱高度等问题，直到1642年1月8日临终。所以，晚年的伽利略是在贫病交加的凄苦中度过的，幸好有科学研究的乐趣带给他无限的慰藉。

　　伽利略既是勤奋的科学家，又是虔诚的天主教徒，深信科学家的任务是探索自然，而教会的职能是管理人们的灵魂，不应互相侵犯。所以，他受审之前不想逃脱，受审之时不公开反抗，受审之后服从教廷处置，但认为教廷在神学范围之外行使权力极不明智。为争取学术自由和科学的发展，他进行了长期不懈的斗争，并向全世界发出了振聋发聩的声音——宗教不应该干预科学。1979年11月10日，罗马教皇J·保罗二世在公共集会上承认伽利略在17世纪30年代受到教廷审判是不公正的。次年10月，教皇又在梵蒂冈举行的世界主教会议上提出重新审查对伽利略的判决，随即在罗马成立了一个由不同宗教信仰的著名科学家组成的委员会，委员会主席是意大利核物理研究院院长吉基齐教授，包括杨振宁、丁肇中在内的 6 名委员全是诺贝尔奖获得者。1980 年委员会公布审查结果，认为"给伽利略定罪的法官在判断上犯了错误"。平反昭雪虽然晚了三百多年，但它表明真理终究战胜了邪恶。

伽利略一生著述甚丰，主要著作有：《小天平》（1586）、《运动论》（1590）、《力学》（1600）、《地理军事两用圆规使用指南》（1606）、《星际信使》（1610，意大利文）、《流体力学》（1612）、《论太阳黑子》（1613）、《致大侯爵夫人克里斯蒂娜》（1615，1636 年出版）、《论潮汐》（1616，意大利文）、《论彗星》（1619，意大利文）、《试金者》（1623，意大利文）、《关于托勒密和哥白尼两个世界的对话》（1632）等。这些科学著作，文笔优美，语言通俗易懂、风趣幽默。《关于托勒密和哥白尼两个世界的对话》不仅是近代天文学的三部最伟大的杰作之一，也是文学史上不朽的杰作，全书笔调诙谐，人物对话语言生动而富于情趣，是意大利文学史上的名著。

华罗庚说："我们最好把自己的生命看作前人生命的延续，是现在共同生命的一部分，同时也是后人生命的开端。如此延续下去，科学就会一天比一天灿烂，社会就会一天比一天更美好。"美国科学家富兰克林说："我们在享受着他人的发明给我们带来的巨大益处，我们也必须乐于用自己的发明去为他人服务。"

一代科学巨人伽利略的创新发明、科学研究成果和勇攀科学高峰的精神，永远如巨星闪耀在人类文明的天空，并激励后来者继续前进。

生平大事记

1. 1564 年 2 月 15 日，出生于意大利比萨城。

2. 1575 年，进入佛罗伦萨附近的法洛姆博罗莎经院，接受古典教育。

3. 1581 年，进入比萨大学学习医学，同时潜心研究数学。

4. 1586 年，写出第一篇论文《小天平》

5. 1588 年，写出论文《固体的重心》，引起学术界的关注。

6. 1589 年，经数学家玛窦·利奇和贵族盖特保图伯爵推荐，任比萨大学数学教授。

7. 1590 年，在比萨斜塔做了著名的"自由落体实验"。

8. 1591 年，经贵族盖特保图伯爵推荐，任帕多瓦大学数学教授。

9. 1609 年，研制成功历史上第一部放大倍数为 32 倍的望远镜，并进行天文观察。

10. 1610 年，出版著作《星空使者》，被誉为"天空的哥伦布"；被托斯坎纳大公柯西莫二世聘为"宫廷哲学家"和"宫廷首席数学家"。

11. 1611 年，被宗教裁判所警告，不准宣传哥白尼的学说。

12. 1613 年，在罗马发表《论太阳黑子》。

13. 1615 年，被召到罗马教廷，被当面警告不准再宣传哥白尼的太阳中心说。

14. 1616 年，研制成功显微镜；教皇下达"1616 年禁令"，禁止他以任何形式宣传哥白尼的学说。

15. 1632 年，出版著作《关于托勒密和哥白尼两个世界的对话》。

16. 1633 年 6 月，在罗马遭宗教裁判所审判，被迫在教廷写好的"悔过书"上签字，被判处终身监禁。

17. 1642 年 1 月，在贫病交加中去世，享年 78 岁。

主要参考文献

1. ［德］贝托尔特·布莱希特. 伽利略传. 上海：上海译文出版社，2012.

2. ［俄］鲍·格·库兹涅佐夫. 伽利略传. 北京：商务印书馆，2001.

3. ［英］亚·沃尔夫. 十六、十七世纪科学技术和哲学. 北京：商务印书馆，2011.

4. ［英］保罗·斯特拉森. 美第奇家族. 北京：新星出版社，2007.

5. ［美］科恩. 科学中的革命. 北京：商务印书馆，1998.

6. ［英］丹皮尔. 科学史. 北京：中国人民大学出版社，2010.

7. 刘景华，张功耀. 欧洲文艺复兴史：科学技术卷. 北京：人民出版社，2008.

8. 刘明翰文存续集：探索人类精神文明史. 沈阳：辽宁大学出版社，2012.

9. 周春生.文艺复兴史研究入门.北京：北京大学出版社，2009.

10. 金志平，傅洁莹.伽利略：执着追求真理的学者.重庆：重庆出版社，1999.

11. 江晓原.科学史十五讲.北京：北京大学出版社，2006.

12.《大英百科全书》中文百科在线 http://www.zwbk.org/MyLemmaShow.aspx?lid 伽利略.

13. 维基百科：伽利略 http://zh.wikipedia.

为天空立法的科学巨人

——开普勒

科学名言：我曾测量天空，现在测量幽冥。灵魂飞向天国，肉体安息土中。

古罗马著名学者塞涅卡说："真正的伟大，即在于以脆弱的凡人之躯而具有神性的不可战胜的力量。"在近代科学的发展史上，开普勒的一生堪称最好的典范。这位才华横溢的德国天文学家、天体物理学家、数学家、哲学家和现代光学的重要奠基人，一生都生活在病魔、贫穷和宗教迫害之中，长期过着颠沛流离、半饥不饱的生活。但是，他却始终把一切不幸都化作推动自己前进的动力，凭着对科学的执着追求和聪明才智，克服重重困难，终于发现了行星运动三大定律，被誉为"天空的立法者"，成为推动近代科学革命阔步向前的时代巨人。建立在严谨的科学实验观测和数学数据分析之上的行星运动三大定律，澄清了太阳系的空位形，为哥白尼创立的"太阳中心说"提供了最强有力的证据，也为牛顿的经典力学奠定了坚实的基础。

一、一生悲情志不改

有学者说：帝谷辉煌的背后有国王，伽利略辉煌的后面有公爵，牛顿辉煌的后面有政府，开普勒辉煌成就的背后却只有疾病和贫困。在他数十年的科学道路上，只得到过丹麦天文学家帝谷短暂的帮助，绝大多数时间都身处逆境、孤军奋战，一生颠沛流离，忍饥挨饿，历尽人间坎坷与不幸。在文艺复兴时代的巨人中，也许开普勒不是唯一一个病魔缠身、忍饥挨饿的科学家，但身处如此人生困境的科学家绝对是非常罕见的。

毋庸讳言，这位自幼便与饥饿、病魔结下不解之缘的科学家，确实需要付出比常人更多的心血。

1. 如影随形的病魔与贫寒

1571 年 12 月 27 日，约翰尼斯·开普勒出生在德意志西南部符腾堡的小城魏尔。他的先辈中有两位骑士，这就是海内里希和他的弟弟弗里德里希，1430 年兄弟俩被斯瓦比亚的皇帝封为骑士，成为皇帝的随从。

中世纪的欧洲实行长子继承制，唯有长子才有成为骑士的资格，次子和幼子（王族例外）只能承受有限的财产，担任骑士的随侍，除非立下战功获得新的领地和封号，才能成为骑士。骑士精神包括忠于君主和领主，保护教会、弱者和妇女，维护地方和平，打击异教徒，勇敢无畏，宽宏大度等等。这种勇敢无畏的骑士精神无疑被开普勒所继承。骑士的收入主要有三项：田产收入、服役收入和国内小规模战争（也就是各种比武、决斗以及拦路抢劫）等。14、15 世纪，随着欧洲资本主义工商业的快速兴起，骑士制度走向衰落，开普勒的先辈沦为商人和手工业者，骑士证书变得一文不值。直到开普勒的祖父泽巴尔勒，因为当上了魏尔市的市长，其家族才又日益显贵起来。然而，好景不长，到了开普勒的父亲海内里希·开普勒这一代，贵族的头衔又变得有名无实。海内里希·开普勒是一个非常平庸、没有任何志向，也无一技之长的人。他与一小酒馆老板的女儿结婚，先后生了包括开普勒在内的 5 个孩子，其中 3 个早逝，一个患有癫痫。为了养家糊口，海内里希·开普勒不得不去当雇佣军，曾是符腾堡的一个陆军军官，但因为性格比较粗暴等原因而没有大的发展。

开普勒 3 岁时，父亲离家去国外当雇佣军，不久母亲卡塔丽娜·开普勒将开普勒丢给祖父，自己去找丈夫去了。两年后，父亲从西班牙战场回来，随即带着家人迁居到邻近的莱昂内克。不幸的是，父亲在那里不慎丢失了全部财产，痛心之余，不得不继续到国外去当雇佣军。此后，开普勒很少能见到父亲，在开普勒上大学期间，父亲在奥格斯堡附近的一次征战中阵亡。

开普勒先天不足，后天又多灾多难。由于母亲过度劳累，加上营养不良，开普勒在母亲腹中只待了七个月就匆匆来到那个动荡不宁的时代。因为早产，体质很弱，家人三天两头都得找医生给他治病。4岁时，一场天花险些让他夭折，虽然侥幸死里逃生，但双手手指感染严重而远不及正常人灵活，一只手接近残废，并留下了满脸的麻子。脱离天花的虎口不久，又患上了猩红热，眼睛被高热烧坏，不仅近视，还散光，也就是说他眼睛看见的东西是叠影，模糊不清。由于体弱多病和营养欠缺，开普勒的个头又瘦又矮小。

自出生之日起，开普勒就与贫穷如影随形，赶也赶不掉，驱也驱不散。一家生计主要靠父亲的雇佣军薪酬和经营一家小客栈的微薄收入维持，经济来源十分有限。当同龄的孩子在开心玩耍时，小小年纪的开普勒不得不帮助母亲在店里打杂。身体的缺陷使他常被小伙伴们取笑和作弄，因而他更喜欢一个人独处，静静地看书或思考，这不仅养成了内敛的性格也培养了他丰富的想象力。由于家境贫寒，开普勒直到12岁才进入毛尔布龙的修道院附校预备学习。看见学校里那么多书可读，开普勒开心极了。他克服视力不好带来的诸多不便，凭借着坚强的意志和自己的聪明才智，如饥似渴地学习着各方面的知识，学习成绩总是名列前茅。

2. 倡导和谐的异教徒

16世纪初，德国的马丁·路德首先发难，在宗教改革的旗帜下发动了一场反天主教会、反封建制度的社会政治运动，运动很快扩展到许多欧洲国家。由于对教义的理解和解释不同，以路德为首的一派宗教改革家，建立了适合君主专制的新的教会和教义，属比较温和的一派。以法国人加尔文为首的另一派在日内瓦建立了资产阶级共和式的长老制教会，属比较激进的一派。继之，英国和北欧各国也摆脱了教皇的控制，把教会置于本国君主的控制之下。对新教教义的不同解释，催生了越来越多的新教派，这些教派不仅使新教徒和天主教徒相互残杀，也使新教各教派之间相互敌视。

开普勒是虔诚的新教徒，但他认为旧教、新教以及各新教别间应当是和平、妥协、统一的，坚信"上帝是和平和睦的发起人"。早在图宾根神学院学习时期，他就表示了对新教信条的严酷和不宽容精神的反对意见，公开主张决不能谴责信仰旧说的人。其宗教和谐的主张，不仅受到天主教会的迫害，还受到新教同门的排挤。同时，由于他信奉哥白尼学说与自由化思想，受到歧视与迫害更是在所难免。

在奥地利，新教和旧教（天主教）的斗争非常激烈。1598年，菲迪南大公颁布了反新教法令；1660年格拉茨教会学校被天主教会所控制，诸侯宣布永远放逐几千名新教市民和官员，命令他们必须在45天内离开城市，在格拉茨教会学校任教的开普勒也在放逐之列。获悉放逐令后，开普勒马上将他的困境告诉了帝谷。帝谷要他尽快赶到布拉格，因为皇帝至少已在口头上同意任用开普勒。这样，开普勒带着家眷和行李前往布拉格，在途中，开普勒身患疟疾，整日发高烧，经济状况由于被放逐而日益窘迫。好在帝谷伸出了援助之手，开普勒一家才得以渡过难关。

回到格拉茨后，又受到了天主教的迫害。到林茨不久，开普勒便向丹尼尔·希茨勒牧师表示了自己的新教立场，并拒绝了必须毫无保留地承认新教信条的要求。于是，希茨勒牧师禁止他参加圣餐仪式。为此，开普勒向斯图加特宗教法庭上诉，但法庭却支持希茨勒牧师，并在答复中强调：对于想用不可靠的意见或不合理的思辨给正确学说抹黑，使自己和其他人思想混乱的人，完全有理由把它逐出圣餐仪式，直至他改邪归正。被逐出圣餐仪式等于被逐出一个宗教团体，尽管如此，开普勒还是始终忠于这个宗教团体，他一辈子都不肯在信仰问题上采取虚伪态度。为了争取让林茨的神学家和斯图加斯宗教法庭取消把他逐出圣餐仪式的决定，开普勒进行了旷日持久的申诉，但一切都无济于事。

1619 年 7 月 31 日，时任林茨地方学校校长的哈芬莱弗尔以同事的名义，通知他这位昔日的朋友最终决定："无论是我，还是我的同事们都不能同意您的荒谬无稽、亵渎神明的妄想……他们想给您以兄弟般的忠告，您或者谴责这种荒谬的、完全错误的思辨，毕恭毕敬地接受上帝的真理，或者不要和我们的教堂和我们的教派来往。"从此以后，开普勒就永远地背上了异教徒的恶名。1621 年，他的《哥白尼天文学概要》被宗教裁判所列为禁书，搜走的书被付之一炬。1625 年，他在《为帝谷·布拉赫申辩》一书中驳诉乌尔苏斯对帝谷的污蔑，再次受到教会的迫害，著作被列为禁书。1626 年，一群天主教徒包围了开普勒的住所，扬言要处决他，因开普勒曾担任皇室的数学家而幸免于难。

开普勒不仅在宗教思想上倡导和谐，在数学、物理学和天文学等方面也崇尚和谐性。

3. "被德国饿死的"天才

1591年大学毕业后，开普勒到奥地利格拉茨的一所新教中学任教。可是，当时的讲师薪水很低，且常常遭到拖欠不发，他不得不靠编制占星历书养家糊口。他曾自嘲说："作为女儿的占星术若不为天文学母亲挣面包，母亲便要挨饿了。"

开普勒编制的历书，以1582年教皇格里高利颁布的新历法"格里高利历"为依据。当时的历书上有图、有表，老百姓都很喜欢。每年出版时，人人都很兴奋，并以特殊的兴趣阅读有关收获、气象、灾情、

最初，开普勒很不喜欢这种带有"占星术"性质的历书，后来，也开始相信星宿对地球上的事情和人的命运有影响，他主要的还是想从经验物理学的角度证明自然情况的预报。他在历书里甚至警告读者在做出政治决定时，不要依赖占星术的预报。他编制的年历，还预言1595年冬季会出现少见的奇寒天气等内容，结果都一一应验了，这使开普勒很快声名大振。英国学者丹皮尔说："开普勒的正式职业是编辑，他编辑的大多都是当时流行的星象学方面的书。开普勒曾自嘲地说，这处利润丰厚的职业对天文学有一定的价值。事实上，开普勒也确实是占星术的虔诚信徒。但他同时也是一位杰出的数学家。"科学史家科恩称"他是最后一位重要的集天文学和笃信不疑的占星术家于一身的人"。不过，也正是在编制年历的过程中，他愈来愈迷上了天文学，特别是对哥白尼的《天体运行》中提出的行星轨道问题，尤其感兴趣，并走上将一生都奉献给天文学研究的道路。

编制年历虽然利润丰厚，也显示了开普勒卓越的数学和天文学才华，但却未能帮助他走出困境。

　　1598年，为了去布拉格拜见最善于天文观察的著名天文学家帝谷·布拉赫，他带着妻子儿女，忍着饥寒劳累，长途跋涉，不幸中途病倒，在一个小客栈里躺了几个星期。开普勒曾想自己可能会病死他乡，妻儿可能会饿死。走投无路之下，只得在病床上给帝谷写信求救。慷慨的帝谷很快捎来了钱，使他暂时摆脱了贫病交加的困境。来到帝谷身边，可以不再为生活发愁，这是他一生中最快乐的时光。怀着对恩师的崇敬与感激之情，开普勒带着病弱的身体投入了对行星运行规律的研究。

　　1601年10月，帝谷因病突然离开了人世，开普勒接替帝谷担任德国皇帝的御用数学家，任务是编制一张同帝谷的大量观测数据相协调的行星运行表。虽然得到"皇室数学家"的头衔，但宫廷却不发给应给的俸禄，他不得不靠星相术糊口。1607年，开普勒在给友人的信中曾这样诉说自己的狼狈处境："我整日饥肠辘辘，就像一条狗似的瞧着我的主人。"1611年，心爱的儿子和妻子先后染上传染病离他而去。1613年，开普勒选择了一个贫家女为伴，家中还是常常处于揭不开锅的境地。开普勒前后娶的两个妻子共生育过12个孩子，但大多因穷困和疾病而夭折。

　　从1601年开始，尽管开普勒身为"皇室数学家"，但是，薪水却常常被拖欠。1612年，鲁道夫二世死后，新国王虽然为他保留了"皇室数学家"的职位。然而，应得的薪水更难得到了。1630年11月，一个阴寒的秋日，年近花甲的开普勒辞别家人，骑着一匹瘦马，去布拉格向政府索要拖欠了二十余年的欠薪，但却处处碰壁、毫无结果。归途中，病倒在一家小客栈里。病中，他暗暗自语说："我是惯于这种病痛，不久就会好的。我的星表还没有做完……"他卖掉了老马，所得杯水车薪，无济于事。在演出了一幕"古道西风瘦马"的悲剧后，这位骨瘦如柴、病魔缠身的老人，在举目无亲的地方，于当年11月15日，含恨离开了那个让他饱尝心酸的人间，享年59岁。此时，这位"皇室数学家"的身边，只有书籍手稿和等于废纸的欠款白条，以及不到8芬尼（0.08马克）的小钱！为此，德国著名哲学家黑格尔曾经痛心疾首地说道："开普勒是被德国饿死的。"

二、帝谷慧眼识英才

开普勒虽然先天不足，幼年又遭天花和猩红热摧残，视力衰弱，一只手半残，身体多病，但智力极好，自幼聪慧过人，勤奋好学，各科成绩优异，很早便展示了出类拔萃的数学才华。不过，大学期间的开普勒并未选择天文学作为自己的终身职业，而是立志当一名牧师。

在开普勒天文学的研究道路上，德国的图宾根大学教授马斯特林和丹麦的天文学家帝谷发挥了不可替代的作用，马斯特林给开普勒播下了哥白尼"日心说"的种子，帝谷则发现了他天文学研究的卓越天赋。

1. 成绩超群的才俊

1576年，开普勒进入小学读书。因家庭破产，曾一度停学。后来获得继续上学的机会，在符腾堡的德语学校和拉丁语学校就读。他克服视力不好带来的诸多不便，凭借着顽强的意志和自己的聪明才智，如饥似渴地学习着各方面的知识，学习成绩总是名列前茅。

1587年，16岁的开普勒以优异的成绩获得皇帝奖学金，并作为奖学金生进入了德国著名的图宾根大学学习。图宾根大学是欧洲中世纪的著名大学之一，该校的神学和数学都是享誉欧洲的专业，加之又是德国南部的新教中心，所以吸引了很多优秀的学者来此讲学，神学院的米夏埃尔·马斯特林（1550—1630）教授就是其中之一。开普勒先在"文艺院"学习了两年，学习了奠定其一生学术基础的各种文化知识，如数学和天文学的基础知识、古希腊语和拉丁语，以及修辞和诗词艺术。1591 年 8 月 10 日，20 岁的开普勒通过了图宾根神学院的硕士考试，以第二名的资格获得了文学硕士学位，延长奖学金的申请也得到批准。图宾根神学院规定，只有最优秀的学生才能学习神学。这样，开普勒便比较轻松地跨进了图宾根神学院的大门，开始了他梦寐以求的对于神学的学习。那时哲学是神学的重要组成部分，他孜孜不倦地学习哲学知识，当时他也不曾想到，所学的哲学知识和对世界的认识，影响了他一生的学术研究。

令开普勒没有想到的是，学校当局认为他有自由思想，不适合担任神职，将他推荐到格拉茨教会学校担任数学和天文学讲师。开普勒对这个任命感到不解和难以接受，他从小就希望能当一名地位比教职人员高得多的神职人员，经过反复考虑及与亲戚朋友们商量后，还是决定接受格拉茨教会学校的任命，同时明确表示保留返回和进入神职界的权利。

格拉茨是奥地利的贵族和新教阶层的领地，格拉茨新教学校建于马克西米利安二世统治期间，学校的管理法也是马克西米利安起草的，他待人温和，对路德派新教徒比较宽容，允许贵族们在自己的领地推行路德教。但他的兄弟、大公爵卡尔却是一个严酷的天主教徒，马克西米利安去世后，新教失去了保护人，掌握政权的是卡尔大公爵的遗孀，她是一个天主教徒。所以在格拉茨，两派宗教势力的斗争也很激烈。

开普勒在格拉茨教会学校，勤勤恳恳工作，最初教授数学，后来又教诗和修辞学，以后又教伦理学和历史。由于他知识渊博，能够胜任多门学科的教学，受到学校的好评：“他在演说、讲授和论辩方面都使我们十分满意，他是一个年轻博学、虚怀若谷的人，一个偏僻的地方能拥有像他那样的出色的教师真是难得。”

授课之余，开普勒以扎实的数学知识为基础，悉心从事天文学研究。从某种意义上说，开普勒对天文学产生兴趣，逐渐成为哥白尼学说的拥护者，并最终走上天文学研究的道路，与图宾根大学教授马斯特林有着密不可分的关系。正是通过马斯特林，开普勒知道了哥白尼的"日心说"。

2. 处女作《神秘的宇宙》

开普勒平生十分爱好数学，十分重视数学的作用，总想在自然界寻找数量的规律性，最后认为这个规律性就是和谐。有学者说："他之所以相信哥白尼的宇宙理论体系，其原因就是哥白尼的宇宙理论体现了数学的简单性与和谐性。"接受哥白尼体系后，他专心探求隐藏在行星体系中的数量关系。1595年10月，他在编制的1596年年历的题词中，公布了他的处女作《神秘的宇宙》（也称为《宇宙的奥秘》）。在马斯特林教授的帮助下，《神秘的宇宙》于1596年年底出版，并载入法兰克福书目之中，于1597年2月出现在春季书市上。

开普勒在书中设计了一个宇宙模型，该模型由许多有规则的几何形体构成，试图解释为什么行星的数目恰好是六颗，并用数学描述各个行星轨道大小之间的关系。六个行星恰好同五种有规则的正多面体相联系，这些不同的几何形体，一个套一个，每个都按照某种神圣的和深奥的原则确定一个轨道的大小。他用地球来度量其他轨道，一个十二面体外切地球，这个十二面体就内接于火星的天球。一个四面体外切火星轨道，这个四面体就内接于木星天球。一个立方体外切木星轨道，这个立方体就内接于土星天球。把一个二十面体放入地球轨道，外切这个二十面体的天球就是金星。把一个八面体放入金星轨道，外切这个八面体的天球就是水星。

这种设计得到的各个星球的半径比率，与各个行星轨道大小的已知值相吻合，有规则的正多面体是具有相同平面的对称体。这种具有对称平面的多面体只能做出五个，因此，开普勒认为太阳系的行星只有六颗，坚信上帝是依照完美的数学原则创造世界的。这一"发现"给开普勒带来了极大的喜悦，他写道："我从这个发现所得到的极度喜悦是无法用语言来表达的。我不怕任何麻烦，我不辞辛劳、日以继夜地进行计算，直到我能够看到是否我的假设符合哥白尼的轨道，或者是否我的喜悦要落空。"

当然，我们今天都知道这个模型是错的，行星不只有六颗，其得出的轨道距离也只是近似而已。近代天文学家兼科学史专家Owen Gingerich曾说："在历史上，很少有一本内容错误的书，能在未来科学的发展进程上，产生这么大的影响力。"《神秘的宇宙》是继哥白尼的《天体运行论》后，第一本关于哥白尼日心系统的重要著作。开普勒将此书寄给意大利天文学家伽利略和丹麦天文学家帝谷，伽利略对此书反应冷淡，而帝谷则被它深深吸引，也从中发现了这位年轻人的才华，这间接促成了两人日后的合作。

虽然《神秘的宇宙》在内容上存在许多错误，也与后来发现的行星运动"三大定律"无关，但这却是开普勒日后从事天文学研究的起点。

3. 帝谷的助手和接班人

开普勒在天文学研究方面的卓越资质，是著名天文学家帝谷·布拉赫（1546—1601）独具慧眼发现的。帝谷是继哥白尼之后最著名的大天文学家，他测量了无数恒星的位置和行星的运动，发现了许多新的现象，如黄赤交角的变化、月球运行的二均差，以及岁差的测定等。但是，帝谷最大的天文学成就却是发现了开普勒。

帝谷出身于丹麦贵族家庭，14岁时因当年的一次日食引起他对天文学的浓厚兴趣。国王腓特烈非常赏识帝谷的观测才能，1576年聘他为皇室天文学家，把位于哥本哈根和赫尔辛基之间海峡上的赫芬岛交给他使用，并拨给他一笔专用款项。帝谷用这笔资金在岛上建立了巨大的观天堡，最主要的仪器是一个半径2米的大象限仪，读数精度达到1/6弧分，他在那里待了21年。腓特烈国王去世后，帝谷失去了最有力的支持者，加之同僚的嫉妒，他被迫离开他的天文台，避居哥本哈根。赫芬岛上为观察星星而建立的巨大天文堡不是被拆除，就是很快倒塌了。帝谷于1599年来到布拉格，另一位以奖励天文学著称的奥地利国王普道尔夫二世支持了他，不仅许以优厚俸禄，还在布拉格为他建造了一座天文台。

帝谷是最后一位用肉眼进行天体观测的天文学家，主要贡献是精确的天文观测，对各个行星位置的测定，误差不大于0.067度，观测精确度之高无人能及。不言而喻，帝谷在20余年的观测中积累的大量观测数据，是一笔宝贵的天文学研究财富。不过，帝谷只是一位天才的精密观测家，不是一个好的理论家，他既不满意托勒密体系，又不愿接受哥白尼学说。1580年，他提出了自己另行设计的混合体系——帝谷体系："按照古人的说法和《圣经》的启示，我认为只能把地球安置在世界中心。但我不赞成托勒密那种主张。我想，只有太阳、月亮以及包含全部恒星的第八重天才以地球为中心而运行，五颗行星则绕太阳运行。太阳处在它们的轨道中心，它们像陪伴君王那样绕太阳做周年运动。"然而，随着开普勒三大定律的产生，帝谷体系也就销声匿迹了。

在欧洲科学史上，开普勒和帝谷的会面具有划时代的意义。两位个性迥异的天文学家的相会，标志着近代自然科学两大基础——经验观察和数学理论的结合。1600年2月4日晚，开普勒来到帝谷居住的贝那特克宫，此后的三个多月里，两人朝夕相处，像一对多年未见的老朋友，常常彻夜长谈，共同研究他们感兴趣的问题。四个月后，开普勒返回了奥地利的格拉茨，他和帝谷约定：由帝谷去要求皇帝下一道赦令，命令开普勒在布拉格居住两年。这样，他们就可以一起完成行星理论的研究和出版工作。不幸的是，1601 年 10 月 24 日，帝谷突然患病辞世。临终前，帝谷将开普勒选定为他的科学遗产——20 多年观测材料的继承人，开普勒答应把帝谷的工作继续下去，同时注意研究他的假设，而不是哥白尼的假设。当然，开普勒也知道，与帝谷的科学遗产联结在一起的那项任务又是多么的艰巨和伟大。

帝谷去世后不到两天，皇帝的顾问巴尔维茨前来看望开普勒，根据皇帝的命令委派开普勒接管已故丹麦天文学家的仪器和未完的事业。这一委任等于承认他是帝谷的继承人——接任他的皇家数学家的职务和工作，以帝谷观测记录中的成千个数据为基础，编制与之协调的《鲁道尔夫星行表》。

三、永远闪亮的巨星

的确，没有帝谷精确的大量观测数据，就没有开普勒的三大定律。反过来，开普勒发现三大定律，又使帝谷名垂千古。在对帝谷的观测数据进行细致的分析研究后，开普勒发现不论是哥白尼体系、托勒密体系，还是帝谷体系，都与帝谷观测的精确数据不相吻合，自己在《宇宙的奥秘》中构建的宇宙模型，同样是漏洞百出。于是，他以帝谷精确观测的大量宝贵资料为基础，寻找他心目中和谐的宇宙秩序。

1. 不容忽视的 8 分误差

开普勒要解决的问题包括两个方面：一是用什么方法测定行星（包

括地球）运动的"真实"轨道；二是分析行星运动遵循什么样的数学定律。同哥白尼一样，开普勒敏锐地领悟到，"要研究天，最好先懂得地"。他把着眼点放在地球上，力图先摸清地球本身的运动，然后再研究行星的运动。要研究地球本身的运动，首先必须确定地球同太阳之间的距离在一年中是怎样变化的，只有弄清这种变化后，才能确定地球轨道的真实形状及其运行方式。

通过对帝谷观测资料的艰苦运算，开普勒获得了包括地球在内的六大行星的运行轨道数据。接着，根据六行星运行轨道的数据，弄清行星运动究竟遵循什么样的数学规律。要弄清数学规律，先要了解行星轨道曲线的几何特征。为此，必须先作某种假设，然后把它用一大堆数字去计算，看它是否与帝谷观测的数据相吻合，如果不是，再找另外的假设进行探索，直到合乎观测事实为止。

选定好火星作为突破口后，开普勒开始了艰苦细致的研究工作。一天，马斯特林教授到布拉格来看望自己的这个学生，见他的屋子里到处画满了乱七八糟的圆圈以及大量计算的稿子，纳闷地问："朋友，我不知道你这些年到底在干什么？""我想弄清行星的轨道。""这个问题从托勒密到帝谷，不是都毫无疑问了吗？""不对，现在的轨道和帝谷的数据还有8分之差。"马斯特林失声叫道："8分？这只相当于钟盘上秒针在0.02秒的瞬间走过的角度！我的朋友，你面前是浩渺无穷的宇宙啊，这点差距算什么！小得都可以忽略不计了。难道这点误差也需要苦思冥想吗？"开普勒平静地说："我已经查遍了帝谷关于火星的资料。他20多年如一日的观察数据完全一致——火星轨道与圆周运动有8分之差。感谢上帝给了我这样一位精通的观测者。这8分绝不敢忽视，我决心从这里打开缺口。"

正是这不容忽略的8分误差，使开普勒走上了成功揭示行星运行规律的道路。

马克思说过，科学的道路不是平坦的，而是崎岖不平的。开普勒是位非常勤奋的科学家，然而，无论他怎么努力，也无法找到与帝谷的观察数据相符合的圆形轨道。于是，在尝试了 70 多个不同的圆形轨道之后，他不得不放弃圆形，开始研究其他几何图是否更合适。终于，他发现了椭圆形，一种扁长的圆形。随后，他将火星轨道确定为椭圆，并用三角定点法测出地球的轨道也是椭圆。在开普勒看来，行星运动的焦点应该是太阳的中心，从这点出发，他断定火星运动的线速度是变化的，而这种变化应与太阳的距离有关：当火星在轨道上接近太阳时，速度最快，远离太阳时，速度最慢。还认为火星在轨道上速度最快与最慢的两点，其向经围绕太阳在一天内所扫过的面积是相等的。然后，他又将这两点处面积的相等性推广到轨道上所有的点上，这样就得出面积与时间成正比的定律。

值得庆幸的是，开普勒以火星为突破口，以椭圆轨道代替圆形轨道，8 分之差迎刃而解，终于发现了每一颗行星都是在呈椭圆形的、简单凸曲线的轨道上运动。1609 年，开普勒发表了《新天文学》（有时也称《论火星运动》），公布了自己的研究成果。

2. 行星运动的三大定律

椭圆是圆锥曲线的一种，开普勒发现火星的运行轨道是椭圆以后，又利用古代几何学家对圆锥曲线寻找出来的许多性质，去印证自己所做的假设，并将他的发现推广到所有行星。

在《新天文学》中，开普勒公布了他发现的两个定律：（1）所有行星分别在大小不同的椭圆轨道上运动，太阳的位置不在轨道中心，而在轨道的两个焦点之一，这就是行星运动第一定律，也叫"轨道定律"。（2）在相同的时间内，行星与太阳连线所扫过的面积相等，这是行星运动第二定律，也叫"面积定律"。他为自己的发现格外高兴，因为有了这个定律，可以计算任何时刻行星在轨道上的位置；有了行星运行的形式，制定星行表的工作也就简便了许多。

开普勒相信各种和谐现象，包括音乐的和谐，行星运动的和谐等，都可用数学表示。发现了地球以及其他行星的运行轨迹之后，他并不满足于已取得的成就，认为自己远远没有揭开行星运动的全部奥秘，相信还存在着一个把全部行星系统连成一个整体的完整定律。古人给了他启示，行星运行的快慢同它们的位置有关，较远的行星有较长的运行周期。开普勒的第二定律也表明，即使在同一轨道上，行星速度也因距太阳远近而变化，沿着这条思路，他确信行星运动周期与它们轨道大小之间应该是"和谐"的。然而，要找出这个自然规律却并非易事。

开普勒和哥白尼一样，并不知道行星与太阳之间的实际距离，只知道它们距太阳的相对远近。他把地球作为比较标准，以日地平均距离（天文单位）为距离单位，以地球绕太阳运动周期（一年）为时间单位。把各个行星的公转周期及它们与太阳的平均距离排列成一个表。像做游戏一样，对表中各项数字翻来覆去做各式各样的运算，在很少有人了解和支持的情况下，顽强地苦战了9年，经过数以万计的运算，终于找到奇妙的规律，即：行星公转周期的平方与它同太阳距离的立方成正比，这就是行星运行的第三定律（也叫周期定律）。1619年，开普勒出版的《宇宙和谐论》公布了这一定律。这是一个十分重要的自然定律，不仅行星遵循着它，而且行星的卫星以及太阳周围的其他天体概无例外。由此可以确定，太阳和它周围的所有天体不是偶然的、没有秩序的"乌合之众"，"而是一个有严密组织的天体系统——太阳系"。

从帝谷 20 余年的辛勤观测到开普勒长达 16 年的精心推算，才发现了行星运动的三大定律，其道路是如此艰难，成果是如此辉煌。而且，这一伟大成就的取得，靠的竟然是帝谷的肉眼观测、开普勒的用笔计算，这在世界科学发展史上是非常罕见的。开普勒在完成三大定律时曾说道："这正是我十六年前就强烈希望探求的东西。我就是为了这个目的同帝谷合作的……现在大势已定！书已经写成，是现在被人读还是后代有人读，于我却无所谓了。也许这本书要等上一百年，要知道，大自然也等了观察者六千年呢！"

为纪念开普勒在天文学上的卓越功绩，科学界将开普勒发现的行星运动三大定律命名为"开普勒定律"。它一经确立，行星的复杂运动立刻失去全部神秘性，成了天空的"法律"，开普勒因此被后世学者尊称为"天空立法者"。

值得一提的还有，疾病缠身、忍饥挨饿的开普勒，始终没有忘记帝谷的临终嘱托，编制出版天文表。1627 年，历经磨难的《鲁道夫星行表》终于问世。这是天文学史上值得称赞的一部星表，它的完备和准确度远胜过前人。在以后的百余年间，该表一直被天文学家和航海家们奉为至宝。

3. 孱弱之躯的不朽丰碑

开普勒是近代自然科学的开创者之一，他的三大定律奠定了新天文学的基石。第一和第二定律恰好纠正了哥白尼新天文学中的错误观点，对哥白尼的日心说做出了巨大的发展，例如行星沿椭圆轨道绕太阳运行，纠正了哥白尼等人行星绕太阳做圆周运动的错误，使"日心说"更接近于真理，彻底否定了占据统治地位一千多年的托勒密学说。还指出，行星与太阳之间存在着相互的作用力，作用力的大小与二者之间的距离长短成反比，不仅为哥白尼日心说找到了数量关系，更找到了物理上的依存关系，使天文学假说更符合自然界本身的真实。

开普勒一生成果丰硕，发表了10多部天文学著作，主要著作有《宇宙的奥秘》（1596）、《新天文学》（1609）、《前维特利奥纪事》《屈光学》（1604）、《折光学》（1611）、《测量酒桶体积的新科学》（也译为《求酒桶体积之新法》，1615）、《哥白尼天文学纲要》（1618）、《宇宙和谐论》（1619）、《鲁道夫星行表》（1627）等，以《新天文学》和《宇宙和谐论》最为重要。这些著作构思巧妙，文笔优美，语言幽默风趣，不仅是经典科学著作，还是优秀的文学作品。特别是1600年出版的《梦》一书，这是一部纯幻想作品，说的是人类与月亮人的交往。书中谈到了许多不可思议的东西，像喷气推进、零重力状态、轨道惯性、宇宙服等等，人们至今仍不明白400年前的开普勒，是根据什么想象出这些高科技成果的。

从开普勒的主要著作不难发现，他卓越的科学贡献是多方面的。有学者高度评价了他的研究方法，认为"开普勒开始了把数学、物理和天文科学结合在一起的道路，他用'数量—变量—方程'的模式去统辖对象材料的方法成为西方近代科学研究方法的起源"。

开普勒发现的天体运动"三大定律"，不仅是天文学革命性的标志，还开创了天体动力学之先河。科恩在《科学中的革命》中明确指出："开普勒的天文学就是一种与物体概念直接相关的力的天体物理学，这种力的天体物理学是以一组新的运动原理为基础的。"行星运动三定律的发现既是天文学上的重大突破，也提出了天体运动的物理机制问题，虽然开普勒对行星围绕太阳沿椭圆轨道运行的解释并不正确，但他揭开了天体力学的序幕。行星运动"三大定律"为英国科学家牛顿（1642—1727）发现万有引力奠定了基础，牛顿证明重力使行星轨道成为椭圆，对开普勒三大定律作了合理的解释。牛顿生前的一句名言说："如果我比别人看得远些,那是因为我站在巨人的肩上。"在这些巨人中,开普勒无疑是非常重要的一位。

开普勒还是近代光学的奠基人之一。他1604年发表的《对威蒂略的补充,天文光学说明》,研究了小孔成像,并从几何光学的角度加以解释说明,指出光的强度和光源的距离的平方成反比。1611年的《折光学》一书,阐述了光的折射原理,修正了前人关于入射角和折射角之比是一定的观点,认为折射的大小不能单单从物质密度的大小来考虑。例如油的密度比水的密度小,而它的折射却比水的折射大,为折射望远镜的发明奠定了基础。他发现了大气折射的近似定律,用很简单的方法计算大气折射,说明在天顶大气折射为零。他最先认识到大气有重量,正确地说明月全食时月亮呈红色是由于一部分太阳光被地球大气折射后投射到月亮上而造成的。他率先提出了光线和光束的表示法,为研究光学问题提供了新的手段。此外,他运用自己的光学研究成果成功地改进了望远镜,将伽利略望远镜的凹透镜目镜改成小凸透镜,这种望远镜被称为"开普勒望远镜"。

开普勒以数学的和谐性探索宇宙,其数学才华在第二第三定律中体现得淋漓尽致,被认为是杰出的数学家。在找寻火星轨道期间,他在一年半时间里进行了70多次复杂而艰巨的计算,他说"考虑和计算这件事差不多弄得我发疯"。在没有任何现代计算工具的情况下,这样的计算难度之大可想而知。开普勒把这次艰苦的计算愉快地比喻为"征服与战胜火星的战斗",说"这个诡计多端的敌人出乎意料地扯断了我用方程式制成的锁链",使"我那些物理因素编成的部队备受创伤",它却"逃之夭夭"。在《测量酒桶体积的新科学》一书中,开普勒在数学方面的主要贡献是奠定了积分学的基础,其行星运动第二定律(面积定律)认为"在相同的时间内，行星与太阳连线所扫过的面积相等"。为了估算出一个椭圆扇形的面积，他先将椭圆扇形分割成若干的小三角形，然后再将这些小三角形的面积相加，就这样解决了积分学的一个问题。《测量酒桶体积的新科学》一书系统阐述了这一思想，他用自己的积分方法求出了 93 种立体的体积。

开普勒的人生饱受磨难，但在科学与神学的斗争中，他坚定地站在科学一边，用自己羸弱的身体、艰苦的劳动和伟大的发现，挑战封建传统观念和宗教神学权威，推动人类科学向前迈进了一大步。

生平大事记

1. 1571 年 12 月 27 日，出生在德国西南部符腾堡的小城魏尔。
2. 1587 年，免费进入图宾根大学就读。
3. 1591 年 8 月，通过图宾根神学院的硕士考试，被推荐到格拉茨教会学校担任数学和天文学讲师。
4. 1596 年，出版《神秘的宇宙》。
5. 1600 年，与帝谷相会。
6. 1601 年，帝谷去世，接任帝谷德国皇家数学家的职务和工作。
7. 1609 年，出版《新天文学》，发表行星运动第一、第二定律。
8. 1618 年，出版《哥白尼天文学概要》。
9. 1619 年，出版《宇宙和谐论》，发表行星运动第三定律。
10. 1627 年，《鲁道夫星行表》问世
11. 1630 年 11 月 15 日，在贫病交加中去世，享年 59 岁。

主要参考文献

1. 项武义，张海潮.千古之谜与几何天文物理两千年：纪念开普勒《新天文学》问世四百周年.北京：高等教育出版社，2010.
2. ［英］亚·沃尔夫.十六、十七世纪科学技术和哲学.北京：商务印书馆，2011.

3. ［美］科恩.科学中的革命.北京：商务印书馆，1998.

4. ［英］丹皮尔.科学简史：缩译彩图本.北京：人民日报出版社，2007.

5. ［英］丹皮尔.科学史.北京：中国人民大学出版社，2010.

6. 刘景华，张功耀.欧洲文艺复兴史：科学技术卷.北京：人民出版社，2008.

7. 周春生.文艺复兴史研究入门.北京：北京大学出版社，2009.

8. 汪丽红.骑士：且歌且战的西欧贵族.上海：上海辞书出版社，2006.

9. 吴泽义，等.文艺复兴时代的巨人.北京：人民出版社，1987.

10. 束炳如，等.物理学家传.长沙：湖南教育出版社，1985.

11. 《大英百科全书》中文百科在线 http://www.zwbk.org/MyLemmaShow.aspx?lid

12. 维基百科：开普勒 http://zh.wikipedia.

13. 中华文本库 http://www.chinadmd.com/file/rvwccz6raszoxuvixcuor6ax_19.html.

生命科学的开拓者

——维萨里

科学名言：没有科学和经验，谁也不能做医生。

无论是马克思主义经典作家，还是现代心理学家、管理学家，都认为人类的需要首先是维系生命的生存需要。社会的需要是推动科学发展最强劲的动力，"社会的需要比办十所大学还重要"。

文艺复兴后期最先爆发的科学革命，就是从直接关系到人类生存需要的两个领域——天文学和医学开始的，天文学关系到人类吃饭的农业生产，医学则医治人类的疾病、延长人类的生命。或许是巧合吧，1543年，催生天文学革命和医学革命的两部巨著相继问世，揭开了近代科学革命的序幕，先是波兰天文学家哥白尼（1473—1543）的《天体运行论》，紧接着是 29 岁的布鲁塞尔医学家维萨里的《人体构造论》，前者推翻了教会支持的托勒密的"地球中心说"，标志着人类对宇宙认识的突破；后者否定了被中世纪西方医学奉为金科玉律的盖伦的解剖学，开启了认识人类身体构造的新时代，也为医治人类的疾病提供了科学依据。

一、布鲁塞尔走出的解剖学家

维萨里（又译维萨留斯，1514—1564）诞生时的布鲁塞尔，是西班牙哈布斯堡王朝统治下的尼德兰的一个南方城市。尼德兰是世界上最先爆发资产阶级革命的国家。"尼德兰"一词意为低地，即莱茵河、马斯河、斯海尔德河下游及北海沿岸一带地热低洼的地区，包括今天的荷兰、比利时、卢森堡和法国东北的一部分。该地区曾处于罗马帝国和法兰克王国的统治之下，11 世纪分裂为许多封建领地，分别隶属于德国和法国。15 世纪成为勃艮第公国的组成部分，16 世纪被转属西班牙哈布斯堡王朝。1566 年，即维萨里去世后两年，尼德兰爆发资产阶级革命。1581 年，以荷兰、西兰为首的北方七省成立联省共和国，即荷兰共和国。安特卫普、布鲁塞尔等南方各省依然处于西班牙的统治之下。比利时成为独立国家，则是在那以后很久的事了。

1. 医学世家的勤奋学子

1514 年，维萨里出生于尼德兰一个极有声望的医生家庭。曾祖父简·范·韦塞尔，在帕尔维大学取得医学学位，1428 年在新成立的天主教鲁汶大学教授医学；祖父埃弗拉德·范·韦塞尔是神圣罗马帝国皇帝马克西米连一世的御医；父亲安德里斯·范·韦塞尔继续担任马克西米连一世的药剂师，后来又成为马克西米连一世的继任者查理五世的贴身侍从。

为了让维萨里继承祖业，安德里斯非常注意培养儿子的医学兴趣，有意识地对他进行系统的启蒙教育，鼓励儿子延续家族的传统，将他送入布鲁塞尔的"共同生活兄弟会"，在那里学习当时社会通用的希腊语和拉丁语。医学世家良好的家庭教育，富裕稳定的家庭生活，为维萨里营造了不可多得的学习和生活环境，少年维萨里也像父亲期待的那样，勤奋好学，思想活跃，善于独立思考，越来越痴迷于医学，特别是解剖学。童年时代，他就学会了解剖狗、兔和鸟类等动物，并在这方面获得了引人注目的技能。显然，来自医学家庭的早期教育对维萨里产生了重要影响。1528 年，14 岁的维萨里进入鲁汶大学修读美术时，热衷于对动物和人体的形体素描，这些或许为他后来专注于人体解剖奠定了基础。

1533 年，维萨里进入巴黎大学医学院。巴黎大学缘起于 12 世纪后半期，主要课程有医学、教会法学和人文博艺等。巴黎大学医学院最初的规定教材除盖伦的著作外，主要有：康斯坦相诺斯收集的《医学总则》《总典》文本；《临终圣餐》以及与上述辑录相关联的艾萨克的著作；萨勒诺的尼古拉（德国 Nicholas of Cusa，1401—1464）的名著《医典》《解毒药集》，还有《医学理论》《医学实习》等。到 14 世纪末，巴黎大学已经建立起了完善的医学学习体系——涵括盖伦、阿威罗伊（1126—1198，阿拉伯哲学家、法医学家，生于西班牙科尔多瓦）、阿维森纳（980—1037，阿拉伯哲学家、自然科学家、医生）以及他们的意大利、法国追随者的种种著作。值得注意的是，对于巴黎大学的医学教育来说，医师理论意味着一切医学知识，有的教授在自然科学以及医学理论方面博闻强识，但是却对清理肠胃的手术以及最普通不过的病症完全束手无策。

维萨里就读巴黎大学时，巴黎已经发展成为欧洲学术复兴的思想中心，最优秀的艺术家、文学家和科学家大多在这里工作。维萨里在雅克·杜布瓦（1478—1555）和让·费内尔老师的指导下学习盖伦的医学理论。据 W·普勒塞和 D·鲁克斯主编的《世界著名生物学家传记》介绍，"杜布瓦用高明的教育技巧把一种可靠的知识传授给这位大学生。为了向他非常彻底的说明盖伦的情况，杜布瓦不惜使用直观材料（动物骨架、动物尸体解剖）。""由于维萨里少年时代起就做过解剖练习，所以在第三学年就允许他自己去做解剖。"杜布瓦教授允许维萨里自己去做解剖，这使他在同学中受到敬重，也让他遭到嘲讽，认为他作为一个未来的医生却从事了低级的医学活动。维萨里之所以遭到嘲讽，原因是 12 世纪以来的欧洲，解剖尸体被认为是低贱的工作，由不太具备内科医学知识的工匠——理发师兼外科医师进行，医学家通常并不直接动手。理发师兼外科医师在欧洲社会中，与行刑者、掘墓人、屠夫、巡游艺人、娼妓、吉普赛人一样，被归为另类。从文艺复兴时代开始，大学里的医学家才开始亲自动手解剖尸体。但是，在维萨里生活的时代，人们对尸体的解剖依然抱有偏见。

巴黎大学的系统学习让他掌握了盖伦的理论和解剖学的研究现状，进一步激发了他对解剖学的兴趣，也使他越来越不能满足于教室里的书本学习。于是，他经常跑到巴黎的圣婴公墓去研究骨骼，因为在巴黎的墓地才容易获得尸体。在那里，他倾注了大量的时间研究人体骨骼，将书本上的人体骨骼与眼前的人体骨骼进行比较。维萨里是一位敏锐的观察家，很快就认识到盖伦著作中的错误。据《世界著名生物学家传记》介绍："这位年轻的大学生当时就同盖伦的遗著及其独特的观察进行了争论。例如他在圣·安诺桑墓地上仔细验看头颅骨时没有找到一个杜布瓦从盖伦那里引证的分裂开的下颌骨。这件事使维萨里感到讨厌，以致他在以后的一段时间也敢于反对他的老师的不公正和虚妄。"于是，在他的心中，一个新的信念产生了：医科学生不仅要研究盖伦，更应该直接去研究和解剖尸体。

总之，在巴黎大学学习期间，这位年轻的大学生通过对墓地尸体的细致观察，发现了盖伦解剖学著作中的一些与人体结构不相吻合的地方，从而对盖伦的学说产生了怀疑。

2. 帕多瓦大学的年轻教师

1536 年，法国·哈布斯堡战争以及与之相连的对大学生的驱逐，迫使维萨里回到鲁汶，他在那里当了很短一段时间的军医，并做尸体解剖。回到鲁汶期间，维萨里进入天主教鲁汶大学，在约翰尼斯·温特·冯·安德纳赫的教导下完成学业。在鲁汶大学获得学士学位后，因与他的教授发生争执，很快便离开了鲁汶。而他在巴黎大学学习期间，由于在课堂上与教授们就盖伦学说的对错发生争执，因而1537年大学毕业时巴黎大学医学院也未给他授予学位。1537年，维萨里入读以完美的医学教育而闻名的帕多瓦大学，鉴于维萨里在解剖学方面的独到能力，帕多瓦大学于同年12月5日破例授予他医学博士学位。

在帕多瓦大学取得博士学位后第二天，维萨里被帕多瓦大学聘为外科讲师，教授外科学和解剖学。这位年轻的大学教师非常注重对人体构造的透彻了解，为此，他花费了大量时间去进行尸体的解剖。其教学方法的最大特点，是采取示范性教学，将解剖学理论知识与解剖学实践结合起来。也在此期间，他还应邀到博洛尼亚大学和比萨大学做演讲和解剖示范，对象主要是学习过盖伦理论的大学生。当时的演讲者，一般都是聘请外科医生对动物的解剖来进行说明，也没有人试图去验证一下盖伦的理论。与这些演讲者不同，维萨里的演讲不是依据盖伦的理论，而是基于解剖实践的解剖学知识，他聘请专业画家绘制了6幅精妙绝伦的解剖图，图上记录着详细的解剖程序，并且亲自拿起解剖刀进行操作示范，学生们则围在桌子周围观察学习。这种面对面的、直观的亲身体验式方法，也是对中世纪教学方式的一个重大突破，他让学生身临其境，对人体的构造系统留下深刻的印象，从而知道什么是真正的解剖学。

鉴于教学用的解剖图极受欢迎，并被大量剽窃。于是，1538年，维萨里把用于教学和示范的解剖图汇集成册出版，名为《解剖学图表》（或译《解剖六图》）。不久，他的父亲便将《解剖学图表》呈献给查理五世国王。《解剖学图表》出版后，市面上很快就出现了多种盗版本。

其实，维萨里最初也是盖伦的崇拜者，1538年出版的《解剖六图》就有浓厚的盖伦色彩。例如，他认为人脑中有细脉网，也画出了图示，而这正是从盖伦的动物解剖中观察到的，人脑中并不存在这样的东西；

再如，他像盖伦一样认为人的肝脏由 5 叶组成，这也是不正确的；又如，他对人体心脏的描述沿袭了盖伦通过解剖无尾猴得到的错误推论。《解剖六图》出版后，维萨里开始采取批评的姿态看待盖伦学说。1540 年，他应邀到博洛尼亚大学开设公开课时，愈来愈明显地公开表露出对盖伦学说的不满。

在帕多瓦工作期间，维萨里委托著名画家提香的高足、比利时画家卡尔卡为他计划撰写的解剖学巨著绘制了艺术性的、但在科学上又是精确的解剖学插图。1543 年，维萨里请约翰内斯·奥坡瑞努斯帮助他印刷七卷本的《人体构造论》，并献给西班牙国王查理五世。几周后，他又为学生重新出版了一本节录，即《安德里亚·维萨里—人体的构造—目录梗概》，将此书题献给国王的儿子——腓力二世。

维萨里父子将维萨里的著作献给西班牙国王，使得维萨里后来在遭到攻击时得到了国王的保护。

二、中世纪欧洲的解剖学

近代自然科学是在突破传统权威和神学束缚的基础上诞生的，天文学是这样，生理学是这样，物理学等学科也是这样。有趣的是，天文学和医学所面对的权威学说都是罗马人确立的，即托勒密（公元 85—168）和盖伦（公元 129—200）主导西方天文学和医学 1000 多年的理论。正是他们两人的权威理论，阻塞了天文学和医学的发展道路。

1. 盖伦的人体解剖学

14 世纪中叶的欧洲，爆发了一场人类猝不及防而又无能为力的"大瘟疫"，这就是意大利早期文艺复兴时代的代表、杰出小说家和诗人薄伽丘（1313—1375）在其名著《十日谈》中所说的"黑死病"，这场由老鼠传播的瘟疫夺去了数十万人的生命。面对瘟疫，人类的生命显得极为脆弱。出于对人类生存需要的强烈关注，欧洲各国的大学越来越重视医学教育，选择学医的学子也愈来愈多。为了更好地进行疾病的治疗，人们对自身构造的了解越来越迫切。

16世纪初，古罗马医学家盖伦的医学、生理学学说，依然在欧洲被尊为权威，被奉为金科玉律。盖伦被认为是实验生理学的奠基人，是仅次于古希腊医生希波克拉底（前480—约前377）的名医，他也自称是"最后一位伟大的医生"。

盖伦出生于小亚细亚帕加马（今土耳其的贝加莫）的一个建筑师家庭，接受过良好的希腊文化教育，其父科恩还教过他数学和自然科学，他曾对农业、建筑业、天文学、占星术和哲学产生过浓厚兴趣。据说，其母曾梦想儿子成为一位名医。148年或149年，父亲去世后外出求学，157年回到帕加马，在当地的一个角斗士学校当了三四年的医生。在此期间，他获得了治疗创伤和外伤的经验，解剖过狗、羊等动物，在血腥的格斗场上粗略地看过人体解剖。162年移居罗马，由于成功治愈了有影响的病人，短期内就为自己赢得了名望。174年，成为罗马皇帝马尔库斯·奥勒里乌斯的宫廷御医。盖伦知识丰富，勤于著述，据说发表了131部医学著作，流传至今的有83部。主要著作有：《解剖学研究》《关于身体各部分的功用》《希波克拉底和柏拉图的学说》《治疗方法》《患病的身体各部分》《医术》等，这些著作包括医学理论和医学实践的各个领域，全面总结了古代的医学知识。

不言而喻，盖伦在医学上是有着很大贡献的，集中表现为：（1）在系统总结古希腊时期医学成就的基础上，将古希腊的解剖学知识和医学知识结合起来并加以系统化，创立了自成体系的医学理论。（2）修正了前人的一些错误，例如：古代医学文献里说动脉中充满着空气，而他认为动脉充满血液并起着输送血液的作用；将膀胱产生尿的旧说修正为肾脏产生尿；将前人关于声音来自心脏的谬见修正为更为接近真实的咽喉发声等等。（3）在科学方法论上，已经认识到实践才是通往科学的唯一道路，强调基于直接的解剖和观察来描述对象，以及盲从现存文献的危险性。遗憾的是，这位被誉为"实验生理学之父"的生理学家，在实际工作中并没有完全遵循自己倡导的科学原则。由于盖伦生活的时代禁止人体解剖，因而其解剖学知识并不是基于人体解剖，而是通过解剖无尾猴等动物来推测人体构造，这正是造成盖伦著作中犯下一系列明显错误的根源。维萨里在《人体构造论》一书序言中也明确指出："盖伦是一位大解剖学家。他解剖过很多动物，但限于条件，就是没有解剖过人体，以至造成许多错误。"

盖伦认为"一切都是由上帝决定的"，"人体的构造也是上帝为了一个可理解的目的形成的"，"人体各部分都贯注着不同种类的元气"。显然，盖伦建立在这种思想基础上的生理学理论不可能是科学的理论。那么，盖伦的理论何以会被奉为金科玉律呢？英国学者丹皮尔的《科学史》分析说："盖伦之所以享有盛名并影响医学界一千五百年之久，并不是由于他伟大的观察和实验，也不是由于他医术高明，而是由于他从这些观点中用论证方法十分微妙地推出一些教条，并且权威地加以阐释。他的有神论的心理态度既能吸引基督教徒，又能吸引穆斯林，也是他的影响巨大而持久的部分原因。"确实，盖伦的生理学理论与基督教的核心教条相吻合，如"上帝创造宇宙说""上帝造人说"等，因而被主宰欧洲宗教信仰的基督教奉为正统，并在广泛传播的过程中被神化，其解剖学著作中的错误则被掩饰，批判盖伦被视为异端邪说。

16 世纪时，依然将盖伦的解剖学奉为金科玉律，加上当时对尸体解剖的种种限制，必然导致人们的解剖学知识极度贫乏，大学的解剖学教育能够教给学生的解剖学知识少得可怜。也就是说，随着人类社会的发展，人们迫切需要一本新的解剖学教材，这本教材既能帮助人们了解人体构造，也能为医生诊断病因、治病救人提供依据。

2. 先驱者们的探索

从 14 世纪初开始，随着欧洲大学教育的发展和时代对医学的需要，西方解剖学史上开始出现了一些重要变化，例如：人体解剖的复活（13 世纪博洛尼亚大学开始进行尸检）、出现专业的解剖学家和科学意义上的解剖学著作、大学将解剖学纳入医学课程并设置解剖学教授席位，也出现了对盖伦学说进行质疑和修正的现象。

1306—1324 年，意大利医学家蒙迪诺在博洛尼亚大学学习并任医学教授，他于 1315 年进行人体解剖，1316 年发表的《解剖学》是第一本独立的解剖学专著，成为此后 250 年间欧洲广泛利用的解剖学标准教科书。虽然该书在内容上基于盖伦与受其影响的阿拉伯医学家们的文献，但是，该书包含的解剖方法与著作形式却具有重要意义。贝伦伽里奥（1460—1530）最早对盖伦学说提出批评，首次在自己的著作《人体解剖学入门》（1523）中插入解剖图。具有反叛精神的巴塞尔大学教授帕拉塞尔苏斯（1493—1541），有着丰富临床经验，1527 年明确宣布不同意盖伦的原则，认为"没有科学和经验，谁也不能做医生"，他 1536 年出版《外科大全》一书，明确指出："我的著作不像别的医生那样抄袭希波克拉底和盖伦，我是以经验为基础，用劳动写成的。"

在先驱者们的行列中，医学家从"病源学"的角度研究解剖学，以达·芬奇（1452—1519）为代表的艺术家则从"人体美"的角度研究解剖学。为了准确地描绘人体和自然界中的其他事物，达·芬奇对解剖学进行了系统的研究。他没有盲从盖伦的学说，而是独立地研究人体，认为要想正确认识人体，就必须进行系统的、反复的解剖。他的《笔记》表明，他曾亲自解剖过30具尸体。"达·芬奇对解剖学兴趣如此之高，以至于'艺术解剖学'已经不令他满意。"他不仅关心身体结构，也关心生理结构，这使得他变成解剖学家和生理学家。在解剖尸体的过程中，他对人体骨骼结构与肌肉组织的观察非常仔细，论述之详细甚至超过同时代的许多医学家，是第一个全面描述人体骨骼以及摹画了人体全部肌肉组织的科学家，在神经和血管系统方面以及生理学和生物学等方面也有许多独特的见解。他绘制了大约3500幅人体解剖图，这些解剖图以精细、准确著称，将人体解剖的描绘提高到前所未有的精细程度。所绘人体图形包括人体骨骼正面、背面和侧面，以及肺脏、肠系膜、泌尿道、性器官甚至性交，以及子宫中的胎儿和腹腔中的阑尾等等，对艺术家和医生都极有帮助。达·芬奇的解剖图同时也是杰出的艺术品，至今还有许多张解剖图保存在温沙尔宫。

其实，达·芬奇在解剖学方面的成就并不亚于其在艺术方面的成就，只是被他那无与伦比的艺术名望湮没了。正如科学史家丹皮尔的评论说：他在艺术、科学、生理解剖学方面"都有登峰造极的贡献"。其人物画像之所以比例匀称、栩栩如生，与他对人体结构的深入了解有着密不可分的关系。1506年，达·芬奇到法国为路易十二服务，并在那里从事科学和解剖学研究，留下的完整画作不到12幅，而他的《笔记》里却记满了他对人体和自然界的奇妙研究。1510—1511年，他曾准备出版自己的解剖学理论著作，还为此专门绘制了200多幅画作。不言而喻，在近代解剖学先驱者的行列中，达·芬奇无疑是非常重要的一位。遗憾的是，直到他去世 161 年后的 1680 年，这部名为《绘画论》的解剖学著作才公开出版。如果这些解剖学成果及时发表的话，必将大大推动解剖学的发展，也许还会改写解剖学的历史。

挪威学者埃里科·纽特的研究说：在维萨里的《人体构造论》出版之前，医生对人体的有限了解都来自于盖伦的书和达·芬奇的画。达·芬奇对人体解剖学研究的贡献，达·芬奇人体解剖图在医学领域的现实价值，由此可见。不过，维萨里是否研究过达·芬奇的人体解剖图并受其影响，目前尚不得而知。

三、创立科学的解剖学

维萨里对解剖学的贡献，可以概括为两个方面，一是创立了以人体解剖为基础的人体解剖学，二是开创了基于解剖实践的解剖学研究和教学方法。其实，维萨里既是盖伦的批判者，又是盖伦的继承者；他用来自于人体解剖的科学发现，批判盖伦基于动物解剖的种种错误理论；他继承和发展盖伦重视医学实践的科学研究方法，坚信"注重实际解剖的结果胜于雄辩"。

1. 具有里程碑意义的《人体构造论》

1537 年 12 月，也就是维萨里以优异成绩获得博士学位的第二天，帕多瓦大学任命这位年仅 23 岁的医学博士为外科学教师，为医学系的学生讲授外科学和解剖学。一年后，维萨里相继出版了两部著作，一部是《解剖学图表》（或译《解剖六图》），这是一部解剖图集；另一部是《解剖学基础》，这是以前教师们所用的"与盖伦学说相适应的"解剖手册的"增订本"。此后，又经过5年的研究，在1543年哥白尼的《天体运行论》出版后约3个月，不到30岁的维萨里出版了划时代的巨著《人体构造论》，系统总结了自己的解剖学实践和研究，书中列举了他的知识来源，标明了他解剖的数目，介绍了他的解剖工具，用图画展示了他解剖的概况和细节。科学史家丹皮尔分析说："这个解剖学著作不以盖伦和蒙迪诺的学说为依据，而以他自己在解剖过程中所看见的和能够表现的现象为根据。"以人体解剖为据，也正是维萨里人体解剖学著作的价值所在。

《人体构造论》由七卷和两个附录构成，先是依次论述骨骼系统、肌腱系统、血液系统、神经系统、消化系统、内脏系统、脑感觉器官，最后是介绍解剖方法的附录。除用拉丁文出版外，该书还有巴塞尔大学的阿尔巴努斯·托里努斯翻译的德文译本。该书以大量丰富的解剖实践资料，对人体的结构进行了精确的描述。他在书中写道："解剖学应该研究活的、而不是死的结构。人体的所有器官、骨骼、肌肉、血管和神经都是密切相互联系的，每一部分都是有活力的组织单位。"这部著作的出版，澄清了盖伦学派主观臆测的种种错误，指出了盖伦在解剖学上的200多处错误，从而使解剖学步入了正轨。可以说，《人体构造论》一书是论述人体构造的杰作，是科学的解剖学建立的重要标志。

该书的一大特点是图文并茂，全书有300多幅插图。在维萨里的细心指导下，画家卡尔卡绘制了以精致、准确而著称于世的插图，这些插图至今依然令人叹为观止。科恩在《科学中的革命》里高度评价说："维萨里著作的革命方面的价值，因其精美而详尽且艺术性很强的解剖学图解有了相当幅度的提高。""维萨里的杰作《论人体的构造》是一部厚厚的对开本著作，其中有大量非同凡响的整页的插图，这种情况表明，艺术的运用到达了表达科学的高度。今天仔细想想，也会令人激动不已，因为它是大约四个半世纪以前就取得的成果。"

栩栩如生的绘画插图精确地表达了维萨里笔下的人体构造，大大提升了《人体构造论》一书的学术意义和现实意义，人们可以据此轻易辨别出人类与动物的差异，轻易看到盖伦著作中来自于动物解剖的错误。卡尔卡在绘制人体插图的过程中，提高了自己的解剖学知识，对人体构造有了清晰的认识和准确的把握，其绘画事业由此迈上了一个新台阶。诚如《世界著名生物学家传记》一书所言："卡尔卡也创造了自己的艺术作品，这些作品——特别通过身体姿势和整体结构而显示出'有肌肉和骨骼的男子'——把人理解成是有个性的，表明了人的动与静，并表现了人与环境的和谐。"可见，维萨里和卡尔卡的合作是相得益彰，两相成全。

维萨里在撰写《人体构造论》时，明确表达了自己的志向是："真实地描写人体的构造，而不管这种描写与古代权威的观点有什么不同。"盖伦解剖学和维萨里解剖学的根本差异，在于盖伦通过对动物的解剖来猜测人体，维萨里则是通过对人体的解剖来认识人类的身体构造。动物是动物，人是人，解剖的对象不同，结论自然不同。例如，维萨里无论是在静脉路线和人类心脏构造的描写上，还是对心室孔道的描述上，均与盖伦的描写相反。因此，维萨里真实描写人体构造的解剖学，被认为是解剖学发展史上的里程碑。不言而喻，维萨里的《人体构造论》适应时代的需求，为人类提供了一本新的、科学的解剖学教材。据此，人们既能了解人体的构造，也能了解解剖学这门学科。书中"有关人体骨骼、内脏和肌肉的详细描述，数百年来，这本书始终是医生的重要工具"。

不过，维萨里的《人体构造论》并未完全摆脱盖伦的影响。例如：论述血液系统的第3卷明显受到盖伦式生理学的影响；论述神经系统的第4卷也是基于盖伦的错误描述，提到只有7对脑神经；第5卷，采纳了盖伦关于血液经由肝脏从乳糜中产生的错误观点。

2．基于解剖的教学和研究方法

如前所述，盖伦倡导用实验方法研究医学，主张基于直接的解剖和观察来描述对象，同时也指出了盲从现存文献的危险性（当然，盖伦本人也未完全践行基于直接解剖和观察的科学原则）。因此，盖伦也被誉为"实验生理学之父"。然而，在此后的1000多年间，他的著作也成为人们盲从的文献，而忘记了他的"医学应建立在实验生理学的基础之上"这一科学思想。真正践行盖伦倡导的用实验方法研究解剖学的，不是盖伦学说的支持者，而是盖伦错误的批判者。从某种意义上说，维萨里才是遵循用实验方法研究解剖学的杰出代表，才是真正的盖伦主义者，因为他的《人体构造论》就是基于直接解剖和观察的杰作。

维萨里尖锐批判那些自己不动手、只是一味朗读盖伦理论书籍的人，说他们"简直像老乌鸦坐在高高的椅子上，显得了不起的样子"，认为真正的解剖学是基于解剖的解剖学，是整个医学唯一坚实可靠的基础，强调"每一位医学专业的学生和每一位医生本人都应把自己有关人体的知识建立在解剖的基础之上"，"教授或教师也都必须走下自己的讲台，自己动手进行解剖"。正像盖伦所要求的那样，维萨里认真实践了盖伦提出的解剖学研究原则，通过实际的解剖并详细观察人体来描述人体构造。他在《人体构造论》第1卷中明确主张：从直接的人体解剖实践而不是从盖伦的书中去进行解剖学研究，批评当时的解剖学教学是对盖伦著作的盲目接受。其《人体构造论》，体现和贯彻了盖伦以解剖和观察为基础的解剖学原则。

在帕多瓦大学任教期间，维萨里不是以盖伦的著作作为依据，而是依据透彻的解剖和专门的解剖学知识。在讲课时，他既公布解剖学课程的说明，也公布人体构造的插图。1538 年和 1539 年，他先后出版了《解剖学图表》和《论解剖程序》。科恩的《科学中的革命》介绍说："据官方记载，1539 年，这位杰出的解剖学专家和讲师'已经令所有的学生都钦佩不已了'。" 1539 年，一位帕多瓦的法官将被处决的罪犯尸体移交给维萨里，让他用以解剖研究。很快，他就得到了一大批详细而准确无误的解剖详图。他公开宣布："学习人体解剖的唯一道路不是死读书本，而是直接从事解剖和观察。"

1540 年 1 月，维萨里公开展示自己的方法，他从尸体中学习解剖学，并批判性地评价古典文献。此时，他已认识到盖伦的解剖不是依据人体，而是根据动物，大多是对狗、猴、猪或其他动物解剖得出的结论。1541 年，维萨里在博洛尼亚发现盖伦所有的研究结果，都不是源于人体而是基于对动物的解剖。因为人体解剖在古代罗马是被禁止的，所以盖伦选用了巴巴利猕猴来代替，还坚称人和巴巴利猕猴在解剖学上是相近的。维萨里将关节连接的人类骨骼与类人猿或猴子的骨骼加以对照和比较，以此说明盖伦对骨骼的说明大部分是类人猴，而不是以人为基础。1543 年，维萨里主持了一场公开的解剖，对象是一位来自瑞士巴塞尔的臭名昭著的罪犯。在其他外科医生的协助下，维萨里收集了所有的骨骼，并组合成骨骼系统捐献给巴塞尔大学。这个标本是维萨里唯一留存至今的标本，也是世界上最古老的解剖学标本，今天仍然在巴塞尔大学的解剖学博物馆中展出。

维萨里的巨大成功，除天赋外，主要是基于人体解剖的研究方法。就像近代化学的奠基人、英国化学家波义耳（1627—1691）一样，维萨里也将自己的研究方法公之于众，传给自己的学生。维萨里公布自己的解剖学方法，表明他的研究成果不怕怀疑，经得起实践的检验，也有助于人们辨别什么是真正的人体解剖学，并且有力地促进了解剖学的发展。

四、科学与谬论的较量

盖伦的医学体系历经1000多年漫长历史岁月的积淀，已经成为西方医学的传统，盖伦山岳般的权威地位和天主教会的支持，导致盖伦医学体系的积极成果被无限放大，诸多理论错误则被忽略不计。医学家们将盖伦的医学著作奉为金科玉律，只知从中寻找现成的答案，忘记了盖伦用实验方法研究医学的原则，不仅不愿在盖伦的基础上继续探索，而且容不得对盖伦的半点怀疑和批判。这样，"无论是维萨里观察的正确性，还是他的插图的美丽和精确性，都不能遏止有人对这部'不敬上帝的著作'的疯狂攻击"。批判盖伦理论的维萨里被保守的医学家们视为大逆不道的异类，被天主教的神学家视为异端邪说。

1. 保守学者的围攻

16世纪欧洲的宗教信仰领域，天主教是一统天下的神权权威，对人体解剖有着诸多的限制，就连巴黎大学的著名医学家也几乎没有机会进行人体解剖。大学中以盖伦的著作为教材的解剖学教育，一味强调对盖伦著作的博闻强记，轻视解剖实践。当时的解剖，大多是解剖狗，由理发师完成。这种医学教育的结果，正如《科学中的革命》一书所说，解剖学家"能够教给学生的知识非常少，而且比一个屠夫在其店铺里告诉人们的知识高明不了多少"。维萨里有着强烈的求知欲望和实践精神，通过对墓地尸体反复的仔细观察，大学时代便对盖伦的理论产生了怀疑。

维萨里对盖伦解剖学理论的怀疑和批判，遭到维护盖伦权威的学者们的围攻，让维萨里付出了代价。在巴黎大学期间，因为与老师们在课堂上就盖伦学说的对错发生争执，导致 1537 年维萨里毕业时巴黎大学没有对他授予学位。在鲁汶大学任职期间，又因怀疑和批评盖伦的解剖学理论而遭到学校老师们的排挤，不得不匆匆离开鲁汶大学。

在帕多瓦大学教授解剖学时，特别是《人体构造论》一书出版后，因《人体构造论》中与圣经、盖伦、亚里士多德的权威观点均不相吻合，例如：圣经上说男人的肋骨比女人少一根，人的身上有一块不怕火烧、不会腐烂的复活骨，而《人体构造论》认为男人和女人的肋骨一样多，人的身上并没有一块所谓复活骨；盖伦认为人的股骨像狗的股骨一样是弯曲的，《人体构造论》则说人的股骨是直的；亚里士多德认为心脏是生命、思想和情感活动的地方，《人体构造论》则说产生生命、思想和情感活动的地方是大脑和神经系统。因此，维萨里遭到了更为猛烈的攻击，他在巴黎大学的导师杜布瓦甚至将他称为异教徒和神经错乱者，并表示要同他斗争到底。针对《人体构造论》中人的股骨是直的，杜布瓦辩解说人的股骨在盖伦时代是弯曲的，只是在此后的千余年间，狭窄的裤脚改变了腿的形状，人们现在之所以看到人的腿骨是直的而不是弯的，是由于紧腿窄裤把腿骨弄直了。

1544 年，面对这些猛烈攻击，维萨里只得辞去帕多瓦大学的教授职务，放弃了解剖学研究工作，到西班牙去做了宫廷御医。1555 年，查理五世退位后，维萨里又继续为西班牙王室服务，成为查理五世的儿子腓力二世的御医。

2. 宗教神学的迫害

与来自解剖学家们的攻击相比，神学权威的迫害更为残酷，不将维萨里置于死地，决不罢休。

16 世纪 20 和 30 年代，德国的路德派新教传入北欧，到三四十年代，瑞典、丹麦、挪威等国先后改奉路德教；瑞士则相继发生慈温利领导的苏黎世宗教改革和加尔文领导的日内瓦宗教改革，16 世纪 30 年代末、40 年代初形成比路德教更为激进的加尔文教。不久之后，法国王权对天主教采取重大的改革措施，英国则在国王领导下进行自上而下的宗教改革，天主教会的垄断地位一步步丧失。为了恢复自己的神权权威、阻挠新教的宗教改革，天主教会在 16 世纪 40 年代，不断掀起反对宗教改革的活动。在反宗教改革的活动中，天主教还建立起对一切出版物的严格检查制度，经常开列"禁书"，禁止教徒阅读，加强宗教裁判所的活动，加紧对异教徒的迫害。天主教会的出版检查制度，曾对维萨里的著作进行严格检查，罗列出一系列荒谬的所谓"根据"来攻击维萨里，其"根据"主要是前面所说的：圣经上说男人的肋骨比女人少一根，人的身上有一块不怕火烧、不会腐烂的复活骨，人的脚骨像狗的脚骨一样是弯曲的等等。

维萨里到西班牙担任查理五世的御用医生后，医学界的反对者和教会依然紧紧揪住不放，他也为此遭到了国王的处罚。1551 年，查理五世命令萨拉曼卡的法官调查维萨里医疗方法的宗教影响。虽然维萨里证明了自己的清白，但教会的魔爪还是不肯放过他，并且终于找到了将维萨里置于死地的"罪证"。据说，维萨里为西班牙的一位贵族做验尸解剖，当剖开胸膛时，心术不正的监视官说心脏还在跳动，于是宗教裁判所以此为借口，诬陷维萨里用活人做解剖。新国王腓力二世也不得不将维萨里交给宗教法庭审讯，1563 年宗教裁判所提起公诉，将维萨里作为异教徒判处死罪。好在有腓力二世以君主的世俗权力加以干预，死刑改判为到耶路撒冷朝拜圣墓。

1564 年，在腓力二世的安排下，维萨里获准离开西班牙，前往耶路撒冷朝拜圣墓。在从耶路撒冷归航的途中，乘船遭到破坏，被困于希腊的扎金索斯岛。不久，维萨里病逝于此。就这样，年仅50岁的维萨里结束了其伟大科学家的一生。

盖伦权威的维护者和宗教神学可以攻击、迫害维萨里，但是，人类对生命的探索是永远不会终止的，真理是永远也不可战胜的。到了17世纪，除了少数几个保守的中心如巴黎和帝国的某些地方外，维萨里的解剖学既赢得了学术界的支持，也赢得了公众的支持。更为可喜的是，与维萨里有着师承关系的接班人们延续了他的科学生命，并且不断发扬光大。先是维萨里的助手雷尔多·科伦波1559年描绘出小循环，即血液从心脏右侧流经肺并由此而进入左心室。继之是维萨里的学生加布里勒·法洛比所的学生法布里修斯（1537—1619）在1603年出版的《论静脉瓣膜》一书中，描述了静脉内壁上的小瓣膜，再往后是法布里修斯的学生哈维（1578—1657）1628年出版的《心血运动论》，发现了血液循环。历经几代师生艰苦卓绝、前仆后继的探索，维萨里发起的医学革命终于迎来了医学的独立和解放。

毋庸讳言，人类社会发展和进步到今天，任何领域的进步，都离不开前人的开创和努力，提到近代解剖学，谁也不会忘记"近代解剖学的创始人"维萨里！

生平大事记

1. 1514年12月31日，诞生于比利时的布鲁塞尔。
2. 1528年，进入鲁汶大学修读美术。
3. 1533年，进入巴黎大学攻读医学。
4. 1536年，因故被迫离开巴黎大学回到鲁汶。
5. 1537年，入读帕多瓦大学，因解剖学方面的独到能力破例获得博士学位，并被该校聘为解剖学教师。

6. 1538 年，相继出版《解剖学图表》（或译《解剖六图》）和《解剖学基础》两部著作。

7. 1540 年，开始撰写《人体构造论》。

8. 1543 年，出版划时代巨著《人体构造论》。

9. 1544 年，被迫辞去帕多瓦大学的教授职务，到西班牙做宫廷御医。

10. 1563 年，被宗教裁判所拘禁、审讯和判决，因西班牙腓力二世干预将死刑改为到耶路撒冷朝拜圣墓。

11. 1564 年，前往耶路撒冷朝拜圣墓，返回途中被困于希腊的扎金索斯岛，不久病逝，享年 50 岁。

主要参考文献

1. ［美］亨利·E. 西格里斯特. 最伟大的医生. 北京：北京大学出版社，2014.

2. ［美］艾伦·G. 狄博斯. 文艺复兴时期的人与自然. 上海：复旦大学出版社，2000.

3. ［美］艾伦·G. 狄博斯. 科学革命新史观讲演录. 北京：北京大学出版社，2011.

4. ［英］亚·沃尔夫. 十六、十七世纪科学、技术和哲学史. 北京：商务印书馆，1984.

5. ［美］马修斯，等. 人文通识课Ⅲ：从文艺复兴到启蒙运动. 北京：世界图书出版公司，2014.

6. ［民主德国］W. 普勒塞，D. 鲁克斯. 世界著名生物学家传记. 北京：科学出版社，1985.

7. ［美］科恩. 科学中的革命. 北京：商务印书馆，1998.

8. ［美］乔治·萨顿. 文艺复兴时代的科学观. 上海：上海交通大学出版社，2007.

9. ［英］海斯汀·拉斯达尔. 中世纪的欧洲大学. 重庆：重庆大学出版社，2011.

10. ［日］古川安. 科学的社会史：从文艺复兴到20世纪. 北京：科学出版社，2011.

11. ［挪威］埃里科·纽特. 写给年轻人的简明科学史. 哈尔滨：黑龙江科学技术出版社，2008.

12. 刘景华，张功耀. 欧洲文艺复兴史：科学技术卷. 北京：人民出版社，2008.

13. 大英百科全书 2011 年电子版.

14. 张子文. 科学技术史概论. 杭州：浙江大学出版社，2010.

15. 哈维. 动物的心血运动及解剖研究（1628）中文译名《心血运动论》. 北京：商务印书馆，1959.

16. 叶永烈. 科普系列：科学家故事100个. 长沙：湖南人民出版社，2012.

17. 吴国盛. 科学的历程. 长沙：湖南科学技术出版社，1995.

18. 卢晓江. 自然科学史十二讲. 北京：中国轻工业出版社，2014.

医学与神学的双面人生

——肺循环的发现者塞尔维特

科学名言：我知道我将为自己的学说，为真理而死，但这并不会减少我的勇气。

在文艺复兴时代的医学革命中，布鲁塞尔著名解剖学家、医学家维萨里（1514—1564）通过人体解剖学，否定了医学权威盖伦以动物解剖为基础的解剖学，创立了科学的人体解剖学；西班牙神学家、医学家塞尔维特通过血液的小循环理论，即血液的"肺循环"，否定盖伦的血液循环理论，在发现血液循环的道路上迈出了关键性的第一步。不幸的是，塞尔维特在秘密出版《基督教的复兴》后不久，便被日内瓦的新教领袖加尔文下令活活烧死。恩格斯在《自然辩证法》导言中既惋惜又愤怒地说："塞尔维特正要发现血液循环过程的时候，加尔文便烧死了他，而且活活地把他烤了两个钟头。"1553 年 42 岁的塞尔维特提出血液的"肺循环"理论，英国医学家哈维在半个多世纪后的 1616 年公布血液循环理论，继之又于 1628 年出版生理学史上的划时代巨著《心血运动论》。在此，我们是否可以推测说，倘若塞尔维特没有被迫害致死，也许他会在发现血液循环的道路上做出更大的贡献，宣告生命科学新纪元的血液循环理论也有可能提前诞生。

一、基督教"三位一体"理论的挑战者

迈克尔·塞尔维特（1511—1553）是西班牙一神教派教徒，新教领袖加尔文之所以下令烧死塞尔维特，主要不是他的血液小循环理论，而是其唯一神论的宗教思想主张一位论，批判基督教"圣父""圣子""圣灵"

的三位一体学说。宗教裁判所将其作为异教徒送上火刑架的罪名，一是否定三位一体，二是反对婴儿受洗礼。因此，先说说塞尔维特反对三位一体的神学思想。

1. 基督教的"三位一体"神学理论

1511年，塞尔维特出生于西班牙韦斯卡省的一个小村里，父亲的家族来自于比利牛斯山阿拉贡自治区的一个小村塞尔维托，家族的姓氏便来源于此。母亲家里是蒙松地区皈依犹太人的后裔，父亲安东尼奥·塞尔维特（别名雷维斯）是一名公证人，两个兄弟，一个和父亲一样当了公证人，另一个做了天主教神父。塞尔维特极有语言天赋，在多明我会修士的指导下学习了拉丁语、希腊语和希伯来语。15岁时，担任方济各会修士、伊拉斯谟学派的胡安·德·金塔纳的侍从，阅读了那时能够找到的所有《圣经》原文手稿。1529年，跟随担任查理五世皇家随从神父的金塔纳周游德国和意大利。1530年，开始传播其唯一神论的主张。1531年10月发表了《论三位一体之谬误》一书；第二年又发表了《关于三位一体的对话》及《论基督统治的合理性》，公开挑战基督教的"三位一体"教义。

基督教的基本教义主要包含在《圣经》之中，基本信条是"三位一体说""原罪说""救赎说""天堂地狱观"和"世界末日论"。

公元2世纪后半期和3世纪初期，拉丁教父特土良（北非的教父，约160—225）提出了"三位一体"的神学概念。此后，在325年的第一次基督教大公会议（即第一次尼西亚会议）上，以及380年的第二次基督教大公会议（即第一次君士坦丁堡会议）上，三位一体的神学教义基本确立。奥里根（埃及哲学家兼神学家，约185—254）在《论原理》一书中明确指出：上帝不是人格化的耶和华，而是万物的永恒始基，是完满的"一"。这个"一"包含着圣父、圣子、圣灵这三者。圣父不断地生出圣子，圣子在基督耶稣身上取得肉身。但圣父之产生圣子，并不是把圣子分离出去，而是像太阳不断地发射光芒一样，圣子永恒地与圣父同在。1000多年来，基督教坚持认为：这不是一般大脑能理解的神学理论，人的理智不能测量"三位一体"，人的逻辑也不能解释这个教义，只能服从布道者的学说，不能提出疑问。

在基督教的发展史上，虽然中世纪曾涌现出不少影响深远的宗教改革家，如马丁·路德、加尔文等，但他们从未挑战"三位一体"这一传统的基督教神学理论。神圣罗马帝国的律条和宗教法庭的判词，都写明否认"三位一体"的刑罚是死刑。在那个天主教拥有绝有权威的时代，无论是罗马的天主教会，还是新教国家，也就是说罗马的天主教（旧教）和德国、瑞士等国家的新教，都奉"三位一体"教义为正统，否认"三位一体"被视为危险的"邪恶"，在欧洲的哪一个角落，只要被发现，都会被处以死刑。即便是1723年英国通过的宽容法案，允许自由信仰各种形式的基督教，但反"三位一体"论仍然在明令禁止之列。

塞尔维特作为宗教思想家，明知反对"三位一体"教义的后果，但却偏要向这一禁区发起挑战。认为即便马丁·路德、加尔文等能力超群的宗教改革者也做得很不革命，因为他们未曾打破"三位一体"的教条。总之，塞尔维特否定"三位一体"教义的种种"危言耸听"的言论，无异于捅了马蜂窝，自然就激起了观点截然不同的天主教和新教改革派双方的"人神共愤"。

2. "三位一体"神学理论的挑战者

在《论三位一体之谬误》和《关于三位一体的对话》《论基督统治的合理性》中，塞尔维特神学理论的核心主要是：（1）三位一体的信条并非基于《圣经》的教义，而是来自于（希腊）哲学家，是具有欺骗性的学说；（2）自己是在倡导回归福音书及早期教会父老的简单与真实，抛弃三位一体的教义可以使基督教更有感染力，而犹太教和伊斯兰教都是严格的一神教。自 1531 年塞尔维特的《论三位一体之谬误》公开出版后，加尔文教徒立即开始了对这位反对者的追杀。为此，塞尔维特以医生为职业掩护，四处躲藏。还曾化名为维拉诺乌斯受雇于出版商奥普吕纳斯（1507—1568），他是塞尔维特的保护者和朋友，曾经担任过帕拉塞尔苏斯的秘书，并于 1543 年出版了维萨里的《人体结构》，也曾因出版《古兰经》的拉丁语版而坐过牢。

1553 年，塞尔维特又秘密出版了《基督教补正》一书，再次否定"三位一体"学说，认为"三位一体"教义使基督教成了"三神论"，或者说信仰了三位神灵。宣称：圣子是神的一种表现形式，不是独立的圣人。当神的意志来到圣母玛利亚的子宫时，耶稣就被赋以人类的形体。只有在意志形成的那一刻，圣子才诞生，所以圣子不是永恒的。为此，拒绝称基督为"永恒的圣子"，而是"永恒的上帝之子"。在描述塞尔维特的观点时，安德鲁·戴布解释道："《创世记》中上帝作为创造者出现，在《约翰福音》中他通过言语或道来创造。而最后，也是在《约翰福音》中，道成肉身，并且使之'住在我们之中'。当上帝说'让这儿有……'，万物产生。而《创世记》中的约翰的道和基督都是一样的。"

1553 年，塞尔维特在他的《基督教的复兴》一书中，清晰地阐明了自己的观点："没有比通过万物去了解上帝更伟大的事情了，而且神性也真实地被表现出来。我们需要明确地去了解上帝通过言语、思想要表达的东西。这两样只同时存在于耶稣。"而且，在这部宣传唯一神论的著作中，他还利用血液小循环理论批判基督教的"三位一体"教义，认为小循环理论有力地支持了他对"三位一体"教义的批判。

二、否定盖伦的血液循环理论

人类很早就已经注意到人的皮肤被划破时，里面会流出一种红色的液体——"血液"。今天，人们都知道血液是与人的生死息息相关的一种特殊液体。但是，在16世纪，包括医生也不知道血液从何而来？如何在我们的动脉中流动？

在文艺复兴时代的医学革命中，塞尔维特是最早试图对血液如何产生、如何在人体内流动进行研究的科学家。其《基督教的复兴》虽然主要是宣传唯一神教的神学著作，但是，正是在该书的第十五章中，塞尔维特抛弃了盖伦的血液从右心室渗透到左心室的权威理论，科学地论述了血液的小循环——肺循环，即血液由心脏到肺，再由肺流回心脏的循环过程。尽管塞尔维特的著作被禁遭燹，幸免于难而流传下来的也只有屈指可数的几本，因而其肺循环理论未能得到广泛传播，但是，他将盖伦血液循环理论中两相独立的动脉系统与静脉系统统一起来，为血液循环的发现做出了不可磨灭的贡献。

1. 传统权威的"三灵气说"

早在古希腊时代，人们便开始了对血液在人体内的形成和作用的探讨。将医学从原始巫术中解放出来的"西方医学之父"希波克拉底（前460—前377）在大量医学实践的基础上提出了自己的医学理论，即体液理论。他认为：决定人的身体构造的是血液、黄胆汁、黑胆汁和黏液，这四种体液的流动维系着人的生命，它们的调和、平衡决定人体的健康。亚里士多德（前384—前321）认为食物在胃里"烹调"后形成食物雾气，食物雾气进入心脏后便转化成血液，血液在运行过程中将营养输送到身体的各个部位，并被身体的各个部位所吸收。心脏是人体内最重要的器官，是智慧的所在地，血液系统在心脏的搏动是血液在心脏里碰到呼吸时吸进的"元气"而沸腾的结果。埃拉西斯特拉特（公元前304—250年）既是最早描写大脑和小脑、区分动脉和静脉的解剖学家，也是最早发现血液流动的医学家，认为血液的流动是靠气来推动的，心脏瓣膜的作用是让血液流入右心室而不至于回流。

古罗马的盖伦（129—199）是西方继希波克拉底之后最著名的医生，他在前人的基础上进行了系统和完整的论述，明确指出人体的主要器官是肝脏、心脏和大脑，人体内有动脉、静脉、神经三种管道。肝脏是人体的造血器官，食物的营养在肝脏转化为携带着"天然灵气"（"自然灵气"）的静脉血，这种静脉血的大部分通过静脉在人的身体中做"潮汐运动"，小部分透过心脏膈膜进入左心室，与来自肺部的空气温合生成"生命灵气"，然后通过动脉输送到全身，为全身注入活力。大脑将心脏生成的"生命灵气"转变为"动物灵气"，支配着人体肌肉的活动，并使人产生表象、记忆和思维的能力。"天然灵气""生命灵气""动物灵气"，分别位于消化系统、呼吸系统和神经系统，构成人体心血管基本的生命活动。因此，有学者将盖伦的血液循环理论称之为"三灵气"说。

关于盖伦的理论，我国学者吴国盛在《科学的历程》一书中概括说，盖伦的血液循环理论是肝脏——静脉系统的潮汐运动与动脉系统——人体的单向吸收，这两大系统之间通过右心室与左心室之间的膈膜相联系；盖伦关于血液运动的观点有三条，一是静脉系统的双向潮汐运动，一是动脉系统的单向吸收，三是静脉一部分通过左右心室之间的微孔输入到动脉。挪威学者埃克里·纽克在《写给年轻人的简明史》中评论说："盖伦认为，血液自肝脏渗出，由不知名的力量推动到人体的各个部分。只要解剖尸体，就一定能看得到这一点。但要是看到活人的血液循环，就知道前面的说法不对。割开手腕或者颈部就能让血液喷射出来，如果不能迅速止血，几分钟之后这个人就死掉了。"

尽管盖伦的理论是错误的，也没有发现心肺之间的血液循环关系，但是，自从盖伦的医学和生理学成为欧洲医学界的"圣经"后，这种对心脏结构和血液循环不完整的描写，被当成真理传授了1000多年。人们甚至在此理论基础上，构建了一套现在看起来非常可怕的临床治疗和保健方法。比如，当时的医学界认为，放血是常规的保健手段之一。过多的血液会携带有害的物质，滋生情欲、导致疾病。所以，春秋两季的定期放血，成了有钱人增强体质的保健措施。法国国王路易十四的皇后曾不惜重金，保证每个月放血两次，这样一来，她在听色情笑话或寻欢作乐时，就不至于脸红了，否则，岂不是有损国母的尊严和仪态？

2. 创立科学的肺循环理论

塞尔维特与比利时的维萨里是巴黎大学的同窗好友，同为巴黎大学教授居恩特的学生和助手。两人曾一起讨论人体结构，一起偷过尸体进行解剖研究。后来维萨里被迫离开了巴黎大学，塞尔维特则继续进行实验研究，这期间他做出了一生中最重大的科学发现，即被后人称之为"肺循环"的血液小循环。

1531 年《论三位一体之谬误》公开出版后，塞尔维特一直为躲避追杀而四处躲藏，在躲避追杀的险恶环境中，他不仅继续挑战基督教的"三位一体"教义，而且发现了血液的小循环，即"肺循环"。他抛弃了盖伦关于血液从右心室渗透到左心室的观念，正确地描述了肺循环：从右心室流出来的血液经过肺动脉被排注到肺部。在肺部，由于吸入的空气使得静脉血变得更加稀薄，血液在这里的颜色就发生了变化。血液再从这里经过肺静脉流到左心室，然后通过动脉系统分散出去。

1553 年，塞尔维特秘密出版了系统阐述其唯一神论宗教观念的著作《基督教的复兴》，该书的第十五章阐述了呼吸、精气和空气的关系。他写道："我们为要能够理解血液为何就是生命所在，那首先就必须知道由吸入空气和非常精细的血液所组成和滋养的那活力灵气是怎样产生的。活力灵气起源于左心室，肺尤其促进其形成；它是一种热力所养成的精细的灵气，浅色，能够燃烧……它是由吸入的空气和从右心室流向左心室的精细血液在肺中混合而形成的。这种流动不是像一般所认为的那样经过心脏的中膈，而是有一种专门的手段把精细血液从右心室驱入肺中的一条直通道。它的颜色变得更淡，并从肺动脉注入肺静脉。在这里它同吸入的空气相混合，其中的烟气通过呼吸清除掉。最后同空气完全混合，并在膨胀时被左心室吸入，这时它就真成为灵气了。"在塞尔维特看来，身体中的生命精气是由稀薄的血液与吸入的空气相混合所产生，而且它并非像盖伦所假设的那样形成于左心室，而是形成于肺部。

刘景华、张功耀在《欧洲的文艺复兴·科学技术卷》一书中说，用现代更明确的心——肺血液循环理论，我们可以对"肺循环"做这样的描述：带有废物的血液经静脉流入心脏，进入右心房，右心房充满之后形成一种压力，于是产生一种收缩作用把血再送到右心室。右心室充满后再收缩，将血送入肺动脉，在肺毛细血管中，二氧化碳和氧气发生交换，将血液变成富含新鲜氧气的血液。再把这种新鲜血液送入左心房。左心房充满后，形成收缩送入左心室。左心室充满后再形成一次收缩，进入大动脉，送往全身。在这个心肺之间的血液循环中，心脏三尖瓣膜的作用非常重要，它保证血液按固定的方向流动，不造成回流。此外，血液在肺部进行的气体交换，是保证送入大动脉的血液保持干净的前提。可见，认识肺循环对于人体保健的意义是何等重要。

限于当时条件，塞尔维特未能提出系统的循环的概念，"循环"一词并未被使用，但是，小循环是导向全身循环的关键性一步，因而后人常将肺循环称为"塞尔维特循环"。

三、与加尔文的冲突及命运的归宿

如前所述，塞尔维特是激进的宗教改革思想家，是一位既不容忍天主教徒、又不容忍新教徒的唯一神教派的教徒，其否定"三位一体"教义的种种"危言耸听"的言论，激起了观点与之截然不同的天主教和新教改革派双方的"人神共愤"。加尔文教徒之所以拼命追杀塞尔维特，新教领袖加尔文之所以下令处死塞尔维特，与塞尔维特对加尔文教、对加尔文的攻击息息相关。

1. 与加尔文的宗教冲突

塞尔维特的唯一神论与加尔文的宗教思想存在尖锐冲突，他在宣传其唯一神论的过程中，主要以加尔文作为论战对象，很早便与加尔文结下了梁子，且越积越深。塞尔维特不仅批判加尔文的新教学说，而且还对加尔文使用了具有人身攻击的语言。

约翰·加尔文（1509—1664）出身于法国，1528 年获巴黎大学文学硕士学士，后又进入奥尔良大学学习法律。1531 年，开始研究神学，不久改信路德派新教。1534 年，因被控为宗教异端而从法国流亡到瑞士。1536 年初，在瑞士的巴塞尔出版《基督教信仰典范》（也译为《基督教原理》）一书，阐述其新教原理。加尔文神学思想的核心是"预定论"（也称先定论或前定论），认为上帝是万能的造物主，对世上的每个人都预先做了永恒的判决，有些人注定得到永生，另一些人则永远被罚入地狱。得到永生者就是上帝的"选民"，被罚入地狱者则是上帝的"弃民"。"选民"与"弃民"的标志，是现实生活中的成功与失败，成功者为"选民"，失败者是为"弃民"。1541 年，加尔文成为日内瓦的宗教首领，并在日内瓦建立起一个政教合一的神权国家，在此后的 20 多年间，加尔文一直是这个神权国家的最高领袖。

1531 年，塞尔维特发表《论三位一体之谬误》，坚持和传播自己的唯一神论思想，该书的神学观点严重冲击了加尔文教的基本教义，妨碍了加尔文的宗教改革。1546 年 2 月 13 日，加尔文在给朋友威廉·法瑞尔的信中谈到塞尔维特时，愤怒地说道："塞尔维特对我说了许多他的胡言乱语。如果他来这里，如果我还有任何威信，我永不会允许他活着离开。"1553 年，塞尔维特的《基督教的复兴》秘密出版。在这部进一步反对三位一体教义的著作中，塞尔维特明确反对加尔文教有关救赎预定论的观点，也不同意上帝罚灵魂入地狱而不顾生前的价值和功勋的观点，坚持认为上帝从不惩罚任何人。

塞尔维特在法国时，就把《基督教的复兴》一书寄给了加尔文，还寄去一份附录，列举了加尔文的种种过失和错误，并表示要与他展开争论。塞尔维特的这一行动，像针一样刺痛了加尔文的心。加尔文大发雷霆，发誓说："若是塞尔维特有朝一日来到我城，我一定不让他活着回去。"塞尔维特的《基督教的复兴》，就像一记耳光重重地抽打在加尔文的脸上。为此，加尔文曾专门寄了一份自己的书稿给对方作为答复。很快，塞尔维特便用攻击性的言论给全文做了注解。其后，他们通信中的讨论变得愈加激烈，最终加尔文不再回复，但塞尔维特还是给加尔文寄去了一些特别具有攻击性言语的信件。

2. 唯一神教派的殉道者

1553 年 2 月 16 日，加尔文的密友贵洛米·特瑞在给其里昂的表兄安东尼·阿尔内斯的信中，揭发了当时居住在维埃纳的塞尔维特信仰的异端邪说。之后，塞尔维特及印刷商阿诺雷特受到了以法国宗教裁判所法官马修·奥瑞名义发出的讯问，但两人否认了所有指控，并因证据不足而获释。奥瑞要求安东尼·阿尔内斯向贵洛米·特瑞去信以获得证据。3 月 26 日，贵洛米·特瑞将塞尔维特的书稿寄往里昂，包括塞尔维特寄给加尔文的信件。4 月 4 日塞尔维特被教会当局逮捕，并监禁在维埃纳，但他却在 3 天后从监狱侥幸逃脱。6 月 17 日，法国异端裁判所在日内瓦牧师——加尔文呈上的 17 封书信的帮助下裁定塞尔维特异端罪成立，判决与其著作一同处以火刑。由于塞尔维特业已逃离，火刑时使用的是他的模拟像。

逃出监狱以后，塞尔维特仍然没有放弃对真理的追求和继续同宗教进行斗争的信念，原本打算逃往意大利的塞尔维特，后来到日内瓦停留下来，联合一些知识界的人士，继续与加尔文论战。不幸的是8月13日，在日内瓦的一座教堂里他参加了加尔文在的一次布道会，在那里塞尔维特被加尔文的爪牙当场认出并在仪式结束后被逮捕，再一次被捕入狱。虽然当时也有一些加尔文的反对者企图营救塞尔维特，但都未能成功。这次加尔文亲自审讯，并恶毒地咒骂他，说他的著作是"异端邪说"，是"有煽动性的书"。塞尔维特当场重申了自己的观点，对加尔文的咒骂给予了坚决的回击。塞尔维特的信念和观点，对新教、天主教都是非正统的"邪说"，所以引起了伯尔尼、巴塞尔、苏黎世和沙费豪森四大城市的震惊。对于塞尔维特来说不幸的是，此时加尔文正努力挽回他在日内瓦教会渐微的权势。而加尔文的敌人拿塞尔维特做借口，攻击日内瓦改革者的理论，所以任何的怜悯都会被当作是示弱。在审判中，塞尔维特被控犯有两罪，传播和宣讲反对三位一体论以及反对婴儿洗礼。塞尔维特曾经说婴儿受洗"是魔鬼的造物，是毁坏整个基督教的地狱的谎言"。然而，在西欧中世纪信仰至上的时代，大多数人都信奉基督教的基本教义。婴儿受洗作为一种入教仪式，目的是祛除原罪罪污，将一个新生命正式接纳为基督教徒。因此，不管是出于何种原因，塞尔维特将普通的基督教传统说成"是魔鬼的"，必然使他在审判中很难找到盟友，必然使自己处于处处受敌的危险境地。

塞尔维特对血液循环的研究只是刚刚开始，完成肺循环的研究之后，就要着手体循环的研究了。1553年10月24日，塞尔维特因否定"三位一体"和"婴儿洗礼"的罪名被判处火刑。10月27日，塞尔维特在日内瓦郊外被处以火刑，而且，他在被烧死之前还被残酷地用文火烤了两个小时。塞尔维特的遇难，不但让他自己献出了生命，而且科学也因此蒙难，血液循环的发现也被大大推迟了。

生平大事记

1. 1511 年，出生于西班牙韦斯卡省阿拉贡自治区的一个小村塞尔维托。

2. 1530 年，开始传播唯一神论。

3. 1531 年，出版《论三位一体之谬误》一书。

4. 1532 年，发表《关于三位一体的对话》及《论基督统治的合理性》，挑战基督教的"三位一体"教义。

5. 1546 年，完成《基督教的复兴》一书的初稿。

6. 1553 年，秘密出版著作《基督教的复兴》，阐述了他对血液循环的见解，发现了"血液小循环"。

7. 1553 年 10 月 27 日，在日内瓦被新教领袖加尔文下令烧死，年仅 42 岁。

主要参考文献

1. ［美］亨利·E. 西格里斯特. 最伟大的医生. 北京大学出版社，2014.

2. ［美］艾伦·G. 狄博斯. 文艺复兴时期的人与自然. 上海：复旦大学出版社，2000.

3. ［美］艾伦·G. 狄博斯. 科学革命新史讲演录. 北京：北京大学出版社，2011.

4. ［英］亚·沃尔夫. 十六、十七世纪科学、技术和哲学史. 商务印书馆，1984.

5. ［美］马修斯，等. 人文通识课Ⅲ：从文艺复兴到启蒙运动. 北京：世界图书出版公司，2014.

6. ［民主德国］W. 普勒塞，D. 鲁克斯. 世界著名生物学家传记. 北京：科学出版社，1985.

7. ［美］科恩. 科学中的革命. 北京：商务印书馆，1998.

8. ［美］乔治·萨顿. 文艺复兴时代的科学观. 上海：上海交通大学出版社，2007.

9. ［英］海斯汀·拉斯达尔. 中世纪的欧洲大学. 重庆：重庆大学出版社，2011.

10. ［日］古川安. 科学的社会史：从文艺复兴到 20 世纪. 北京：科学出版社，2011.

11. ［挪威］埃里科·纽特. 写给年轻人的简明科学史. 哈尔滨：黑龙江科学技术出版社，2008.

12. 刘景华，张功耀．欧洲文艺复兴史：科学技术卷．北京：人民出版社，2008.

13. 大英百科全书2011年电子版．

14. 张子文．科学技术史概论．杭州：浙江大学出版社，2010.

15. 哈维．动物的心血运动及解剖研究（1628）中文译名《心血运动论》．北京：商务印书馆，1959.

16. 叶永烈．科普系列：科学家故事100个．长沙：湖南人民出版社，2012.

17. 吴国盛．科学的历程．长沙：湖南科学技术出版社，1995.

18. 卢晓江 主编．自然科学史十二讲．中国轻工业出版社，2014.

近代『生理学之父』

——威廉·哈维

科学名言：无论是教解剖学或学解剖学的，都应当以实验为据，而不应当以书本为据；都应当以自然为师，而不应当以哲学为师。

英国 17 世纪著名的医学家、生理学家哈维，是与伽利略同时代的人，他们分别在医学和物理学领域对人类做出了重大贡献。当时，由于在英国这样的国家，已经开始从对暴力的依赖转为对科学和科学家的依赖；英国在自上而下的宗教改革后，国王成了英国教会的最高领袖和上帝的代理人，否定了罗马教皇作为教会最高首脑的权威。因此，哈维没有像伽利略那样遭受到罗马教会的残酷迫害，故能在较为宽松的环境中创立造福人类的血液循环理论，为生物学和医学开辟了一个新的时代。

心脏、动脉、静脉构成一个循环"系统"的血液循环理论对人类的贡献，正如恩格斯的评价："哈唯由于发现了血液循环而把生理学（人体生理学和动物生理学）确立为科学。"英国著名外科学家和病理学家约翰·西蒙（1898—1968）则做了非常形象而生动的比喻："血液循环的知识在医疗实践中的地位，就像罗盘在航海中的地位一样，没有它，医生就会处于迷茫恍惚之中，无所依据。血液循环的发现，是生理学上至今还无可比拟的、最重要的发现，一定会为以后各个世纪人类的利益结出硕果。"不言而喻，这一赞誉恰如其分。

一、探究生命奥秘的大师

16 世纪中叶，被誉为"解剖学之父"的比利时医生、解剖学家维萨里（1514—1564）揭开了医学革命的序幕，经过几代科学家近百年前仆后继的不懈努力，终于结出了丰硕的成果。哈维站在维萨里、塞尔维特和法布里克斯等科学巨人的肩膀上，成功地阐明了血液循环的原理，彻底推翻了盖伦这位古希腊医学的集大成者流行了大约1500多年的观点，将生理学引上了实验科学的道路，并为病理学提供了可靠的依据。从此，医生面对危及病人生命的心血管等种种疾病时，不再束手无策。因此，哈维造福全人类的伟大贡献，无论给予多么高的评价都不为过。

1. 帕多瓦大学的医学博士

1578年4月1日，威廉·哈维（1578—1657）出生于英国肯特郡福克斯通镇一个富裕的地主家庭，父亲托马斯·哈维曾做过福克斯通镇的镇长，母亲琼尼是肯特郡哈斯汀莱的托马斯·哈克之女，哈维是这个家庭的长子，上有一个姐姐，下有五个弟弟。哈维天资聪颖，勤奋好学，自幼喜爱读书。父母对他报以极大的期望，为他提供了良好的学习条件。哈维也不负父母厚望，上小学时，各科成绩一直名列前茅。10岁那年，他以优异的英语和拉丁语考试成绩考入有名的坎特伯雷中学，还获得了奖学金。中学几年，各科成绩都保持优秀。

1593年，哈维顺利考取剑桥大学的冈维尔—凯厄斯学院，获得马太·帕克奖学金。当时，剑桥大学的学习生活十分紧张，学校规定：学生每天清早四点半起床，五点去礼拜堂做礼拜，晚上十点睡觉。没有足够的时间休息和娱乐，加上生活条件又差，入学三年，哈维病倒了。无奈之下，只好回家治病，休学了两年多。妈妈看着重病的儿子很着急，为他请来了一位民间医生。当时，英国和其他欧洲国家的民间医生，拿手的医术是放血，说是"放血治百病"。哈维和他妈妈实在没有别的办法，只好依了医生。

医生拿出一把消过毒的小手术刀，用刀尖划破哈维左臂上的一根静脉管，放了一点血，然后包扎起来，血止住了。医生嘱咐说，要加强营养，注意休息。过了一段时间，医生用同样的方法，又放了几次血。每次放血，哈维都要忍受很大的痛苦。不过，放血也启发他思考这样的问题：血管割破以后，血为什么会不停地流出来？血液在人的身体里是怎样流动的？哈维根据自己的切身体会，觉得放血不是治病的好办法。这种办法，虽然对治疗某些疾病有一定的效果，但是对体弱和经济条件差的人来说，负担实在是太大了。生病期间，哈维常常想要是一个人不生病，或者少生病，或者是生了病，能很快治好，那该多好。现在，自己生了病，医生不能很快地治好，一拖两三年，影响了大学的学习。于是，他立志成为一名医术高明的医生，救死扶伤，使人们延年益寿。

1597 年，哈维在剑桥大学毕业，获"学士"学位。1598 年（一说 1599 年），哈维进入意大利的帕多瓦大学学习医学。在这所欧洲最好的医学学校，哈维有幸成了与维萨里有着师承关系的著名解剖学家法布里克斯（或译法布里修斯，1537—1619）的学生。在帕多瓦大学，哈维依然好学不怠，积极实践，是同学们眼中的"小解剖家"。闻名全欧的法布里克斯是"静脉瓣膜"的发现者，也很器重锐意进取的哈维，并请他做自己的助手，研究静脉血管解剖和"静脉瓣"。名师出高徒，在给这位与血液循环的发现擦肩而过的解剖学家做助手期间，哈维既认识到了血液循环研究的重要性，也充分了解到了血液循环研究的方向和方法，为他后来确立心血管运动理论奠定了坚实的基础。很多年以后，哈维依然清晰地记得法布里克斯向他解释静脉瓣膜的情境。

1602 年 4 月，24 岁的哈维以优异成绩获得"博士"学位。同年，哈维载誉归国，剑桥大学鉴于他在留学帕多瓦大学时取得的卓越成绩，也授予他博士学位。

2. 医术高明的伦敦名医

1603 年起，哈维开始在伦敦行医，不久之后，与曾任伊丽莎白女王（1580—1603 年在位）御医的朗斯洛·布朗的女儿结婚，这门婚姻对于哈维以后的医学研究大有帮助。由于医术高明，医学研究也颇有成就，哈维的学术声望迅速提升。1607 年，年仅 29 岁的他便被吸收为皇家医学院院士。1609 年，经国王詹姆士一世和皇家医学院院长亨利·阿特京斯博士的推荐，哈维取得圣巴托罗缪医院的候补医师的职位。同年夏天，医院的威尔金森博士逝世，哈维替补了他留下的空缺，开始独立开诊。哈维每周至少有一天坐在诊室的桌旁接待患者，他关心病人的疾苦，亲自探视行动不便的患者，从不计较报酬，常常免费为穷人治疗。他的宗旨是：医生"要为穷人做好事"。由于认真负责，刻苦实践，他很快就成了伦敦的名医。他曾成功地做过切除乳房的手术，也积累了丰富的妇产科医疗经验，还采用结扎动脉血管、断绝肿瘤养分来源的方法，治愈过肿瘤。总之，哈维不仅是一位医术高明的医生，而且是一位具有人道主义思想的科学家。

随着哈维的名气越来越大，达官贵人、社会名流也纷纷跑来请他看病，例如英国大哲学家、国王詹姆士一世任命的大法官弗朗西斯·培根和阿朗得尔伯爵都是他的病人。1618 年后，哈维被任命为王室御医，先后为国王詹姆士一世（1603—1625 年在位）和查理一世（1625—1649 年在位）服务。热心科学、尊重知识的查理一世很器重哈维，他将皇家的温索尔鹿场和汉普顿宫的动物提供给哈维进行科学实验，包括将自己猎场怀胎的动物送给哈维做胚胎学研究，有时还到实验现场观看实验。1639 年，哈维随同国王查理一世到苏格兰。同年，到爱丁堡的巴斯罗克（巴斯礁），这里品种繁多的海鸟，引起哈维的极大兴趣。他在后来发表的《动物生殖》一文中详细描述了海鸟的生活习性，批评了认为塘鹅生活在树上的传统观念。

1640年，英国资产阶级革命爆发，哈维随同国王流亡在外。他曾参加埃吉山战役，受命在防御工事中照顾两个王子，即后来的查理二世和詹姆士二世。即使在充满危险的战场上，他也不忘读书学习。一颗炮弹在附近爆炸，他挪动一下位置后又继续看书。1642—1646年，哈维跟随王室在牛津度过了三年的流亡生活。在这里，他曾受命担任麦尔顿学院的院长（1645），但更多的时间是从事生理解剖学的研究。他常常拜访神学学士乔治·巴塞尔斯特，两人一同观察母鸡的生殖和鸡雏的发育，积累了大量的实验记录和观察笔记，这就是他后来发表的《动物生殖》一文的雏形。1646年，牛津被革命军攻占后，哈维回到伦敦，辞去所有的职务，隐居在几个弟弟家中。1649年，英国内战结束后，查理一世被绞死，他因一直忠于查理一世而被处以罚金200英镑，并被禁止进入伦敦城。

3. 鼓励探索自然的伟人

1650年，哈维的学生恩特博士（1604—1689）在哈维的弟弟丹尼尔家中见到了哈维，这位72岁的老人仍然在兴致勃勃地从事研究工作。在这次会见中，恩特发现了哈维关于动物生殖观察研究的手稿，在得到哈维的准许后，于1651年整理出版。

哈维出身于富有之家，自己作为医术高明的御医和大学的著名教授也有丰厚的收入，但是，哈维不是贪图享受、追求奢华安逸的物质生活，而是把生命融入科学，将自己的毕生积蓄都用于造福人类的科学研究。

1651年，73岁的哈维用自己的积蓄建造了两座楼房，一座是图书馆，一座是会议厅，赠给了皇家医学院。他还把自己的书籍、文物和外科医疗器械，分别送给皇家医学院图书馆和不列颠博物馆。这座以哈维的名义修建起来的宏伟的罗马式建筑，于1654年竣工正式移交使用。图书馆的楼下是诊察室，楼上有丰富的藏书，还有一个收藏各种药材和动物标本以及各种手术器械的博物馆。由于哈维的卓绝贡献，医学院于1654年选他为学院院长，但他以年老体弱为由谢绝了这一任命，只同意担任顾问。1656年，他又决定把自己在肯特郡的世袭产业捐给皇家医学院，作为图书馆工作人员的开支和鼓励科学研究的"发现自然奥秘"基金。临终前，又向皇家医学院捐献了全部遗产。

哈维无儿无女，妻子先他几年去世，晚年常受痛风病的折磨，时常用凉水浸脚以减轻痛苦。1657年6月3日，哈维突患中风，当天晚间，造福人类的一代伟人与世长辞，享年79岁。皇家医学院全体工作人员都参加了哈维的送葬队伍，把哈维的遗体送到埃塞克斯郡汉普斯台德哈维家的墓地。这位医学史上的伟人，安详地躺在铅皮裹着的棺木中。伦敦医学院为纪念哈维在科学上的巨大贡献，给他立了一个铜像。

1883年圣路加节（10月18日），皇家医学院院长詹尼尔爵士亲自主持了哈维的迁葬仪式。医学院同事们把铅棺放在大理石棺椁中，重新装殓了哈维的遗骸，把它安放在汉普斯台德大教堂的哈维纪念堂中。墓地石碑上写着："发现血液循环，造福人类，永垂不朽！"

二、以自然为师的"生理学之父"

以自然为师，既是哈维发现血液循环的科学思想和科学方法，也是哈维对科学研究的重要贡献之一。他那广为人知的名言说："无论是教解剖学或学解剖学的，都应当以实验为据，而不应当以书本为据；都应当以自然为师，而不应当以哲学为师。"留学帕多瓦大学期间，恰逢名满欧洲的实验科学大师、"近代物理学之父"伽利略（1564—1642）正在该校任教，他所倡导的实验——数学方法和自然力学观，除物理学之外，还影响了化学、生理学等学科，作为学生的哈维自然受益匪浅。跟随法布里克斯研究静脉血管解剖和"静脉瓣"期间，哈维也在具体的科学实验中愈来愈认识到了实验的重要性。"以实验为据""以自然为师"的名言既是来自于哈维的科学实验（实践），也是他进行科学研究时始终遵循的基本准则和基本方法。

1. 前人的研究成果

人类对血液在体内的形成和作用的认识有着悠久的历史。早在古希腊时代，古代世界最博学多才的著名科学家亚里士多德（前384—前322）就认为，食物在胃里"烹调"过后形成食物雾气，这些雾气上升到心脏，然后心脏把它们变成血液，血液经过运行，把营养送到身体的各个部分而直接为身体各部分所吸收。因此，他认为心脏是体内最重要的器官，是智慧的所在地，并给血液以动物性的热量，血液系统的搏动是血液在心脏里碰到了呼吸时吸进的"元气"而沸腾的结果。

公元2世纪，继西方"医学之父"希波克拉底（约前460—前377）之后最卓有成就的医学家、古罗马著名医生盖伦（130—200），撰写了131部著作（流传至今的有83部），全面总结了古代的医学知识，包括医学理论和医学实践的各个领域，创立了主导西方医学约1500多年的医学理论。在科学方法论上，盖伦也认识到了实践才是通往科学的唯一道路，强调基于直接的解剖和观察来描述对象，以及盲从现存文献的危险性。

这位古希腊医学的集大成者在解剖实践和临床实践的基础上，提出了全新的、系统的人体构造理论，对人体构造和器官的功能作了比较正确的描述和说明。需要强调的是，由于当时的社会禁止人体解剖，因而盖伦只能通过动物解剖来推测人体构造及器官功能，这些基于动物解剖的"推测"既有不少正确的，也必然存在许多错误的认识和见解。毕竟，动物是动物，人是人，两者的构造和器官功能不可能完全一样。

盖伦的生理学理论认为人体有肝脏、心脏、大脑三个主要器官，有动脉、静脉、神经三种管道和自然精气、生命精气、智慧精气三种灵气。明确指出血液的流动以肝脏为中心，血液在肝脏里产生后，贮存在静脉中，一部分带着来自肝脏的"自然精气"，流到各个器官；另一部分流到右心室，通过布满筛孔的心脏中膈，慢慢地渗透到左心室，在这里同肺静脉带进来的空气结合，变成动脉血，再带着心脏产生的"生命精气"，通过动脉分配到全身各部；动脉血的一部分流到脑子里，这里的"智慧精气"通过神经分布到全身。血管中的血液就像潮水的涨落一样，做起伏运动，逐渐被身体所吸收。他还从神学的观点出发，认为人体的一切构造和机能，都是上帝有目的、有意识安排的。显然，盖伦建立在动物解剖基础上的生理学理论存在诸多错误，例如，关于血液在人体的运行、心脏结构和功能等等。然而，在16世纪中期的欧洲医学界，盖伦的医学理论依然被奉为神圣不可侵犯的金科玉律，在解剖学和生理学中占据着主导地位。也就是说，直到16世纪中期，欧洲医学界关于人体的知识，主要来自盖伦的著作（基于动物解剖的推测），而不是来自于人体本身。

16世纪中期，先是"解剖学之父"维萨里通过人体解剖学的大量资料，证明盖伦关于血液通过中膈的说法不正确，因为隔开左右心室的膈膜是一块硬肌肉，不容血液通过，但他也没能说明血液怎样从静脉流入动脉。继之，西班牙医生塞尔维特（1511—1553）发现了心与肺之间的血液小循环，认为血液是通过肺从右心室流入左心室的，人体只有一种血液，从而否定了盖伦的理论。不幸的是，他还没有来得及进一步论证血液循环的理论，就被加尔文教派作为异端活活烧死。又过了几十年，哈维的老师法布里克斯发现静脉血管中有瓣膜，指出静脉瓣膜是朝心脏方向生长的，它们使血液只朝一个方向流动，这无疑是个很重要的发现，但他并未理解到瓣膜的真正意义，认为血液离开心脏后可在静脉往返流动，而瓣膜的作用仅仅是防止血液积聚在身体的肢端并减少血液的流动。

哈维在给人治病时，常常联想到法布里克斯教授讲授的解剖学，思考血液在人体内究竟是怎样流动的？人类从出生到死亡都不停止的两种运动——脉搏跳动和呼吸，始终是他关注的首要问题。先驱者的探索，既为哈维的发现奠定了基础，又激励着哈维继续向前。他想：不搞清楚心脏的构造与功能，不知道血液在体内怎样运动，怎么能给病人做出正确的诊断呢？治病又以什么为依据呢？于是，他决心在前人研究的基础上，自己动手，大胆实践，通过科学实验寻找答案。

2. 崇尚实验的生理学家

为了寻找答案，哈维在家里修建了一间解剖室，以观察心脏的构造和血液的运动。这位崇尚实验的生理学家，对青蛙、鱼、蛇、鸡、鸭、鸽、兔、羊、狗、猴子等八十多种动物进行了解剖实验。经过仔细观察动物心脏的内部构造，他有了惊人的重大发现，主要是：（1）心脏有四个腔，上边两个心房，下边两个心室。心房通向心室，左右两侧被一层较厚的肌肉膜隔开，这就是心脏中膈。（2）右心房与上下腔静脉相通，右心室与肺动脉相通；左心房与肺静脉相通，左心室与主动脉相通。（3）心脏有四组瓣膜，即左右两侧房室之间，左心室与主动脉之间，右心室与肺动脉之间，都有一组瓣膜。

　　哈维在观察了动物心脏的内部构造之后，又仔细观察动物心脏的跳动，以弄清心跳有无规律？是什么规律？血液在心房和心室里是怎样流动的？为此，他用动物的垂死心脏，如鱼、鳖等冷血动物的心脏来做实验，发现心脏收缩时，它立即变硬，体积变小，颜色变浅；心脏静止时，它便发软，颜色变深。他把一个心室的尖端剪掉，露出一个心室腔的洞口。这时，心房每收缩一次，就有一股血流出来；也就是说，心房收缩一次，血液就被送进心室一次。他还发现：把一根动脉割破以后，每涌出一股血时，正好是心脏收缩一次。心脏不断收缩，把血液不断推出心脏以后，血液流到哪里去了呢？哈维用蛇做实验，因为蛇死了以后心脏还能跳动一段时间，他把蛇剖开以后，用镊子夹住大动脉，发现镊子以下的动脉，很快就瘪了；镊子与心脏之间的动脉和心脏本身，越来越膨胀，颜色变成深紫色，甚至发青，几乎就要胀破了；去掉镊子以后，心脏的大小、颜色以及动脉的跳动，很快恢复正常。接着，又用镊子夹住大静脉，切掉了心脏与镊子以下的静脉通路。这时候，他看到：镊子和心脏之间的静脉，几乎立刻就瘪了；同时，心脏变小，颜色变浅。当他去掉镊子以后，瘪下去的一段静脉，马上就有血液流过，心脏的大小和颜色，也恢复了正常。蛇是这样，别的动物也是这样吗？哈维改用了几种不同的动物，重复上面的实验，都得到同样的结果。

　　动物是这样，人呢？于是，哈维用人的胳膊做实验。他请来一位体形偏瘦的人，臂上的大静脉管非常明显。他用一条绷带，扎紧这个人的上臂。过了一会儿，摸摸绷带以下的动脉，无论在肘窝还是在手腕，都不跳动了，而绷带以上的动脉，却跳得很厉害；绷带以上的静脉很快就瘪下去了，而绷带以下的静脉，却鼓胀了起来。哈维对实验结果进行了周密分析后，毫不怀疑地认为：心脏里的血液被推出以后，必定是流到动脉里去了；

而静脉里的血，一定流回了心脏。动脉与静脉里的血液，总是朝着一个方向流动着。

又是什么原因使血流的方向不会改变的呢？这时，哈维想起法布里克斯教授关于"静脉瓣总是向心脏方向生长，并使血液只朝一个方向流动"的学说。他解剖了许多动物的静脉管，看到静脉瓣是半月形的，并且确实是向着心脏的方向生长。看起来，这种构造势必只允许静脉里的血液向心脏方向流动，不允许倒流。用探针从大静脉向中小静脉方向试探时，探针很快就碰到了静脉瓣，将探针向大静脉的方向探入却很容易。这证明他的想法是对的：静脉中的瓣膜，像心脏的四组瓣膜一样，也能防止倒流，保证了血液向心脏的方向流去。

动脉里的血液，能不能流到静脉里去呢？动脉、静脉之间，有没有联系呢？把几种动物的动脉割破以后，血一股接一股流出来，等血流完，动物就死了。于是，哈维得出结论：由于动脉里的血不能再流到静脉里去，所以静脉里也就没有血再流回心脏。当动脉里的血流完时，心脏空了，不再跳动了，动物自然也就死了。

3. 实验中的科学发现

1615 年，皇家医学院聘请哈维担任解剖学教授，他一边教学，一边把十多年医学实践中的体会和收获，科学地进行总结，从内容到文字，反复推敲。1616 年 4 月，哈维在皇家医学院主办的一次讲座中，第一次公布了他的血液循环学说。讲演的手稿用拉丁文写成，至今仍收藏在大英博物馆。讲演虽然没有在伦敦医学界引起预期的反响，但他坚信自己的研究，并用活体解剖、肉眼观察和实验中积累的大量证据进行论证。终于在 12 年之后的 1628 年，出版了《心血运动论》这部划时代的心理学巨著。该书篇幅不大,是只有 72 页外加两幅插图的小册子,但却是 17 世纪重大的科学事件之一,标志着生命科学的一场革命。

哈维的血液循环理论以 40 多种动物心脏和血液运动的资料为依据,说明:心脏肌内的收缩,是输送血液的动力;脉搏的产生,是由于血管充血而扩张;两心室间没有什么看不见的通道。右心室排出的血液,经肺动脉,肺脏和肺静脉,进入左心室,再由左心室进入主动脉,再送达肢体各部,然后由体静脉回到右心室,这就是一次循环的完成。流在动脉血管和静脉血管中的血液完全一样;左右心室的作用都是接纳和推动血液,只是左心室接纳的是带有新鲜空气的血液。哈维的实验还表明,心脏每 20 分钟排出的血液就等于身体内血液的总量;因而血液在流动中不可能完全耗尽,而是在不断的循环流动。静脉血都是向心脏流动的,静脉瓣的作用就在于防止血液倒流。最后,哈维否定了血液循环的起点在肝脏的错误论点。

哈维通过定量计算和逻辑分析,证明人体及一些动物体内的血量是有限的,血液只能以循环的方式在体内流动。他证明动脉是将血液从心脏输出的血管,静脉是将血液输回心脏的血管,这两条血管系统并不是截然分开的,剖开静脉,不仅静脉中的血液,而且动脉中的血液都会流空,反之亦然。他说明了左右心房和左右心室之间的联系途径,以及它们各自不同的作用。还用比较解剖的方法,说明了高等动物以及人与低等动物的心血系统的差别,说明了胎儿与成年人心血系统的差别。当然,最重要的还是,哈维从各种角度,利用大量证据证明血液在体内以循环方式流动。在说明心脏泵出的血量和证明血液循环时,哈维创造性地使用定量方法,这是他的反对者和支持者都一致肯定的论证方法。

哈维经过多年的实验和思考,绘出了一幅血液循环图:(1)左心室收缩,把血液压入主动脉,经过中、小动脉,再经过无数的小通道,进入小静脉,然后进入中静脉，再进入上腔静脉和下腔静脉，最后流入右心房，再流到右心室。（2）右心房收缩时，三尖瓣开启，血液流到了右心室；紧接着，右心室收缩，三尖瓣关闭，肺动脉瓣开启，把暗红色的血液压入唯一的通道主肺动脉。主肺动脉的分支——两条肺动脉，把血液分别送到左右两肺。（3）从肺里出来的肺静脉血是鲜红的，证明它从肺里吸收了氧气，然后流进了左心房；左心房收缩，二尖瓣开启，血液流到左心室；紧接着，左心室收缩，二尖瓣关闭，主动脉瓣开启，血液被压入唯一的通道主动脉。（4）左右两侧心房、心室的收缩和舒张，在时间上是协调一致的。当动物呼吸停止，血液不能通过肺脏流入肺静脉，左心房也就得不到新鲜的血液，心脏很快就停止了跳动。但是，很多冷血动物的呼吸虽然停止了，心脏跳动往往还能维持一段时间，直到血液全部输出，成了空腔为止。这样，哈维不仅证明了塞尔维特的肺循环结论是正确的，而且绘出了一幅完整的血液循环图；肯定了心脏是血液运动的中心；明确了心脏搏动是血液循环的推动力。这一重大发现，从根本上推翻了盖伦的错误理论。

哈维曾断言：动脉血管和静脉血管之间，有某种肉眼看不到的、起连接作用的血管，即作为"中介"的毛细血管。遗憾的是，由于条件所限，哈维用以观察的仪器只是一个手持放大镜，而非显微镜，因而没能找到可以证明连接最小的动脉与最小的静脉的毛细血管存在的证据，这也是哈维血液循环理论的证据中唯一缺少的证据。不过，在他逝世三年后，这些毛细血管就由意大利医学家马尔切洛·马尔比基（1628—1694）用显微镜发现了。接着，荷兰医学家列文虎克（1632—1723）又证实和扩展了这一发现。

著名科学史家科恩在《科学中的革命》一书中高度评价哈维的血液循环理论，明确指出："血液的单循环系统事实上是由哈维首创的。他的工作标志着从想象中的通路到可以证明的循环以及从不可证明的盖伦的猜想到以经验事实为依据的定量的生物学的彻底转变。威廉·哈维的贡献，是使生命科学以成熟的科学革命的参与者的身份步入了现代领域。"当然，哈维的血液循环理论在医疗实践中拯救病人生命的意义，也是不可估量的。

三、造福人类的伟大贡献

哈维以大量解剖学实验资料为依据的血液循环理论，终结了盖伦学说对生理学领域长达 1500 年左右的支配地位，宣告了生命科学新纪元的到来。同时，他也为实验方法、定量方法成为医学研究的基本方法做出了重要贡献。

1. 科学与谬误的论战

常言说："真金不怕火来炼。"真理从来就是不怕怀疑、不怕批判的，也只有能经受怀疑和批判的学说才称得上真理。怀疑和批判不仅无损于真理的光辉，反而会愈辩愈明，使真理益发具有生命力。

如果说 1616 年在讲演中第一次公开血液循环学说并未引起较大反响的话，那么，1628 年《心血运动论》出版后，则立即在伦敦甚至欧洲医学界激起了轩然大波。由于哈维的血液循环理论论证了盖伦学说的谬误，对这一教会支持的金科玉律给予了毁灭性的打击。因此，《心血运动论》出版后，马上就遭到了保守学者和神学家的围攻。

最起劲的反对者来自法国，巴黎大学医学院院长约安·留兰（1580—1657）首先在巴黎发难，攻击哈维的血液循环理论证据既不清楚、又不充分。接着，威尼斯"名流"巴里撒纳斯竟然很无赖地说肺静脉里流的不是血，而是空气。爱丁堡大学教授普利姆罗兹竟然说："以前的医生不知道血液循环，也照样看病。"他们攻击哈维的学说是"荒谬的""无用的""有害的"，诬蔑哈维是"疯子""独出心裁的危险理论的提出者"等等。一时间，哈维的处境非常困难，许多人都不敢来找他看病。他的一些朋友，也对他的学说表示怀疑，有的甚至表示反对。

但是，哈维毫不气馁，他用无可辩驳的事实，一一给以无情的揭露和驳斥。最绝妙的回击，是让反对者观看实验或亲自做实验。一次，包括神学家、医生、哲学家、生物学家、生理学家和读者的反对者和附和者来到实验室，哈维当场进行实验，他开门见山地对客人说："有哪位来宾愿做静脉管结扎实验？"一位青年表示愿意，哈维让助手拿一条绷带扎紧他的左上臂，然后，让他左手握紧一节小木棒。一会儿，绷带以下的静脉，因为血液向心脏回流受阻，鼓胀了起来；而绷带以上的静脉，却因没有血液再进入，就瘪了下去。哈维说："这证明：静脉是运送血液回心脏的。"接着，又用狗做动脉管结扎实验。他切开狗身上的肌肉，露出一条跳动的动脉管来，用绷带扎紧一处。一会儿，靠近心脏一方的动脉，马上鼓胀了起来，而且心脏每跳动一次，就出现一次脉搏；离心脏远的动脉，因为血液流走，就瘪了下去，摸不到脉搏。哈维说："这证明动脉里的血液是从心脏里流过来的。"最后，又用兔子做实验，他将兔子的动脉切断，只见血一股股向外涌出。人们看到：血越流越慢，越流越少，最后，血流尽了，兔子也死了。哈维说；"道理很简单，从动脉向体外流失的血液，不能再流到静脉里，也就不能流回心脏，再流到动脉里。这证明：血液不断地朝着一个方向流动，在动脉和静脉之间，形成了一个环流。血液在动物体内和人体内，都是循环运动的。"实验做完后，在场的人中，没有一个对实验结果提出否定意见。原来持怀疑态度的人，大部分都转而支持哈维的学说。同时，由于名满欧洲的法国哲学家、数学家笛卡儿（1596—1650）的有力支持和巨大影响力，法国学者也改变了态度。1649年，哈维出版《论血液循环的实验证据》一书，回应约安·留兰，关于血液循环的争论由此结束。

2. 生命来自于卵的生殖理论

哈维除了论证心脏、动脉、静脉构成一个循环"系统"的血液循环理论之外，还成功地阐述了"自古以来第一个全新的生殖理论"。1651年，他的另一部重要著作《论动物的生殖》出版。该书根据许多动物群体的例子来说明发育过程的系统有统一性，书中记录了当时和早些时候有关卵生动物和胎生动物的生殖以及胚胎学思想的重大发展。这后一部著作采纳了渐成说的观点，它是以揭示全部可见的发育阶段的详尽分析为依据的。正是这部著作使得"'一切生命来自卵'这个名言""被普遍承认"。这部著作的名气和影响虽然不及《心血运动论》，但也标志着现代胚胎学研究的真正开始。皇家医学院为表彰他的杰出贡献，特地为他修建了一座铜像。

人类对胚胎学的研究可以追溯到亚里士多德，这位古代世界最伟大的思想家和最博学的科学家，认为胚胎发育或是预先形成，或是从无结构状态分化而成，但他更倾向于卵是未分化的物质，受精后才开始形成器官，这是关于胚胎发育的先成论与后成论的最早起源。

哈维对鸡胚、鹿胚发育做了大量研究，并接受亚里士多德的后成论思想。《论动物的生殖》一书，包括了他对家禽（卵生动物的代表）和鹿（胎生动物的代表）等动物在生殖方面的观察。较前人更正确地描述了鸡胚的发育，并在交配和怀胎的不同时期，解剖了大量雌鹿的子宫，取得了前所未有的大量新资料。他猜测血液和心脏是胚胎最初形成的部分，认为卵是动物的原基。这里所指的卵，只是某种具有潜在生命的有形物质。晚年的哈维住在伦敦，年近七旬仍然坚持科学研究，仔细观察母鸡孵的蛋是怎样变成雏鸡。每天，他都要打开一个蛋壳，记下 24 小时内发生的变化。通过对鸡蛋和其他动物胚胎的反复实验和观察，发现：在胚胎里，新的生物，不是像"预成论"所断言的那样——"一切部分同时形成"；而是一天一个样，逐渐变成一个具有各种器官的生物。于是，他提出了"渐成论"。哈维的结论，同后来达尔文提出的"生物进化论"的观点是一致的。

据《世界著名生物学家传记》介绍，"'后成'和'预成'的概念是由哈维提出来的。由于他做了这样的解释，以至于以后两个派别的追随者都以哈维为依据。他把预成的发育过程说成是比较低的有机体，相反，他把后成的发育过程说成是比较高级的有机体。"哈维对胚胎学的贡献或者影响，由此可见。

3. 开创性的科学方法

美国学者科恩认为哈维对生理学和医学的生理学基础的根本性改革包括三个方面。第一个和意义最大的一个，是坚定地把实验和细致的直接观察确定为发展生理学和确立医学知识的方法。第二个是引入定量推理，并把它作为有关生命过程的结论的基础。第三是血液循环的发现，它完全"使生理学思想革命化了"。其实，也可以将第一和第二归纳为科学的研究方法。

哈维与盖伦血液循环学说的根本区别之一，正如《科学中的革命》所言，"他的工作标志着从想象中的通路到可以证明的循环、以及从不可证明的盖伦的猜想到以经验事实为依据的定量的生物学的彻底转变"。哈维通过实验、观察和定量推理的科学研究方法，既论证了他的心脏、动脉、静脉构成一个循环"系统"的血液循环理论，也证明了盖伦学说的谬误。哈维的学说能很快被人们广泛接受，就在于他的研究方法无可挑剔，以事实为依据的研究成果，谁都可以通过实验来验证。

16—17世纪的科学巨人们之所以能开创科学发展的新时代，很大程度上应归功于他们推崇实验的研究方法，坚信"实验才是通向科学的唯一道路"的科学方法论。维萨里认为真正的解剖学是基于解剖的解剖学，是整个医学唯一坚实可靠的基础，其划时代的巨著《人体构造论》就是基于对人体的直接解剖和观察的杰作。伽利略运用"现象观察，逻辑判断，数学演绎，实验验证"的科学方法，将观察、实验方法与数学方法相结合，坚持以实验为基础，在实验中发现物质世界的运动规律。哈维"坚定地把实验和细致的直接观察确定为发展生理学和确立医学知识的方法"，为了研究人体和动物体的生理功能，他解剖的各种动物超过80种。此外，他在研究方法上还"引入定量推理"。

在论证血液循环系统的过程中，哈维反复运用定量方法。如前所述，他通过实验说明，心脏每20分钟排出的血液就等于身体内血液的总量；因而血液在流动中不可能完全耗尽，而是在不断的循环流动。由于心脏的活动，血液被不断地从腔静脉输送到动脉，其量之大是不可能由被吸收的营养物来提供的，而且全部血液是以很快的速度通过心脏的。哈维通过动物实验测算了每次心脏收缩射入大动脉的血量，只要半小时心脏射入大动脉的血量就相当于或超过全身的血量。这样大的血量绝不可能是同一时间内消化管所吸收的营养物变成的，也不可能是同一时间内静脉所贮存的。

为了测定血液在人体中的流动量，哈维曾做过多次细心的测量和计算。解剖发现人的左右心室，大约各容纳2英两（约合57克）血液，假定心脏每分钟跳动72次，那么，在一小时内，从左心室送进主动脉，或者从右心室送进肺动脉的血液量为：$72 \times 60 \times 2=8640$ 英两，大约合 245 公斤，这个数字是一个成年人体重的三四倍。这么多的血液是从哪里来的呢？它又流到哪里去了呢？通过放血实验，哈维得知一头猪或者一头牛，全身的总血液量也不过 10 公斤左右。显然，人体在 1 小时内，不可能制造 200 多公斤血液，也不可能吸收那么多血液，更不可能有那么多血液停留。哈维通过这一著名的"判断性"的数学计算，论证血液循环这一概念，即人的血液，应该是由动脉通过某种通道，流到静脉，再流回心脏。

哈维的反对者和支持者"都强调定量论证，从而'证实了哈维的计算确实具有重大的历史意义'。拥护者们支持新理论的理由只有一个：'有定量的论证'"。总之，无论是创立新的血液循环理论，还是推翻盖伦的学说，定量论证的科学方法都发挥了不可替代的作用。

近代"生理学之父"的赞誉，威廉·哈维，实至名归！

生平大事记

1. 1578 年 4 月 1 日，出生于英国肯特郡福克斯通镇。

2. 1588—1593 年，就读坎特伯雷中学。

3. 1593 年，考入剑桥大学的冈维尔—凯厄斯学院，1597 年获学士学位。

4. 1598 年，在意大利帕多瓦大学攻读医学。

5. 1602 年，获帕多瓦大学博士学位，同年获剑桥大学博士学位。

6. 1603 年，开始在伦敦行医。

7. 1616 年，在演讲中第一次公布血液循环学说。

8. 1618 年，被任命为王室御医。

9. 1628 年，出版巨著《心血运动论》。

10. 1645 年，出任麦尔顿学院院长。

11. 1649 年，出版《论血液循环的实验证据》

12. 1651 年，出版《论动物的生殖》；同年，建造了一座图书馆和一座会议厅，赠给了皇家医学院。

13. 1657 年 6 月 3 日，在伦敦去世，享年 79 岁。

主要参考文献

1. ［美］亨利·E. 西格里斯特 . 最伟大的医生 . 北京：北京大学出版社，2014.

2. ［美］艾伦·G. 狄博斯 . 文艺复兴时期的人与自然 . 上海：复旦大学出版社，2000.

3. ［美］艾伦·G. 狄博斯 . 科学革命新史观讲演录 . 北京：北京大学出版社，2011.

4. ［英］亚·沃尔夫 . 十六、十七世纪科学、技术和哲学史 . 北京：商务印书馆，1984.

5. ［美］马修斯，等 . 人文通识课 III：从文艺复兴到启蒙运动 . 北京：世界图书出版公司，2014.

6. ［民主德国］W. 普勒塞，D. 鲁克斯 . 世界著名生物学家传记 . 北京：科学出版社，1985.

7. ［美］科恩 . 科学中的革命 . 北京：商务印书馆，1998.

8. ［英］海斯汀·拉斯达尔 . 中世纪的欧洲大学 . 重庆：重庆大学出版社，2011.

9. 刘景华，张功耀 . 欧洲文艺复兴史：科学技术卷 . 北京：人民出版社，2008.

10. 大英百科全书 2011 年电子版 .

11. 张子文 . 科学技术史概论 . 杭州：浙江大学出版社，2010.

12. 哈维 . 动物的心血运动及解剖研究（1628）中文译名《心血运动论》. 北京：商务印书馆，1959.

13. 叶永烈 . 科普系列：科学家故事 100 个 . 长沙：湖南人民出版社，2012.

14. 吴国盛 . 科学的历程 . 长沙：湖南科学技术出版社，1995.

15. 卢晓江 . 自然科学史十二讲 . 北京：中国轻工业出版社，2014.

代数学之父
——弗朗索瓦·韦达

科学名言：没有不能解决的问题。

文艺复兴时代是思想解放的时代，也是科学发展百花竞放、硕果累累、群星灿烂、人才辈出的时代。在众多科学巨人的推动下，欧洲的天文学、物理学、生理学、数学等等学科开始走在世界的前列，并且长期占据世界科学发展中心的崇高位置。在欧洲，数学复苏和逐步发展最早的国家是意大利。美国学者乔治·萨顿的《文艺复兴时期的科学观》论述说："一批才华横溢的意大利数学家将代数学引向了真正的复兴之路，这里只能略提几位：博洛尼亚的费罗（约 1465—1526）、威尼斯的塔塔利亚（1506—1557）、帕维亚的卡尔达诺（1501—1576 后）、卡尔达诺的学生——博洛尼亚的费拉里（1522—1560）。此外，有三位卓越的数学家将代数学推上了顶峰，他们来自不同的国家，分别是：意大利博洛尼亚的法拉耶尔·邦贝利、佛兰德布鲁日的斯蒂文、法国费特纳的韦达。"16世末，法国数学家开始成为世界数学发展的领跑者。"代数学之父"韦达使代数成为研究对象更为广泛的独立的数学分支，解析几何的创始人笛卡儿和费马使数学从常量数学进入变量数学的新时代。

一、科学巨人的传奇经历

数学是其他一切自然科学的基础，据说古希腊哲学家柏拉图甚至将"不懂几何者不得入内"的牌子挂在他的学校门口。文艺复兴时代最先活跃在数学领域的是意大利人和德国人，从 16 世纪末开始，法国涌现出了一批引领数学发展的巨人，如代数学的创始人韦达、解析几何的创始人笛卡儿（1596—1650）和费马（1601—1665）等。耐人寻味的是，"给数学思维插上了翅膀"的韦达，接受的专业训练是法学，从事的职业是律师，40多岁时辞去王室枢密顾问等职务后，才全身心地投入数学研究。笛卡儿的专业背景是法律，曾从军10余年，也非专业的数学研究者；费马学习法律并以律师为职业，数学只是他的业余爱好。当然，韦达、笛卡儿和费马对数学的贡献都是一流的，代表了那个时代的最高成就。

1. 酷爱数学的律师

F.韦达（1540—1603）的姓名叫弗兰西斯·韦埃特，因其著作都用拉丁文发表，故常用他的拉丁文名字 Vieta，译作韦达。1540年，韦达出生在法国东部的普瓦图地区，今旺代省的丰特奈－勒孔特，1603年12月13日卒于巴黎。

韦达出生于富裕而有地位的贵族家庭，父亲是当地法院的法官，母亲也出身于上流社会。韦达幼年时期接受了良好的家庭教育，在家乡接受初等教育，父亲希望儿子继承父业，以法律为职业。于是，韦达在法国最有名的法律名校——普瓦蒂埃大学攻读法律，1560年获得法学学士学位。大学毕业后，长期从事法律工作，出任过地方法院律师，法国行政法院检察官，皇室律师，法国最高法院律师等。后来，因故放弃律师身份，做了一段时间的秘书和家庭教师。

从专业训练和职业的角度说，韦达不是专职数学家，从事数学研究纯属个人爱好。不过，他对这一业余爱好达到了痴迷的地步，为了解决一个疑难问题，可以一连几天都不睡觉。尤其酷爱古希腊数学家的经典著作，坚信古希腊数学中肯定有过一般性的代数形式的计算，力图复兴古希腊数学家丢番图的代数学。

韦达从小酷爱数学，曾仔细研究著名数学家丢番图和卡尔达诺、塔塔利亚、蓬贝利、斯蒂文等人的著作，他以一个业余数学家的身份钻研到数学的前沿领域，又不断登高环视，发现了包括代数学、三角学、几何学在内的普遍的数学哲理。

算术是同"数"打交道的学问，丢番图（246—330，代数学的创始人之一）则是最早用字母表示未知量的数学家，也是对韦达影响最大的数学家。丢番图是古希腊亚历山大港的数学家，其代表作《算术》采用了书写代数表达式的缩写方法，有人称之为"缩写代数"。由于丢番图的这种做法还不够完整，加之其《算术》有不少已经遗失等因素，因而未能在数学领域形成用字母（符号）表示数字的惯例。16世纪60年代末，丢番图的《算术》原稿抄本在罗马教廷图书馆发现，意大利著名数学家拉法耶尔·蓬贝利（1526—1572）看后认为其具有重要价值，翻译为拉丁文出版，虽然没能全部出版，但总算给丢番图《算术》中的代数思想观念以重见天日的机会，也给韦达接触丢番图的代数思想创造了条件，推动了代数学的向前发展。

此外，韦达研究了卡尔达诺（1501—1576）、塔塔利亚（约1499—1557）、费拉里（1522—1565）、斯蒂文（1548—1620）等人的思想观念。韦达的符号代数思想主要得益于丢番图和蓬贝利两位数学家，而方程和韦达定理则是站在塔塔利亚、卡尔达诺等数学巨人的肩上形成的。

2. 初露锋芒

不少数学史著作（如朱家生著《数学史》、傅海伦著《中外数学史概论》）都说到这样一件事，1593年，比利时数学家罗芒乌斯（1561—

1615）曾向全世界的数学家提出挑战，解决一道著名的 45 次方程难题：$45x-3795x^3+95634x^5-\cdots\cdots+945x^{41}-45x^{43}+x^{45}=c$。比利时大使甚至向法国国王亨利四世夸口说，法国没有一个数学家能解决这个问题。于是，法国国王亨利四世很快便召见了韦达，希望他可以解答这个难题为国家争得荣誉。韦达看了这个方程后，立即开始钻研，凭借敏锐的数学直觉，认出了此方程与单位圆中心角为 $2\pi/45$ 的弧所对的弦的密切关系，并很快得出了方程的两个解，后来又一鼓作气将方程的所有 21 个根全部求了出来，他把负根漏掉了（实际上是不愿接受负数，是在有意回避）。在解答方程的过程中，韦达还讨论了正弦、余弦等的一般公式，具体给出了将 $\cos(nx)$ 表示成 $\cos x$ 的答案。答案公布后，一举震惊了欧洲数学界。同时，韦达也回敬了罗芒乌斯一个问题：看谁能解古希腊数学家阿波罗尼奥斯提出的问题——"作一圆与三个给定的圆相切"的问题。韦达顺利地利用欧几里得几何做工具求出了解，而罗芒乌斯却百思不得其解，苦思冥想数日方才解出。后来，罗芒乌斯得知了韦达的天才解法，十分佩服，专门长途跋涉到丰特内去拜访韦达。从此，两人建立了深厚的友谊，可谓不"打"不相识。

3. 韦达的"魔法"

16 世纪初，德国爆发了一场声势浩大的宗教改革运动，并且以燎原之势席卷欧洲大陆。在德国和瑞士宗教改革运动的影响下，1562—1594 年，法国爆发了长达 30 余年的胡格诺教徒（16—17 世纪法国新教徒形成的宗教派别）与天主教徒之间的战争，即"胡格诺战争"。1589 年 8 月，国王亨利三世被多米尼克修士刺死，信奉新教的亨利·波旁继承王位，称亨利四世（1589—1610），从此开始了波旁王朝的统治（1589—1792）。

同年，西班牙出兵干涉法国的胡格诺战争，援助法国的天主教徒。战争中，一位西班牙将军传递给腓力二世的信件被法军截获，西班牙仗着复杂的军事密码，认为信件即使被法方截获，一时也无法理解其中的内容，在战争中节节胜利。为此，法国国王亨利四世烦忧不已，听说韦达的数学天才后，便让韦达破译西班牙密码。通过精心思考和研究之后，韦达终于破译了西班牙数百字的密码。有了军情密码后，法国对西班牙每一步的军事行动了如指掌，逐渐掌握了战争的主动权，很快就打败了西班牙。

西班牙国王腓力二世对法国人在战争中"未卜先知"十分恼怒，而又无法理解，于是便向教皇控诉法国在这次战争中使用了魔法，称这是与"基督教信仰的惯例相违背的"。此时的欧洲，守旧的天主教势力相当强大，人们大多还沉浸在宗教的蒙昧中，因而相信韦达在这次战争中使用了"魔法"。于是，教廷做出了一个非常荒诞的决定，西班牙宗教裁判所在韦达缺席的情况下，竟以背叛上帝的罪名对韦达处以焚烧至死的极刑，教会的无知与愚昧由此可见。

承担破译密码的任务，既使韦达成为最早将数学分析方法应用于密码学的人物之一，也激发了韦达的代数学灵感。正是在西班牙密码的启发下，韦达想到所谓军事密码就是设定一些只有内部人知道意义的特定符号，用这种别人不懂的符号可以安全、快捷地传递消息，假如在数学研究中数学家也有一套约定俗成的表示特定意义的代数符号，这样数学中的计算、书写都会方便很多。于是，韦达对此进行深入研究和大胆实践，最后总结出了一套简便的代数系统，他不仅用字母表示数，还用字母表示方程中的系数，这在当时是一种很具有开拓性的变革。

4. 关门？开窗？

西方有句广为流传的话说："上帝关上了一道门，却为你打开了一扇窗。"对韦达来说，政治是他的门，而数学则是解救他的窗。在天主教和新教纷争愈演愈烈之际，出身于天主教家庭的韦达却信奉新教。那时，天主教的实力特别强大，连已经跻身政治上层的韦达也免不了要受这场灾难的波及。韦达在布列塔尼地区议会工作的时候，他是法律顾问，工作地点在雷恩，后来被调到了巴黎担任王室枢密顾问兼议会法院的高级官员。这时的韦达，就官职身份而言可谓很显赫了，可是当时的他还是无法在宫廷待下去，没过多久就被国王亨利三世逐出了宫廷。

对于做官的人来讲，这是一次巨大的失败，他通向政治的门被关上了。也许有人会从此一蹶不振，然而，韦达却可以说是因祸得福，他本来就是一位有着广泛兴趣的数学家，经历这样的变故之后，正好可以全力以赴地研究数学，不必像过去只能在业余时间从事研究。在1584年末到1589年初的四年间，韦达的数学研究获得了大丰收，奠定了他在数学史上不可动摇的地位。他第一次把代数符号化，成为名副其实的近代"代数学之父"。这四年间，他写了不少著作，后来都陆续自费出版了，其中最重要的是1591年出版的《分析方法入门》（也称为《分析算术引论》，或译为《分析方法引论》）。

二、推动数学进步的巨人

14世纪至17世纪的欧洲，是需要巨人而且产生巨人的时代，这些巨人们推动着思想的解放和科学的进步。韦达正是这些巨人中的一位，他以"符号代数"突破数学发展的瓶颈，为数学的发展开辟了广阔的空间。

1. 突破瓶颈的符号代数

所谓"符号代数"，顾名思义，也就是用"符号"代替"数"。代数的核心内容是符号化、方程化以及运算的简单化、程序化，而韦达正是代数学最伟大的变革者、倡导者和推广者。

今天，用字母表示数是平平常常的事情，打开初中的数学课本，随处可见用字母表示数的内容。然而，这在数学发展史上却是一件具有划时代意义的事情，它给数学思维插上了翅膀，使数学摆脱了数字的束缚，将算术中的很多复杂计算变成了简单的机械性操作。

16世纪，数学发展的瓶颈，就在于建立一套行之有效的符号体系。代数符号发展的历史，大致可分为三个阶段：第一阶段是公元前3世纪以前，对问题的解不用缩写和符号，而是写成一篇论文，用文字的方式来叙述代数；第二阶段是公元3世纪至15世纪，对某些较常出现的常量和运算采用了缩写的方法，称为"简化代数"，3世纪的数学家丢番图为此做出了杰出贡献，在他的著作《算术》中，他采用了书写代数表达式的缩写方法，开创了简化代数的研究道路。第三阶段是16世纪，对问题的解多半表现为由符号组成的数学速写，这些符号与其所表现的内容没有什么明显的联系。16世纪末，韦达的名著《分析方法入门》问世，书中对符号代数做了许多叙述，开创了符号代数的新时代，后经笛卡儿改进后成为现代的形式。

820年，阿拉伯数学家阿尔·花剌子模的《代数学》提出一元二次方程公式解。此后，数学家都在探索求解三次方程的公式解，直至16世纪后半期，数学研究的中心内容依旧是解决各种代数方程。然而，随着研究的不断深入，数学方程的难度不断增大，不仅方程种类是数学家们的巨大难题，而且每种方程都需要特殊的解决方法，解决这些烦琐的方程耗去了数学家们大量的时间和精力，这无疑阻碍了数学继续前进的脚步。

韦达是第一个有自觉意识并系统地使用字母表示数的科学家，他致力于寻找一种具有解决各种方程的普遍的办法。1591年，他的代表作《分析方法入门》公开出版，这本被公认为最早使用符号的代数著作，第一次系统地、有意识地使用了字母。在卓越数学家丢番图和蓬贝利研究成果的基础上，韦达不仅用字母来表示已知量和未知数的乘幂，而且还用来表示一般的系数。他用辅音字母来表示已知量，用元音字母来表示未知量，还用拉丁字母来表示各次方幂。此外，用"+""−"分别表示"加法"和"减法"，但还没有一个确定的符号来表示相乘，也没有确定的符号来表示相等，通常这些都是用文字加以说明。

韦达把运算符号的代数叫作"类的代数"（logistica speciosa），以区别于别的书的算术（logistica numerosa）。《分析方法入门》明确给出了"类的运算"和"数的运算"的区别，这就是代数与算术的分界线，类的算术是对事物类进行运算，算术则是对数进行运算。于是，代数成为更加具有普遍性的学问，即形式更抽象，应用更广泛的数学学科。

2. 方程论和韦达定理

韦达从小便在方程问题上表现出了浓厚的兴趣，当他还是一个小学三年级学生的时候，老师在检查学生暑假期间的情况时，在黑板上写下了1，2，3这三个数。老师要大家计算：如果把它们每一个数，以及它们所有可能的两数相乘的积，还有这全部三个数的乘积都加起来，那么所得的总和是多少？当时，学生们的普遍做法都是 $1+2+3+1\times2+1\times3+2\times3+1\times2\times3$，而且几乎都求出它的总和等于 23。对 1，2，3，4 这四个数进行计算，三年级学生齐刷刷地伏在课桌上，又在石板上列出了下面的算式：$1+2+3+4+1\times2+1\times3+1\times4+2\times3+2\times4+3\times4+1\times2\times3+1\times2\times4+1\times3\times4+2\times3\times4+1\times2\times3\times4=$？也许有的学生会得出正确答案，可是错误也在所难免。这时，只有韦达的做法与众不同，他只计算原有算式中没有出现过的加项，这些新加项都含有 4，所以它们就是：$4+1\times4+2\times4+3\times4+1\times2\times4+1\times3\times4+2\times3\times4+1\times2\times3\times4$，这时的和等于 96，所以韦达就把 23 以及 96 再加起来就可以得到 119 这个答案。可是老师对此不是很满意，因为那时候的学生都是在石板上写字，书写材料不允许学生们长篇幅地加减，而且只要增加一个数字，运算的难度也随之大大增加。后来，韦达经过思考终于得出了结论：对于任何自然数来说，$S_n=2\times3\times4\times\cdots\times(n+1)-1$，经过整理得到 $Sn=(n+1)!-1$（因全写太长，故用"!"表示从 2 到所有自然数的乘积）。

小时候的韦达天资聪颖、勤奋好学，长大后在数学领域孜孜不倦地追求着。在解答了罗芒乌斯的 45 次方程后，韦达在方程问题上的研究更加深入。他的符号代数思想，旨在解决困扰数学家们的复杂的方程，那么，符号代数也自然而然地成为帮助他解决方程问题的助推器。由于采用了先进的符号代数系统，很快在方程论问题方面取得了杰出的成就。在《分析方法入门》中，韦达首次确立了"分析法""综合法"，建立求解方程式和比例式的法则。

1615 年，韦达的方程论专著《论方程的整理与修正》问世，韦达在书中改进了意大利数学家卡丹诺及费拉里的方程解法，即利用变换形式的办法消去方程的高次项，将二次、三次、四次方程都用一般的表达式表示出来，然后用一般表达式进行解答，这就是所谓的公式解。例如三

次方程 $x^3+bx^2+cx+d=0$，这个方程中次高次项是 bx^2，韦达设 $x=\dfrac{y-b}{3}$，代入后化简可得到三次方程：$y^3+py+q=0$。为了解一般方程，显然只要解 $x^3+ax=b$ 即可，韦达的做法是令 $a=3$（y^2+xy）即将 $x=\dfrac{a-3y^2}{3y}$ 代入原方程可解得 $y^3=-\dfrac{b}{2}\pm\sqrt{R}$，其中 $R=$（$\dfrac{b}{2}$）$^2+$（$\dfrac{a}{3}$）^{3}，利用此式最终可以求出 x 的值，四次方程的解法也是一样的办法，但是韦达都舍弃了负根。

在《论方程的整理与修正》一书中，韦达提出了揭示四个根与系数关系的著名定律，即"韦达定律"，这是中学数学中不可缺少的一个重要元素，也是数学家们热衷的研究内容。其实，我国公元 3 世纪时的大数学家和天文学家赵君卿，对一元二次方程根与系数的这种关系，早已有所发现和应用。在欧洲，韦达也不是最早发现的人。卡尔丹其所著的一本名叫《重要的艺术》的数学书中，首次指出方程根的概念，后来，拍里台又提出了方程之根，为其末项因素之积。韦达还在前人的基础上，发现了根与系数的关系。我们中学所学的一元二次方程根与系数关系，即韦达定理只是其中的一种特殊形式。韦达定理不仅沟通了已知与未知之间的联系，而且是一座有用且实用的桥梁，充分显示了人类的智慧。

3. 三角学和几何学

韦达对三角学方面也很有研究，他对于解平面三角形和球面三角形问题（即已知三个元素确定其他元素的问题）做了精辟的论述，并且提供了完整的解法，还得到了 $\sin$（nx）与 $\cos$（nx）按 $\sin x$ 与 $\cos x$ 及其各次幂展开的重要公式，拓宽了三角学的应用范围，他的倍角公式完全可以揭示出三角函数的周期性。

韦达是最早把代数变换引入三角学中的数学家。早在 1593 年，在解答比利时数学家罗芒乌斯 45 次方程：$45x-3795x^3+95634x^5-\cdots+945x^{41}-$

$45x^{43}+x^{45}=c$ 时，韦达便从中发现，这个问题相当于给定一弧所对的弦长，求该弧 1/45 弧所对的弦长，设 $A=2\sin\theta$，$x=2\sin\frac{1}{45}\theta$，方程左端恰是右端是 $\sin\theta$ 按 $\sin\frac{1}{45}$ 展开后所得结果，即 $x=2\sin\frac{1}{45}\theta$ 是方程的根，从而顺利解决了罗芒乌斯的问题，共给出了 23 个正根。

韦达的《应用于三角学的数学定律》是欧洲第一本系统的平面三角和球面三角的著作，这部著作不仅对前人的平面三角和球面三角进行了系统的整理，还提出了自己的研究成果。比如，正弦差公式：$\sin A-\sin B=\cos\frac{A+B}{2}\cdot\sin\frac{A-B}{2}$ 和钝角球面三角形的余弦定理：$\cos A=-\cos B\cdot\cos C+\sin B\cdot\sin C\cdot\cos A$。

另外，在其 1589 年的著作《数学公式和三角法及附录》中，提出了正弦值 $\sin\theta$ 与多倍角正弦函数 $\sin n\theta$ 的关系式：$\sin(n\theta)=n\sin\theta-n\frac{(n^2-1^2)}{3!}\cdot\sin^3\theta+\frac{n(n^2-1^2)(n^2-3^3)}{5!}\cdot\sin^5\theta\cdots$，在这本书中，韦达提出了和差化积公式、正切定理及一系列三角恒等式，书中还包含有正弦、余弦、正切、余切、正割、余割的三角函数表。首次把代数变换应用到三角学中。他考虑含有倍角的方程，具体给出了将 $\cos(nx)$ 表示成 $\cos x$ 的函数，并给出当 $n\leqslant 11$ 等于任意正整数的倍角表达式了。此外，韦达还算出了精确到小数 10 位的圆周率值，他对于三等分角问题与解三次方程的关系也曾做过清楚的论述。

三、影响深远的数学家

韦达以"符号代数"推动代数学走向成熟，为笛卡儿和费马创立解析几何奠定了基础，而解析几何又构成英国人牛顿（1642—1727）和德国人莱布尼茨（1646—1716）创立微积分的必要条件，韦达的贡献和影响由此可见。

1. "西方代数学之父"

丢番图在他的著作中，将未知量称为"题中的数"，并用记号 δ 表示，相当于现在的 x。未知量的平方记为 $\triangle^r$，未知量的立方表示为 K^r，未知量的四次方采用带有指数 r 的两个 $\triangle$ 来表示，即为 $\triangle^r\triangle$，它成为"平方平方"；五次方用 $\triangle K^r$ 表示，称为"平方的立方"，六次方用 K^rK 表示，称为"立方的立方"；六次方以上的幂不再创设符号。也就是说，丢番图总是使用一个未知数，遇到多个未知数时仍用这个未知数来表示，这就造成了计算过程的复杂、晦涩和过分地追求高度的技巧，并使解题方法失去了一般性，因此，丢番图的方法存在的局限性是显而易见的。

丢番图以后至 16 世纪，尽管许多数学家也在引入符号代数方面做了不少贡献，但他们的符号基本上仍用标准文字缩写，阿拉伯数学家甚至在符号问题上是倒退的。在符号体系上发生最大变革的是韦达，韦达继承和弘扬丢番图的代数的思想观念，引入了既简单又有效的约定，用元音字母表示代数中被假设是未知或未定的量，用辅音字母表示被假设是已知或给定的量或数。

韦达关于符号代数体系的设想和实践，对于代数学的发展无疑是一个重要的里程碑，推动了数学的发展，使得代数学发生了根本的变化。因为韦达的代数以其更一般的概念，强调更一般的解题方法，提出和改进了代数符号，超越了丢番图、帕普斯和其他几何代数方面的所有前辈的结果。这种方法使得方程和代数恒等式有了简洁、清楚的表达方式，代数式本身也变成了可以运算的对象，使代数学一下子成为一般类型的形式和方程的学问，使得代数成为研究对象更具有广泛意义的独立数学分支，真正地符号代数应运而生，以解方程为主体的初等代数就此宣告建立。

2. 数学史上的桥梁

韦达不仅在符号代数研究史中成就斐然，而且在整个数学研究中起到了承前启后的关键作用。既继承和发扬了前人的代数思想，又为后来的数学研究者开辟了新的道路，可谓是数学研究史上的一座连接古今的桥梁。

韦达研读了丢番图、卡尔丹诺、塔塔利亚、蓬贝利、斯蒂文等人的思想观念，也将后来的数学家引向一条光明的数学研究之路，使已经没落的古希腊代数学再一次重见光明。塔塔利亚是 16 世纪意大利自学成才的著名数学家，有学者认为"塔塔利亚是当代科学上自修出来的天才。完成了从时间数学家到博学数学家之间的过渡"。塔塔利亚在与数学家菲俄的数学比赛中名声大震，对探求三次方程的公式解做出了杰出的贡献，促进了数学的发展，还编写了一部包括算术、代数和几何学在内的大型数学著作《数与度量概论》。塔塔利亚在解三次方程方面虽然做出了巨大贡献，可是，最早的关于三次方程的著作却是由另一位数学怪才卡丹诺完成的。美国学者克莱因说："卡丹诺作为一个无赖和学者的生涯是文艺复兴时期那些惊人的离奇生涯中最不寻常的一个。"据说，塔塔利亚先探寻到了三次方程的解法，然而却被卡丹诺骗去并出现在其著作里。另一位数学家费拉里是卡丹诺的女婿，在塔塔利亚与卡丹诺的争辩中站在卡丹诺一边，在两位数学家的影响下，也成了一位著名的数学家。后来的数学家如哈利奥特（1560—1621，英国人）、吉拉德（1596—1632，荷兰人）、奥特雷德（1574—1660，英国人）等都沿着韦达所开辟的道路继续前进，他们在推广引进代数符号、完善代数符号体系等方面都做出了重大贡献。此后，笛卡儿又对韦达使用字母的方法做了重要改进，由他所提出和使用的许多符号同今天的写法已基本一致。

在算术领域，韦达在计算中也坚持使用十进制小数。在此基础上，小数点分隔符的使用者 G. A. 马吉尼（1555—1617）才在小数使用上做出了斐然的成绩，后来，小数点才逐渐地流行起来。

在方程的解答中，韦达不允许负根的存在具有一定的局限性，但是他求出正根对于方程解答而言，其贡献是不容抹灭的。韦达的做法很接近于方程理论中根的对称函数这一课题，也为另一位数学家打开了继续阐述根与系数的大门。这位数学家便是吉拉德，他于 1629 年在《代数学中的新发明》一书中，清楚地阐述了根与系数的关系。吉拉德不仅保留了负数根，还保留了虚数根。而且，有一个重要的认识要归功于他：一个方程的根的个数，最多可以等于这个方程的次数。对负数的认识，预示了数轴的概念，这已经是笛卡儿几何的雏形了。

3. 数学研究的拓荒者

韦达是法国历史上第一位大数学家，在他登上世界数学舞台后的数百年间，法国数学界人才辈出，法国数学占据领先地位的时间也超越其他国家，其数学传统一直绵续至今。当然，最早的拓荒者是韦达。他不仅继承和完善了丢番图等人的数学思想，而且还激励了一代代的数学家。韦达曾说过："没有不能解决的问题。"在面对难题时表现出来的那种不怕困难的勇气，始终是所有研究者所追求和崇敬的。韦达还是文艺复兴运动的积极分子，在文艺复兴关心、重视人的发展的思想背景下，韦达自愿地融入人文主义思想的洪流之中，并在数学领域乃至思想领域都做出了应有的贡献。

韦达解答数学问题时特别善于另辟路径，这往往成为后人数学思想的重要路标，认为代数学是几何学的工具，称代数为"分析法"。为了利用代数解决几何问题，他深入研究了方程论，毫不迟疑对求解高次方程和代数方法论进行了探讨。这种以代数学分析几何问题的思路，正是笛卡儿解析几何思想的出发点。他对分析数学的重要见解，也为高等数学的产生提供了思想条件。

圆周率 π 的值一直是数学家关注的问题，韦达首次提出了无穷等比级数的求积公式，通过 393416 个边的多边形计算出圆周率，第一个使用解析计算 π 的值，韦达还算出了精确到小数十位的圆周率值，而他计算出的 π 值是当时最佳的近似值。此外，他还创造了一套 10 进分数表示法，促进了记数法的改革。

韦达的著作囊括了代数学、三角学、几何学等领域，包含了文艺复兴时期的全部数学内容。主要著作有：《分析方法入门》《分析五篇》(5 卷)、《几何补篇》《幂的数值解法》《数学宝典》(也说《标准数学》)、《论方程的整理与修正》《回答》《各种各样的解答》《三角学的数学基础》等。其中，《分析方法入门》是韦达最重要的代数著作，也是最早的符号代数专著。只可惜，韦达著作的文字比较晦涩难懂，生前未能得到广泛的传播。可是，历史最终还是没有忘记他。1646 年，荷兰数学家范·施库滕等人将韦达的全部著作整理并以《韦达文集》为书名出版，人们才更多地了解了这位伟大的数学家。

美国学者乔治·萨顿对韦达及其数学成就给予了极高的评价，他说："韦达和斯蒂文的代数学，其水平之精深，足以作为文艺复兴最伟大的成就和象征。这两个人都深切意识到希腊数学的卓越，都渴望对其恢复有所贡献。斯蒂文翻译了丢番图的作品，韦达则研究了阿波罗尼乌斯。斯蒂文对于古代知识的激情受到了语言知识的限制。韦达则是个全面的人文主义者，一位优秀的希腊学学者。学究气与数学天才，二者奇特地混合在韦达的头脑中，他常常炫学式地自创希腊文术语，这令读者既困惑又气馁，在这位大师手中，数学成了一种独一无二的娱乐。""韦达和斯蒂文都属于所谓'世纪末'的人物，他们的影响要到17世纪才能得到体现。只有当他们的作品由胜任的数学家收集整理、重版刊印之后，二人方才获得了不朽之名。"代数学为解析几何的创立奠定了必要前提条件，没有解析几何也就没有微积分，进而引力问题决不会得到解决，自然也就不会有整个牛顿体系。由此可见韦达的代数学对科学发展的推动作用。

毋庸讳言，代数学代表了文艺复兴时代数学的最高成就，韦达无愧于"代数学之父"的美誉，其贡献足以让他名垂青史！

生平大事记

1. 1540 年，出生于法国东部的普瓦图地区。

2. 1560 年，获普瓦蒂埃大学法学学士学位。

3. 1560—1584 年，从事律师工作，出任过地方法院律师、法国行政法院检察官、法国最高法院律师等职。

4. 1584—1589 年，数学研究取得丰硕成果，第一次把代数符号化，成为名副其实的近代"代数学之父"。

5. 1591 年，代表作《分析方法入门》出版发行。

6. 1593 年，破解比利时数学家罗芒乌斯向全世界数学家提出挑战的数学难题，震惊欧洲数学界。

7. 1597 年，《三角学的数学基础》问世。

8. 1615 年，方程论专著《论方程的整理与修正》出版。

9. 1603 年 12 月 13 日，在巴黎去世，享年 63 岁。

主要参考文献

1. 卡尔·博耶.数学史.北京：中央编译出版社，1968.

2. 乔治·萨顿. 文艺复兴时代的科学观. 上海：上海交通大学出版社，2007.

3. 傅海伦. 中外数学史概论. 北京：科学出版社，2007.

4. 郭熙汉. 数学史论约. 北京：科学出版社，2010.

5. 陈方正. 继承与背叛. 北京：三联书店，2009.

6. 解延年、尹斌庸. 数学家传. 长沙：湖南教育出版社，1987.

7. 朱家生. 数学史. 北京：高等教育出版社，2011.

8. 王立美. 科学上下五千年. 北京：当代出版社，2007.

9. 张启明. 新数学知识一本通. 乌鲁木齐：新疆美术摄影出版社，2010.

10. 李亚丽. 西方代数学之父韦达. 数学家故事，2005（06）.

11. 胡作玄. 代数学之父——韦达（上、下）. 中学数理化，2012（10）.

12. 肖凌戆. 高中数学新课程教学要善待韦达定理. 中学数学教学参考，2014（05）.

13. http://www.kepu.net.cn/gb/basic/szsx/3/3_16/3_16_1002.htm.

14. 国外数学家介绍. 山东科技大学信息科学与工程学院.

15. http://www.pep.com.cn/gzsx/xszx_1/czsxxszp/201008/t20100827_782056.htm.

16. http://www.math168.com/sxsh/.

17. 韦达从破解密码到"代数学之父". 智慧加油站大话数学.

18. 代数学之父——韦达. 走进数学家，2004.

19. 代数学韦达和韦达定理. 数学史话.

20. 华兴桓. 韦达在数学中的贡献.

21. 郑凡. 数学词典.

22. 胡作玄. 代数学之父——韦达（上、下）. 中学数理化，2012（10）.

23. 木辛. 少年韦达在解题，数学史话.

24. 从战争中走出来的代数之父——韦达，走进数学家.

25. 马建军. 代数学之父——韦达，数学史话.

26. 屈春祥. 数学名家 代数学之父——韦达，课余揽胜.

27. 肖凌戆. 高中数学新课程教学要善待韦达定理. 中学数学教学参考，2014（05）.

28. 数学名家.

29. 潘有发. 韦达定理的历史.

30. http://www.pep.com.cn/gzsx/xszx_1/czsxxszp/201008/t20100827_782056.htm.

31. http://www.math168.com/sxsh/.

爱出难题的数学家之王

——费马

科学名言：我有一个对这个命题的十分美妙的证明，这里空白太小，写不下……

我有一个对这个命题的十分美妙的证明，

这里空白太小，

写不下……

看到这段文字，你会被"十分美妙的证明"所吸引，它牢牢地抓住你所有的好奇。然后，留给你的只是无尽的省略号。因为空白太小写不下，就直接什么也不写，让你去探索。这一探索就是 300 年，你会质疑，根本没有所谓的"美妙的证明"；你会谩骂，因为它无情地将你带入云端又从高空抛下。最后，你只能无力的呐喊，千呼万唤只为寻得一个确切的结果。这就是数学的美妙。它，来自费马。

费马给出的这道难题是这样的：当 $n>2$ 时，$x^n+y^n=z^n$ 没有正整数解。这在数学上被称为"费马大定理"。此后，一代又一代的优秀数学家都曾对其进行研究，试图找到它的肯定或否定的证明。即便是几次悬赏求解，都无果而终。几百年过去，它既未被证明，也未被推翻。这似乎就是费马对于世人的恶作剧，即便他已离世，我们仍依稀可以看见他的一丝冷笑。

一、律师与数学家

在 16、17 世纪的科学革命大潮中，欧洲曾经涌现出一批既无专业背景，又非专业研究者的所谓"业余"科学家。在这里，"业余"一词颇显不恭。因为，他们虽然是用业余时间进行科学研究，但成就不仅不是业余水平，而且代表了那个时代的最高峰，有的人还是科学领域某一学科的创立者。例如，同是毕业于法律专业的法国数学家费马和德国数学家莱布尼茨（1664—1716），前者的职业是律师和法官，后者是职业外交官；前者与笛卡儿分别独立发现了解析几何，后者与牛顿分别独立发现了微积分。有趣的是，费马与笛卡儿、莱布尼茨与牛顿都出现了发明权之争。当然，这丝毫无损于他们作为解析几何和微积分发明人的伟大贡献。

1. 法官的业余爱好

费马生平的记载，没有他的法国同胞笛卡儿（1596—1650）那样详实，人生经历也没有笛卡儿那样精彩。但是，费马对解析几何的贡献丝毫不亚于笛卡儿。

费马（或译为"费尔马"，1601—1665），1601年生于法国图卢兹附近，父亲是一个出色的皮革商，也是一名事务顾问。母亲克拉莱·德·罗格，来自贵族家庭，享有较高的社会地位。大富大贵的家庭创造了颇为优越的学习和生活环境，费马从小就受到良好的教育。叔叔皮埃尔亲自对他进行启蒙教育，为其以后的学习打下了基础。14岁，费马进入博蒙·德·洛马涅公学。1621年，20岁的费马在图卢兹大学获得法律学位。系统的教育使费马精通拉丁语和希腊语，也培养了他对数学的浓厚兴趣，这为其日后"自学"数学创造了条件。

富裕而有地位的家庭不仅为费马的童年营造了良好的学习和生活环境，也为费马的仕途铺平了道路。大学毕业前，殷实的家庭已经为他在家乡买好了"律师"和"参议员"的职位，省却了进入职场的一番拼杀。1631年，费马当上了图卢兹议会的议员。1638年，被提名为图卢兹法院的法官。1642 年，进入最高刑事法庭和法国大理院。1646 年，升任议会首席发言人。1648 年，晋升为国王的议员。在 34 年的仕途生涯中，费马一直平稳升迁。据记载，费马并没有什么大的政绩，应付官场的能力也很平平，更谈不上什么领导才能。如果非得说明费马有什么过人之处的话，他的升职最该归功于身体的健康，因为那是一个瘟疫肆虐的年代。尽管费马的职场生活没有什么值得称道的政绩，不过，秉公判案而从不滥用职权谋取私利，也为费马赢得了人们的信任和称赞。

如果说律师职业构成费马物质世界的经济来源，那么，数学研究则是费马精神世界的支柱。因为，从一开始，费马是拒绝从政的，他对官场并无多大兴趣。费马所从事的律师行业占据了他大量的时间，他将自己有限的空闲时间全部用于数学研究。当然，17 世纪的法国也并不鼓励法官们参加社交活动，因为他们今天的朋友可能会变成明天法庭传唤的对象，而与当地居民过分亲密会导致判案时的偏袒。由于孤立于图卢兹高层的社交圈外，所以费马能够在业余时间专心从事数学研究。

在文艺复兴时代的巨人中，不少人之所以成为巨人都有一定的机缘，或得益于名师的指点和引导，或幸被"伯乐"发现。例如，"天空的立法者"开普勒（1571—1630）有哥白尼之后最著名的天文学家帝谷（1546—1601），解析几何的创始人之一笛卡儿（1596—1650）有荷兰哲学家、数学家埃萨克·贝克曼（1588—1637），等等。但是，迄今为止，尚无资料显示费马是由哪位导师领进数学殿堂的。费马是自学成功的典范，但也不能说他无师自通，古希腊数学家就是他的引路人。

费马对数学的兴趣来自于古希腊数学家，如与欧几里得（前 330—前 275）、阿基米德（前 285—前 212）并列为古希腊时期三大数学家的阿波罗尼奥斯（前 262—前 190），罗马帝国晚期的希腊数学家帕普斯（约 290—350）和丢番图（约 246—330，希腊化的巴比伦人）。阿波罗尼奥斯对圆锥曲线的研究水平可谓空前绝后，其《圆锥曲线》是古希腊继欧几里德的《几何原本》之后又一部力作。帕普斯的代表作《数学汇编》是具有深远影响的数学巨著；丢番图是代数学的创始人，其代表作《算术》（13卷）堪称古代数学的典籍。这些数学家的经典著作培养了费马的数学兴趣，陪伴费马度过一天又一天的业余生活，因而也可以说这些著作就是费马的导师。正是在研究这些数学著作的过程中，费马深深地意识到了希腊数学的卓越，也激发了他对希腊数学有所贡献的志向。

2. 特立独行的数学家

在1666年法国科学院成立以前，与英国一样，法国也形成了科学家和哲学家进行学术交流的自发聚会。聚会地点，先是在修道士、罗马教皇的大使梅森（1588—1648）的修道室，后来改在行政院审查官莫尔（1600—1679）家里，这个科学家和哲学家的聚会也因此而称为"梅森学院""莫尔学院"。

费马与学术界的交往非常有限，能得到费马信任并长期保持联系的科学家屈指可数，他们就是梅森和帕斯卡。17世纪30年代中期，费马认识了梅森，并被邀请和巴黎数学家群体通信，费马由此建立起了和法国科学界的联系。与梅森的通信，使费马获得了意料之外的名声；而与法国数学家、物理学家帕斯卡（1623—1662）的通信，则使费马拓展了数学研究的领域。

在漫长的中世纪，人们娴熟地掌握了通过隐晦的方式表达思想的方法，形成了守口如瓶的性格传统。但梅森试图与这种保密习惯做斗争，他鼓励科学家相互交流学术信息、学术成果，从而相互促进。梅森就曾传递笛卡儿寄给他的研究手稿，使得梅森和笛卡儿的友谊出现危机。可以说，梅森从未陷入道德两难的境地，因为他认为他并没有做出有违教士的道德行为。梅森是法国学术界的灵魂人物，获得了绝大多数科学家的信任和尊重，是唯一一个定期接触费马的科学家，他对于费马的影响仅次于丢番图的《算术》。梅森和费马之间保持长期的书信来往，梅森去世后，人们在他房间发现了来自78个不同通信点写来的信件，梅森真正地成为活动的图书馆。与费马保持联系的另一位科学家是帕斯卡，正是帕斯卡将费马引入了数学研究的一个全新的分支——概率论。

费马的特立独行表现在除与学术界很少交往外，还表现为对学术著作的出版毫无兴趣，以及"恶作剧"般的癖好。尽管旁人一再鼓励，费马仍然拒绝公布他的证明，这样他也远离了的俗世的挑剔和纷争。他完全沉浸在自我研究所带来的愉悦之中，认为公开无益于自己的研究。不过，费马又确实有一种恶作剧般的癖好，这种癖好使得他与别的数学家的通信成为一种挑衅。因为他会在信中告诉你他的最新研究成果，却拒绝提供进一步的证明，发现或推翻费马的证明就成为他向对方发起的一种挑战。这种"只说不做"的行为，使得其他人大为恼火。因此，笛卡儿称费马为"吹牛者"。费马尤其喜欢捉弄海峡对岸的同行，英国人约翰·沃利斯甚至把他叫作"那个该诅咒的法国佬"。

其实，费马的这种不解答的习惯，在当时看来确有缘由。首先，他的研究工作完全是非功利性的，他就无须完善他的方法，注意他的逻辑证明。他只需要获得发现那一瞬间的满足感就够了。他可以节约大量宝贵的时间转向另外一个领域的研究。其次，他不需要生活在别人的挑剔之下，无需承担别人对他的精神折磨，尤其是这些折磨往往来自一些吹毛求疵者。

费马坚持不发表任何著作，使得人们无法触及他全部的思想。但他在书的页边留下的注记，却成为他留给后世的足迹，可以沿线发现费马的研究所得。费马取得的数学研究成果是惊人的，他独立创立了解析几何，甚至考虑将其推广到三维立体空间；费马也对微积分的创立提供了宝贵的思想，对牛顿颇有启发；费马还与帕斯卡共同创立了古典概率论；他甚至留给了世人抓狂的发现——费马大定理。这些都显示出费马对于数的喜好与偏执。

费马所取得的全部令人艳羡的成就大约集中在1637年前后。1665年年初，费马在卡斯特尔镇执行司法公务时，不幸患上了重病。1月9日，费马签署了他平生的最后一份判决书，3天之后就不幸离世，享年64岁。幸运的是，费马的长子克莱蒙·塞缪尔意识到他父亲业余爱好的重要性，决心将它公之于世。正是由于他的努力，我们才得以了解费马在数学研究上所取得的进展。

费马完全是利用业余时间进行数学研究的，并且成果丰硕，确实是当之无愧的"业余数学家之王"。当然，费马取得的丰硕成果，并不能用"专业"一词加以概括，他的成就足以代表那个时代的最高峰，因而他无愧于数学家之王的美誉。

二、"业余"数学家之王

费马的数学研究，涉猎广泛，且在不少领域都有杰出成就，但是，他对写作成书公开出版兴趣不大。幸好，费马是一位治学严谨的科学家，有着"不动笔墨不读书"的习惯，加之他所阅读的图书有足够的空白供他发表意见，因而我们可以从这些空白处一窥他的学术足迹、学术思想和学术成果。

1. 解析几何创始人

不言而喻，在费马的众多数学成就中，最重要和最引人注目的就是解析几何。《平面和立体的轨迹引论》一书集中体现了费马的解析几何思想和成就，该书写成于 1629 年［早笛卡儿的《方法论》（1637）8 年］，直到费马逝世后 10 多年的 1679 年才发表。正因为费马不热衷于发表自己的著作，使得他失掉了创立解析几何的优先权。然而，历史不会忘记，费马仍然保有数学家的崇高荣誉。

费马对于解析几何的研究，是从整理古希腊数学家的著作入手的。他希望将早已失传的阿波罗尼奥斯的《圆锥曲线》一书补充完整。然而，费马的工作又不仅仅停留于复述前人的成果，他还站在了前人的肩膀上，发现了前人未曾触及的领域。通过对阿波罗尼奥斯的《圆锥曲线》的深入研究，他认识到阿波罗尼奥斯所采用的几何方法运用起来十分困难，常常将人带入一个罗网中裹足不前。因此，费马试图寻找一种较为简便的方法，既不依从大量的画图，又能描述切线的性质。在《平面和立体的轨迹引论》中，费马说他找到了一个研究有关曲线问题的一般方法，并道出："两个未知量决定一个方程式，对应着一条轨迹，可以描绘成一条直线或曲线。"运用数学构造研究几何轨迹问题，这就是费马所发现的一般方法。他认为，只要将方程中的两个未知量的变化用——对应的方式表现出来，就可以得到一条轨迹，也就是说，这条轨迹可能是最简单的直线，也可能是曲线，而曲线的形式可能是无限的。因此，费马写出了过原点的直线、任意直线、圆、椭圆、双曲线、抛物线等的轨迹方程。由此看来，费马创立解析几何是从代数方程出发去寻找轨迹，而笛卡儿则是从轨迹作图寻求代数方程，二者从两个相对方面表达了解析几何的基本原则，真可谓殊途同归。

毋庸讳言，费马在解析几何的创立上，提出了开创性的思想，但仍不够成熟、完善。这主要是因为他对纵坐标对横坐标的依赖性认识不够，而这又是解析几何十分重要的方法问题。他由阿波罗尼奥斯的结果推导圆锥曲线的方程时，把由 PV，VR 所构成的矩形与由 VQ 构成的正方形之间的面积作为考察的出发点，显然没有摆脱古典数学的束缚，这也说明费马并未与阿波罗尼奥斯的思想方法分道扬镳。因此，从解析几何的角度来看，费马的方法依然不够纯粹。

1634 年，费马还曾试图将平面解析几何思想扩展到三维空间解析几何的研究上，设想通过与立体相交的平面使立体问题转化为平面问题。但由于他缺乏对各种立体平面轨迹的认识，故没有给出处理立体问题的一般方法，更重要的是他没有坐标轴的概念，无法打开二维坐标到三维坐标的路径。因此，他的这一尝试最终宣告失败。

费马的解析几何与笛卡儿的共同之处在于二者都没有负坐标，也没有纵坐标，且他们的"坐标系"都是斜坐标系。但是，两人的研究路径又大不相同。笛卡儿批评古希腊的研究传统，并倡导与之决裂；费马则着眼于继承希腊人的思想，认为他的工作给阿波罗尼奥斯的工作重新注入了活力。真正的发现代数方法威力的应该是笛卡儿，他的研究重心的确也在于改进方法。因此，和费马相比，笛卡儿的方法更具普遍性，更适用于一般曲线。

令人遗憾的是，无论是笛卡儿的《方法论》，还是费马的《平面和立体的轨迹引论》，都没有立即引起热烈的反响。究其原因，主要是：（1）笛卡儿的《方法论》强调几何作图问题，而掩盖了用代数方程研究几何曲线性质的思想。（2）笛卡儿为了逃避教会的追讨，写作时特意使用了含糊的笔法，致使读者读起来十分困难。（3）当时的许多思想家，依然反对把代数和几何连接起来作为一个新的研究对象。（4）费马的《平面和立体的轨迹引论》出版较晚。正是这些原因，阻碍了人们对费马和笛卡儿解析几何思想的了解，但也有人逐渐采用并扩展了坐标几何的研究。

2. 多方面的杰出成就

除解析几何外，费马对微积分、数论、"亲和数"、概率论以及光学等都进行过开创性研究，并取得了令人瞩目的成就。

英国物理学家、数学家牛顿和德国数学家莱布尼茨享有微积分的发明权，这是人所共知的事实；费马是研究微积分的先驱者，也是学界共识。微积分起源于曲线的切线问题和函数的极大值、极小值问题，这项研究从古希腊时代就已开始触及，阿基米德曾利用穷竭法求出一条曲线所包含任意图形的面积。由于穷竭法的烦琐，渐渐被人们抛弃，直到16世纪才又重新被人们拾回。开普勒探索行星运动规律时，关于如何确定椭圆形面积和椭圆弧长的问题时，引入了无穷大和无穷小的概念。尽管这种方法并不完善，但却为数学家开辟了一个全新的思维和研究角度，费马从中受益甚多。

费马从研究透镜设计和光学理论出发，致力于探求曲线的切线问题。在《求最大值和最小值的方法》手稿中，他提出了求切线的方法，虽然当时的费马没有清晰的极限的概念，没有得出导数即切线的结论，但他为微积分概念的引出提供了与现代形式最接近的启示。牛顿就曾坦率地说："我从费马的切线做法中得到了这种方法的启示，我推广了它。把它直接并且反过来应用于抽象方程上。"

以后，微积分被广泛地应用于经济学领域。通货膨胀率是价格的变化率，被称为价格的导数；此外，经济学家还研究通货膨胀率的变化率，称为价格的二阶导数，这些术语也频繁地被应用于政治学领域。

费马还开创了近代代数论的研究。对数的性质的研究从古希腊数学家欧几里得、丢番图等人就已经开始了，但是他们的研究缺乏系统化。1621年，费马在巴黎买到丢番图的《算术》，并利用业余时间对书中的不定式方程进行探究。费马将不定式方程的研究限制在整数范围之内，从而开始了数论这门数学的分支学科的研究。同时，费马认为在数论中素数的研究非常重要，因为数论中的大量问题都与素数有关。在数论的研究成果中，最著名的便是"费马大定理"。

在研究《算术》第2卷时，费马碰到了一系列的问题，涉及毕达哥拉斯定理和毕达哥拉斯三元组。例如，丢番图讨论了特殊三元组的存在性，这种三元组构成所谓的"跛脚三角形"：即这种三角形的两条短的侧边 x 和 y，只相差 1。例如：$x=20$，$y=21$，$z=29$，而 $20^2+21^2=29^2$ 情形。

费马被毕达哥拉斯三元组深深地吸引，他知道欧几里得已经叙述过一个证明，表明有无数个毕达哥拉斯三元组存在。当他凝视着书页时，他盘算着应该可以添加些什么。于是，他开始摆弄着毕达哥拉斯方程，试图寻找到前人未曾发现的某些东西。突然，费马写下了一个方程，尽管它非常类似于毕达哥拉斯的方程，但是他却根本没有解存在。

费马并非考虑 $x^2+y^2=z^2$，而是另外一种变异方程：$x^3+y^3=z^3$。费马只不过将幂指数从 2 改为 3，即从平方改为立方，而他的新方程看起来并没有任何整数解。通过反复演算显示出，要找到两个立方数之和等于另一个立方数是十分困难的，难道这个小小的改动真的会使拥有无数个解的毕达哥拉斯方程变成没有解吗？

他进一步将幂指数改成大于 3 的数，得到新的方程，并且发现要想寻找到一个整数解是十分困难的。因此，费马认为，根本不存在这样的 3

个数，能使它们完全适合方程 $x^n+y^n=z^n$，这里 n 代表 3，4，5，…。于是，他在《算术》这本书的页边处记下了一个结论：不可能将一个立方数写成两个立方数之和；或者将一个 4 次幂写成两个 4 次幂的数之和；或者，总的来说，不可能将一个高于 2 次的幂写成两个同样次幂的和。

似乎没有理由相信在一切可能的数中竟然找不到一组解，但费马确信在数的无限世界中没有"费马三元组"的位置。这是一个异乎寻常的，但是费马却相信自己能够证明的一个结论。因为在他列出这个结论的另一个边注后面，费马草草地写下了他的附加评注，而这个评注使一代又一代的数学家为之苦恼：

我有一个对这个命题的十分美妙的证明，这里空白太小，写不下。这就是最让人恼火的费马。他自己的话向人们暗示了他的胜利，并且显示了他获得这个证明的愉悦。但他却不想费神写出这个证明的逻辑演算过程，也不介意去发表它。他也从未向任何人谈论过这个结论的证明，然而不管他如何谦逊和无心于此，费马大定理都将闻名于世。

费马大定理在今天表述为：当 $n>2$ 时，$x^n+y^n=z^n$ 没有正整数解。费马在世时，并没有人知道他这一伟大的发现。费马逝世后，他的儿子克莱蒙·塞缪尔收集父亲的注记和信件时，才在《算术》一书的页边空白处得以发现。克莱蒙·塞缪尔设法将这些注记在《算术》的一个特殊版本中发表，这才使费马的发现广为人知。随着时光的流逝，费马的其他评注一个接一个地被证明了。但是，费马大定理却固执地拒绝被征服。事实上，它之所以被称为"最后"定理，是因为它是需要被证明的评注中的最后一个。3 个世纪的众多伟大的数学家的努力仍然没有找到一个证明，使它作为数学中最难解的谜而声名远播。然而，这种公认的困难并不一定意味着费马大定理是一个重要的定理。到目前为止，对它的证明并不会引导出更深刻的东西来，它也不会给出有关数的任何特别深入的了解，而且他似乎也不会有助于证明任何其他的猜想。所以，严格意义上来说，费马大定理，应该被称为"费马大猜想"。

三百多年后的 1995 年，英国数学家怀尔斯终于证明了费马大定理，结束了一代又一代数学家的噩梦，让整个数学界长吁了一口气。但是，怀尔斯的证明论文长达 130 多页，其中利用了虚数理论、椭圆曲线、模形式等费马时代还没出现的数学理论。显然，怀尔斯的证明和费马那个"空白太小写不下"的美妙证明相差甚远。那么，那个神秘的页边注究竟是来自费马天才的顿悟瞬间产生的灵感，还是真如费马所言，这个证明只有他独有呢？如果真有那个"美妙"的证明，想必，费马一定在另一个世界里发出了冷笑，因为他对全世界的挑战仍未输掉。

《算术》中记载了 100 多个问题，丢番图对每一个问题都给出了详细的解答。这种认真的做法显然不是费马的风格。费马只沉醉于自我满足，没有兴趣给后人留下一本翔实的教案。在研究丢番图的问题和解答时，他会在空白处草草地写下一些个人的思考，证明他对某些东西已经获得了解答，然后他便不再继续下去，而将有限的精力投入到下一个问题。这些有限的空白，便成为后世数学家研究费马思想的重要记录。

费马的另一个发现涉及所谓的"亲和数"（amicable number）。亲和数是一种数，其中一个数的因数之和是另一个数。毕达哥拉斯学派曾发现过一对亲和数，即 220 和 284。220 的因数是 1，2，4，5，10，11，20，22，44，55，110，它们的和是 284；284 的因数是 1，2，4，71，142，它们的和是 220。这一对数 220 和 284 被认为是友谊的象征，也成为数学家的浪漫。马丁·加德纳在《数学魔术》一书中谈到中世纪出售的一种护身符，这种护身符上刻有两个数字，认为佩戴这种护身符能促进爱情。有一种习俗，自己吃下刻有 220 这个数字的水果，而将另一只刻有 284 的水果送给所爱的人吃。早期的神学家也注意到在《创世纪》中雅各给以扫 220 只山羊，他们相信山羊的数目表达了父亲雅各对儿子以扫的挚爱之情。

直到 1636 年费马发现一对新的亲和数（17296，18416）之前，尚未有别的亲和数被发现。虽然亲和数算不得是深刻的发现，但它显示了费马对数的热爱以及他喜欢摆弄数的癖好。费马也掀起了一阵寻找亲和数的热潮。笛卡儿发现了第 3 对亲和数（9363584，9437056），欧拉接着列举了 62 对亲和数。然而，他们都忽略了一对较小的亲和数。它在 1866 年被意大利人尼科洛·帕格尼尼发现，即 1184 和 1210。

费马与帕斯卡的通信，使他们共同创立了概率论这门数学的新分支学科。这是一个充满冒险又生机勃勃的新兴学科。帕斯卡对这门学科的兴趣，来自一位名叫安托瓦尼·贡博的职业赌徒。贡博曾参与一场叫"点数"的游戏，这种游戏靠骰子的点数取胜，参与者中谁先获得某个数目的点数就取得胜利拿走赌金。一次，游戏过半，贡博与赌伴必须去参加一个十分重要的活动，赌局被提前终止，于是就发生了如何分割赌金的问题，最简单的解决办法就是将赌金给最后一局点数最高者。

1653 年，帕斯卡前往浦埃托镇度假，在旅途中恰巧碰到"赌场高手"贡博，于是，贡博便向帕斯卡请教，"分赌注"是否有更为公平的方法。然而，这个看似简单的问题，却真正难住了名满法国的大数学家帕斯卡。虽然经过长时间的探索，却还是无法解决这个问题。1654 年，帕斯卡不得不写信给好友费马进行讨论。二人分析了贡博的问题，并立即意识到这是一个相当简单的问题，可以通过严密地确定游戏所可能出现的结果，并对每一种结果给出一个相应的概率来解决。二人的合作不仅快速地发现了问题的答案，还对其他与概率相关的问题进行了深入探究。1655 年，荷兰著名的数学家、物理学家和天文学惠更斯（1629—1695）恰好在巴黎，了解到帕斯卡与费马的研究详情后，也参加了他们的讨论。1657 年，惠更斯将讨论结果写成《关于赌博中的推断》一书，这就是公认的有关或然数学的奠基之作。

概率问题常常出人意料，因为它与我们的生活经验或直觉暗示截然相反。直觉的这种失败常常使人感到惊奇，因为它使我们更加相信概率问题。最违背直觉的概率问题之一，是关于共有生日的可能性问题。假设一个足球场上共有运动员和裁判 23 人。那么，请问这 23 人中任何 2 人拥有共同生日的概率是多少？我们首先会思考，总共 23 人，而每个人的生日有 365 个可能，要两个人拥有共同生日的可能性似乎更不可能。如果非得让人估算一个概率的话，绝大部分人恐怕会猜最多是 10%。事实上，从概率来估算答案应该是 50%。这就是说，球场上 2 个人有相同生日的可能性比没有共同生日的可能性要大。

出现这么高概率的原因，是将人们配成一对对的方式的总数总是大于人的总数。当我们寻找共同生日时，我们需要的研究对象是成对的人而不是单个人。因为球场上有 23 人，所以有 253 种配对方式。例如，第一个人可以和余下的 22 个人中的任何一个进行配对，这样给出另外的 21 种配对。接着，第三个人可以与余下的 20 人进行配对，在所给出的另外 20 种配对中以此类推，直到我们最终得到总共 253 种配对。

在 23 人的人群中出现一个共有生日的概率大于 50% 这个事实，凭直觉似乎是不正确的，但它在数学上则是无可否认的。诸如此类的奇怪的概率恰恰是赌注登记经纪人和赌棍们赖以掠取粗心上当者钱财的依据。当你下次参加一个 23 人以上的聚会时，你可以押赌注来赌房间中一定有 2 个人的生日是相同的。请注意对 23 个人的人群来说这个概率只是略大于 50%，而当人数增加时这个概率迅速上升。因此，对一个有 30 人的聚会来说，赌其中将有 2 人有相同的生日肯定是值得的。

费马和帕斯卡建立了支配各种机会对策的基本法则，它被博弈者用来决定和完善博弈策略。此外，这些概率定律还被应用到了证券市场投机、核事故发生的风险评估领域等。帕斯卡甚至还相信他的理论可以用来证明信仰上帝是合算的。他说："赌徒在押赌时的刺激等于他可能赢得的钱数乘以他获胜的概率。"然后他论证道："永恒的幸福具有无限的价值，而生活道德高尚可以进入天堂的概率无论怎么小都是有限的。"于是，按照帕斯卡的定义，宗教是一种无穷刺激的游戏，因为无限的奖励乘以一个有限的概率其结果定是无穷大。

费马对光学的贡献是提出了最小作用原理，也称为最短时间作用原理。关于这个原理，欧几里得提出过光的直线传播定律和相反射定律。后来，海伦揭示出这两个定律的理论实质是光线取最短路径。多年之后，该定律被扩展成自然法则，并上升为一种哲学观念。"大自然以最短捷的可能途径行动"的哲学理论被费马转化为科学理论。费马还讨论了光在逐渐变化的介质中行径时，其路径取极小的曲线的情形，并用最小作用原理解释了一些问题。这给许多数学家以极大的鼓舞。尤其是莱昂哈德·欧拉，竟用变分技巧把这个原理用于求函数的极值。这又直接成就了拉格朗日，给出最小作用原理的具体形式：对一个质点而言，其质量、速度和两个固定点之间的距离的乘积之积分是一个极大值和极小值，即对该质点所取的实际路径来说，必须是极大或极小。

三、与笛卡儿的争论

1636 年，法国学者让·贝格兰出版了《刚体力学》一书，笛卡儿立即对此书提出了严厉批评。对此，贝格兰大为不满。于是，笛卡儿的《方法论》出版之前，贝格兰设法弄到了一份《折射光学》的抄本，并将它在同行间进行传阅。不明原委的费马阅读后批评说：笛卡儿完全依赖数学方法来研究物理，这与日渐重视的实验方法论是相背离的；其折射定律在演示过程上存在侥幸心理，只选择能得到他想要的结论的方法。他的评论后来被梅森知晓，梅森便看出了事情的苗头。

虽然费马是那个时代最伟大的数学家之一，在人才辈出的法国也占有一席之地。但是，由于他的论文常常忽略细节，这也让笛卡儿能够轻易地找到驳斥他的理由。与笛卡儿发生争执之前，费马的一些同行已经被他傲慢的态度所激怒。

起初，对比笛卡儿的咄咄逼人，费马显得谦逊得多。1637 年 12 月，他写信给梅森说道："首先，我想让你确信，我继续这场小小的争端不是出于妒忌或敌意，而是为了找到真理。对于这一点，我想笛卡儿先生不会出于恶意而不相信。"不久之后，他又再次写信给梅森表明态度，"从你的信中我得知，我给笛卡儿先生的回复不大受欢迎。实际上，他决定对我求最大值、最小值的方法和关于切线的理论进行评论"。虽然笛卡儿在他的著作中表明欢迎读者提出批评性的意见，可真当收到来自四面八方的意见时，他并未能够完全消化。然而，凭借着自己早已确立的名声，笛卡儿轻松地赢得了这场争执的胜利。

笛卡儿对于费马的愤怒多半来自他与贝格兰的"共谋"，在弄清楚事实的真相后，笛卡儿的愤怒似乎削减了几分，"我无比谦卑地请求他（费马）原谅我，看在我不了解他的份儿上"。虽然愤怒消散，但笛卡儿随后又指责费马寻找最大值、最小值的方法和关于切线的规则，并不是出于严谨的逻辑推导。当然，对最大值、最小值的忽视，也使得笛卡儿止步于微积分的大门之外。不幸的是，笛卡儿的名声使人们相信费马所取得的数学成就大多来自于他幸运的猜想，而不是严密的推导。

其实，在这场争端中，费马并不是退缩，而是比笛卡儿采用了更为巧妙的办法，这可能来自他在职场中的锻炼。争端沉寂的 20 年间，越来越多的人忽视费马的贡献。与此同时，笛卡儿的名声却日渐盛隆。但他的声誉主要来自他的哲学研究，而不是出于数学成果。1650年，在人们的尊敬和赞誉声中，笛卡儿离开了这个世界。

但是，笛卡儿与费马的争端并没有因此结束。17世纪50年代末期，一位笛卡儿的拥护者克雷色列尔准备编辑笛卡儿的书信集，他请求费马将他们之间的信件抄本送给他。1658年3月，费马写了一封长信给克雷色列尔。信中，费马重申了他早期的批评观点，并进行了一些新的发挥。费马试图列举一些新的论据来驳斥笛卡儿对他的指责，然而，这些重申的观点并不完全准确。因为，克雷色列尔手上有一些当初的信件，对二者的争执尤为清楚。

在费马重写的这些信件中，他采用了"巴洛克式的礼节"，这种礼节在行文中，恰到好处地掩饰了他的恼怒和愤慨。阅读这些信件时，要经过一番翻译和研究，才能真正领会费马所要表达的真正含义。首先，对于"礼节"的理解，多是出于礼貌而在行为上应该注意的事项，但在英语世界里，它似乎还表示出不那么高尚的目的而使用礼貌的行为的意思。

费马说："从笛卡儿先生《折射光学》的基本命题中得出的结论是如此的美妙，它们应该很自然地在贯穿折射研究的所有方面都得出有趣的结论，以至于人们会期望这个命题被实在地用合理的方法证明过——不仅是为了我们逝去朋友的荣誉，更是为了科学的进步和荣耀。人们更期望，从这些（结论）里，我们可以说：通常，谬误比真理更容易被接受……先生，我从这里开始时为了让你知道，如果我以前在这个学科上与笛卡儿先生的分歧能够以他获胜而告终，我将非常高兴。在很多方面我都将很满意：一个我无比敬重、业已仙逝的朋友的荣誉——这个朋友有充足理由成为他那个时代的伟人之一；一个意义重大的物理学真理的确立；这些非凡作用在应用上的简便。对比赢得诉讼，所有这些的价值看起来都是无与伦比的。同样，我将毫不在意'他将赢得与我的战斗'，笛卡儿先生的朋友经常设法用它很好地安慰了他的对手们。因此，先生，我摆出希望给自己被打败的姿态。我大声地说：我终于向你的出众能力鞠躬。"

在信件中，费马提到"我们逝去朋友的荣誉"是真的吗？或是他仍对笛卡儿的虚荣和傲慢而耿耿于怀呢？笛卡儿自己就曾定义"荣誉"是一种"一个人对自己的爱"。同样，费马还说"谬误比真理更容易被接受"。那他所说的谬误和真理的具体指代是什么呢？换句话说，他认为，笛卡儿的错误科学观念比他自己的正确观念更容易被人们接受。显然，这样的典故在费马的信件中比比皆是。

费马实际上远没有从这些信件中达到他的期望，对他的名誉恢复似乎没有多大用处。相反，他的这些话使他的信平添了很多滋味。不管他的话多么漂亮，他的意图就是指责笛卡儿的命题没有经过合理、充分的证明。1662 年 5 月 21 日，费马在他给克雷色列尔的信中做了有条件的声明——他希望离开这个战场，这场争端才最终落下帷幕。

费马和笛卡儿的争端中，双方都是出于对真理的坚持，可又都越过了道德、理性的红线。表面上看来，笛卡儿赢得了这场胜利，可胜利使他的贡献仅仅停留在了解析几何领域。费马的声誉在他生前显得平平，在他逝世后，人们才发现了他出众的数学贡献。

"其实他们两人都做出了贡献。费马从代数方程出发寻找其轨迹，笛卡儿则是从轨迹出发来寻找其代数方程，是殊途而同归。他们的解析几何也都未致完善，如他们的坐标都还没有负数等等。"潘永祥、李慎在《自然科学发展史》中的这一评说应该是客观、公允的。还须指出的是，笛卡儿与费马关于解析几何发明权的论争，丝毫不辱他们两人作为解析几何创始人的地位和贡献。

生平大事记

1. 1601 年，生于法国的图卢兹附近。

2. 1615 年，进入博蒙·德·洛马涅公学。

3. 1621 年，获图卢兹大学法律学位，此后长期从事律师职业。

4. 1621 年，在巴黎买到丢番图的《算术》，利用业余时间进行研究，以后提出了著名的"费马大定律"。

5. 1629 年，写成其解析几何的代表作，即《平面和立体的轨迹引论》（1679 年出版）。

6. 1637 年，开始与笛卡儿争夺解析几何的发明权。

7. 1654 年，与帕斯卡讨论概率论问题。

8. 1665 年 1 月，因病去世，享年 64 岁。

主要参考文献

1. ［美］哈尔·赫尔曼.数学恩仇录：数学家的十大论战.上海：复旦大学出版社，2009.

2. ［美］科恩.科学中的革命.北京：商务印书馆，1998.

3. ［美］乔治·萨顿.文艺复兴时期的科学观.上海：上海交通大学出版社，2007.

4. 刘景华，张功耀.欧洲文艺复兴史：科学技术卷.北京：人民出版社，2008.

5. 朱家生.数学史.北京：高等教育出版社，2011.

6. 王玉仓.科学技术史.北京：中国人民大学出版社，1993.

7. 潘永祥，李慎.自然科学发展史.北京：首都师范大学出版社，1996.

8. 吴泽义，等.文艺复兴时代的巨人.北京：人民出版社，1987.

9. 吴国盛.科学的历程.长沙：湖南科学技术出版社，1995.

10. 江晓原.科学史十五讲.北京：北京大学出版社，2006.

解析几何的创始人

——笛卡儿

科学名言：我思，故我在。

读一本好书，就是和许多高尚的人谈话。

在文艺复兴的鼎盛时期，随着自然科学的发展和人们的思想逐渐从神学桎梏下解放出来，也逐渐形成了新的哲学思想，涌现出了一批伟大的哲学家。在这些哲学家中，被誉为"近代哲学之父"的笛卡儿，不仅率先创立了具有深远影响的新思想体系，而且在数学、物理学、生理学等领域都有开创性的重要贡献。英国学者汤姆索·雷尔的《笛卡儿》一书认为："笛卡儿在纯数学和自然科学的几个分支领域都取得了斐然的成就。其他作者，例如弗朗西斯·培根和伽利略，只能在某些方面与笛卡儿比肩。……培根对感觉世界的质疑远不如笛卡儿深刻……伽利略不能令人信服地解释数学方法在研究物理世界时何以能被应用得如此得心应手。……笛卡儿的形而上学填补了这个空白。"美国学者科恩的《科学中的革命》说："我们已经知道科学界人士是怎样采纳了笛卡儿的新的数学以及他那富有革命性的机械论哲学。他的崭新的惯性原理及其富有革命性的运动状态概念，成了牛顿的理论力学和天体力学的基础。他的还原论的生物学原理，最终在现代生理学的大部分领域占据了统治地位。""他还对地理学做出了开拓性的贡献，他提出了一种地层理论，认为地球是依据物理·机械理论的长期活动形成的。"雷尔和科恩对笛卡儿科学成就的高度评价，都是有事实依据的。

一、沉思者的孤独人生

英国著名哲学家弗朗西斯·培根（1561—1626）提出了"知识就是力量"的科学名言，认为了解自然的人比其他人更有优势，将大量资金用于发展科学和教育的民族，会比其他民族更为强大和富裕。法国哲学家、数学家笛卡儿则提出了"我思，故我在"这一著名的哲学命题，强调怀疑与批判精神是探索自然、追求真理不可或缺的工具，相信人类冷静思考的能力，足以认识一切自然现象。笛卡儿的人生，既是孤独者的人生，又是沉思者的人生，还是将生命融入科学的人生。一生都在孤独中度过，一生都保持着沉思的品格，一生都在探讨自然、追求真理。

1. 喜爱沉思的贵族之子

1596 年 3 月，勒内·笛卡儿（1596— 1650）出生于法国图兰省一个名叫拉埃的小镇（后改名为笛卡儿镇），父亲是布列塔尼省议会议员，也是当地地方法院的法官。从父亲处，笛卡儿得到了一个家境富裕的出身和良好的学习环境，但却没有获得太多的亲情陪伴。母亲因为难产而一直卧床，最后因感染肺结核离世。襁褓之中就遭遇不幸，笛卡儿也落下体弱的病根，母亲去世后，父亲再婚，定居在布列塔尼省。从此，笛卡儿由家中保姆抚养长大，开始了孤独和沉思的一生。

保姆给予了笛卡儿缺失的母爱。白天，带领他畅游庄园，教他识别各类植物和昆虫；夜晚，躺在温暖的被子里，保姆用极尽温柔的声音，给他讲述《圣经》里的故事。每当保姆讲起"挪亚方舟"的故事，笛卡儿总会蹦出一连串的问题："那个方舟多大？""挪亚在方舟待了多少天？""他们储存的粮食够吃吗？"尽管保姆学识有限，不可能完全回答笛卡儿的疑问。可她总是认真的思考，甚至若有其事地引导笛卡儿掰着手指头算着、数着。或许就是这些与保姆的问答，在笛卡儿心中种下了喜爱沉思和关注科学的种子，慢慢地生长、发芽，最后结出美丽的果实。

每次见到父亲时，他都会将他听到的故事讲给父亲听，父亲用睿智的目光期待着、欣赏着。笛卡儿会问："父亲，这世上的一切事物都是神创造的吗？"父亲回答：是的。"那么，我呢？也是神创造的吗？"父亲却没有办法回答了。看着有些失望的笛卡儿，父亲将他举过头，然后拍拍他的肩说："我的小哲学家，你是要把世上的一切问题都弄懂吗？"笛卡儿认真地点点头。他的认真，惹得父亲开怀大笑。在保姆的抚育和父亲的期盼下，笛卡儿无忧无虑地生活到了 8 岁。

1604 年，8 岁的笛卡儿在父亲的安排下，进入拉弗莱齐公学就读。这是一所刚创办不久的耶稣会学校，校长夏莱神父，主要对学生进行"绅士"教育，教授古典学科知识。拉弗莱齐公学汇集了来自四面八方的众多贵族子弟，可是，校长一眼便喜欢上了笛卡儿。根据校规要求，每个学生必须早起开始一天的课程，笛卡儿没坚持几天就病倒了。夏莱神父亲自到病床探望病中的笛卡儿，十分关心地询问他的身体情况。在夏莱神父的殷切关怀下，笛卡儿怯懦地说出了原因。原来他从小体质差，养成了睡懒觉的习惯。来到学校后，早起打乱了生活规律，所以一下子病倒了。校长深知这孩子的心智，或是出于怜恤，或是呵护，校长决定笛卡儿可以不用早起到教室上课，允许他可以睡到自己想去教室的时候。得到了校长的特许，笛卡儿可以名正言顺地睡懒觉，可他大多数时间是在床上进行沉思，这使得他养成了早晨躺在床上沉思的习惯。

学校教授拉丁文、希腊文、诗学、物理学、数学、逻辑学、道德学、形而上学等课程，笛卡儿每门功课都很好，物理学、数学最得章法。因为对数学的共同爱好，笛卡儿同梅森成了好朋友。梅森经常从学校图书馆借书回到宿舍，笛卡儿马上就捧着这些书"啃食"。一天，笛卡儿将书桌上的书已经翻了个遍，正将双手放在脑后思考问题时，梅森正抱着刚借阅的新书回到宿舍，笛卡儿马上夺过书本开始翻看。笛卡儿和梅森一起学习、共同探讨，相互帮助，为二人日后成为著名的数学家打下了坚实的基础。

2. "浪子"和雇佣兵

1612 年，笛卡儿以模范生的成绩从拉弗莱齐公学毕业。父亲希望他日后继承家业，成为一名律师，让他到波埃顿大学攻读法律专业。1616 年，笛卡儿大学毕业后成了一名律师，也开始了在巴黎短暂的"浪子"生活，经常与一些纨绔子弟出入赌场，面对形形色色的赌徒和各种各样的赌具，他的数学知识第一次得到了实践。笛卡儿只需要对各种赌博形式进行观察，就可以自如的参与其中，几乎是逢赌必赢，赢完了钱就去喝酒，直到喝醉才会离场。

一天，这个从赌场走出来的赌徒，独自游走在巴黎街头，穿过卢森堡宫、圣徐尔比斯广场、老鸽笼街……蓦然间赌徒竟也产生了一种苍凉之感，对浪荡公子般的生活感到厌倦。他发现眼前的人已经不是自己了，只觉得自己虚度了光阴，愧对了生命。于是，他下定决心结束"浪子"生活。为此，他远离市区，租住在巴黎近郊，开始专心研究数学问题。他只与几个同学来往，相互讨论数学问题。然而，不久之后，"浪子"的朋友又找上门来，再次将他拉进了社交界。他用尽全身力气想要逃离这种俗不可耐的生活，彻底地与这些讨厌鬼划清界限。

1617 年，厌倦了浪荡生活的笛卡儿入伍参军，以绅士志愿兵的身份加入荷兰莫里斯亲王（1567—1625，即拿骚的莫里斯，拿骚伯爵、奥兰治亲王，尼德兰北方七省——荷兰的实际统治者）的军队，在这支堪称欧洲大陆贵族子弟的军事学校，当了一名实际地位相当于士官的文职军官。三十年战争（1618—1648 年以德意志为主要战场的欧洲第一次大规模的国际战争）爆发后，又加入巴伐利亚军队。在 1617 年开始从军到 1628 年最后结束军旅生活的 11 年间，笛卡儿随军转战南北，参加过多次战役，幸运的是，在十几年的军旅生活中，竟没有被一颗子弹击中。笛卡儿并不想一辈子待在军队，他从军的目的不是建立军功、成为将军，而是希望跟随军队周游欧洲，继续"读世界这本大书"。随军转战南北、周游欧洲，使他进一步开阔了视野，目睹了当时的现实生活，对现实社会有了较深刻的认识，并萌生了重新解释世界、说明社会的想法。

众所周知，军队是最能改造人的学校，要求军人以服从命令为天职，循规蹈矩、令行禁止。不言而喻，喜欢怀疑、擅长沉思的人，与一身军装实在是不相匹配。耐人寻味的是，10 多年以服从为天职的军人生活，并没有将笛卡儿改造成为真正的军人，他依然保持着"怀疑一切"的思想意识，依然保持少年时代形成的沉思品格。即使在从军期间，他也没有停止过怀疑和沉思。在他身上，很难找到军人的性格特征。

尽管人们常说"浪子回头金不换"，但还是很难想象，这个曾经的"浪子"和毫不起眼的雇佣兵，会成为名满欧洲的"近代哲学之父"和解析几何的创始人，成为"最后一位全才"。

3. 客死异乡的伟人

1628 年笛卡儿离开军队，侨居荷兰。刚到荷兰的头几年，他请了一位名叫海伦的荷兰女仆。在长期的共同生活中，二人逐渐产生了感情。

1635 年笛卡儿 39 岁时，海伦为他生下了一个女儿，笛卡儿给她取名弗朗西娜。由于笛卡儿从小缺乏家庭关爱，再加之中年得子，使得他倍加疼爱女儿。在女儿的身上，笛卡儿看到更多自己小时候的模样。她是那样善于思考，总是眨巴着小眼睛对所有的事情刨根问底。

有一次，笛卡儿与朋友交谈时，女儿在一旁听着他们谈话。等笛卡儿送走了朋友，回头发现女儿正用天真的目光看着他，笛卡儿把女儿抱在怀里。

"爸爸，我听到了你们的谈话。"女儿一边说着，一边用小手玩弄着笛卡儿的胡子。

"我亲爱的女儿，你听到了什么？"

"爸爸，您真有学问。那位叔叔问了您那么多问题，您都能回答上来。"女儿认真地说着。

"孩子，你快点长大，好好学习，等像爸爸这么大的时候就会比爸爸还有学问。"笛卡儿将女儿放在腿上，认真的期许着。

"可我现在就想问您一个问题。"女儿认真地望着笛卡儿。

"好吧！你问吧！"

"就是您刚才跟叔叔说的'我思故我在'是什么意思？"……

父女俩这样一问一答的场景，总是那么静谧、美好，时常使笛卡儿感到宽慰。就这样，他们在荷兰这块平静的土地上生活了 5 年，最后移居到尚特波尔小镇。可是不久，5 岁的女儿却永远离开了笛卡儿，他陷入了深深的悲痛之中。

在侨居荷兰的 20 年间，笛卡儿的开创性研究结出了丰硕的成果。1649 年，笛卡儿早已成为了世界名人。欧洲所有国家的人都争相阅读他的论文，许多人对他的数学、哲学表现了极大的兴趣。6 岁就已登基的瑞典女王克里斯蒂娜就是其中之一，她从 1647 年开始通过法国驻瑞典大使得到了笛卡儿的著作。读完后，她写信给笛卡儿，并收到了笛卡儿《论心灵的情感》的手稿。于是，年轻的女王向笛卡儿发出邀请，表示渴望会见"杰出的笛卡儿先生"。开始的几封热情洋溢的邀请信都被笛卡儿婉言谢绝了，后来女王甚至派了一艘军舰来迎接笛卡儿。1649 年 10 月，53 岁的笛卡儿到达瑞典首都斯德哥尔摩。23 岁的女王克里斯蒂娜为他举行了盛大的欢迎仪式：士兵们列队站立两侧，女王拉着笛卡儿的手，称他为"杰出的笛卡儿先生"，文武百官都参加了欢迎仪式，女王的热情给笛卡儿留下了深刻印象。

笛卡儿在斯德哥尔摩的工作：一是拟定瑞典科学院的章程；二是担任女王的家庭教师。从幼年开始，体质较弱的笛卡儿就养成了睡懒觉的习惯，每天早晨在床上专心思考数学、物理学、哲学等问题，再利用其他时间整理沉思的成果，笛卡儿的众多思想就是这样得来的。可是，来到斯德哥尔摩后，这一习惯被女王改变了。年轻的女王认为清晨 5 点是记忆力最好的时候，要求笛卡儿按时赶往皇宫给她上课。这样，笛卡儿只得清早乘坐冰冷的马车去王宫。除了生活规律被打乱外，饮食也非常糟糕，瑞典籍的女仆对他的饮食结构一点都不了解，致使他营养不良，身体越来越差，生活越来越吃力，只希望能尽快返回荷兰。他在写给法国朋友的信中抱怨说："如果你想成为一个好的数学家，同时又想保持健康，那就应该只是在您想起床的时候再起床。"在给荷兰的朋友的信中，他说："宫廷中窒息的气氛和被奴役的地位使我的希望破灭了。我渴望回到荷兰，再过回我以前的生活。我只希望宁静和休息，宁静和休息就是幸福。"

由于不适应清晨 5 点的课程计划和斯德哥尔摩的饮食，到瑞典不久，笛卡儿便病倒了。一个对笛卡儿学说抱有成见的医生草草地检查了一下，说是感染了风寒，在给笛卡儿拿药的时候，还略带讽刺地说："等您病好后，我想跟您探讨探讨灵魂与肉体的关系问题。"渴望回到荷兰的笛卡儿，病情由风寒发展为肺炎。1650 年 2 月 11 日，抵达瑞典仅仅数月的笛卡儿病逝于斯德哥尔摩，享年 54 岁。

二、解析几何的发明者

笛卡儿是有着深远影响的思想家，也是在数学、物理学、生理学等领域做出了巨大贡献的科学家。马克思和恩格斯曾称赞说："笛卡儿的唯物主义成为真正的自然科学的财产。"笛卡儿在数学领域开创性的重要贡献是创立了解析几何，为数学的发展开辟了广阔的空间。如果说解析几何离人们的日常生活比较远的话，那么，他的一项数学发明则已经融入了人们的日常生活。今天，不管你从事何种职业、走到什么地方，都可以从书本、报纸和电视里看到展示数字的图表，如表示税率、费率、入学率、升学率、失业率、就业率、保险率和股价、物价、房价等等内容的图表，还可以在商场、停车场看到价目表，而在图表里纳入数字的方法就是笛卡儿的发明。

1. 步入数学殿堂

笛卡儿自幼喜爱数学，有着扎实的数学基础。不过，笛卡儿步入数学殿堂却与以撒·贝克曼（1588—1637，荷兰哲学家、科学家）有着密不可分的关系。可以说，与贝克曼的相识是笛卡儿的人生转折点，从此之后，科学成了笛卡儿生命中的重要组成部分，成为笛卡儿为之献身的伟大事业；有的学者还认为正是贝克曼将笛卡儿造就成了伟大的数学家和哲学家。

笛卡儿与贝克曼的相识还得从一张"有奖问答"似的布告说起。1618 年 11 月，随军驻扎在荷兰的笛卡儿一个人在布莱达小镇信步游走。这时，街道上的热闹引起了他的注意：人群围绕着一块木板在讨论着什么。他也过去凑热闹："这上面写的是什么呀！"他用法语向周围的人群发问。没等人回答，他就悻悻地垂下了头——他们说的都是荷兰语。"这位士兵（穿着军装）是想知道布告的内容吧？"一位学者打扮的人用法语回答道，从而缓解了笛卡儿的尴尬。"是的，先生，您能告诉我吗？"笛卡儿像是抓住救命稻草般的赶紧追问。"我是物理学、医学和数学教师，是多特学院的院长，我叫贝克曼。"埃萨克·贝克曼自我介绍说，"不过，我有一个条件，就是你要把这布告上的所有问题的答案送给我。"

"好吧！先生，我接受您的条件。"笛卡儿爽快的回答。贝克曼告诉笛卡儿，布告上张贴的是一张数学的有奖竞赛题目，谁能解答出来就能获得城里最好的数学家的称号。随后，贝克曼将写有自家地址的纸条递给了笛卡儿。

笛卡儿记下了所有的问题，回到军营，找出纸、笔，认真地解答起来。很快，他像"开挂"般的解答出了好几个问题。可最后一个问题，他怎么也解不出来。这时，已经夜深人静，军营吹起了就寝号，无奈，他只得缩进被窝，可脑子里却怎么也放不下这个问题，在床上翻来覆去想了一夜。天色也渐渐地明亮起来，他又开始"沉思"。突然，他一下子豁然开朗，马上爬起来演算，一遍，又一遍，再一遍。没错！就是这个答案，他高兴地带上所有的答案去找贝克曼。

荷兰冬日的早晨异常寒冷，当他来到贝克曼家门前时，手冻得按门铃都觉吃力。贝克曼打开房门，很惊讶地看着眼前这位胡子上结冰的年轻人。当他看到笛卡儿递过来的答案时，更是惊呆了。"年轻人，这可是数学家也需要几个月的时间才能解答出来的问题啊！在你之前，可没有谁能这么轻易地就解了出来。而且，还完全无误！说实话，我开始还把你当成一个游手好闲的混混呢。"这时，贝克曼的家人全都跑出来围观这位神奇的人物，问这问那。

贝克曼激发了笛卡儿的数学潜力，并引导他走上了研究数学的科学之路。笛卡儿脑海中的数学片段，慢慢地拼凑成了一幅完美的画卷。

2. 创立解析几何

在古代数学家看来，几何与代数各有自己的研究对象，几何研究"形"，代数研究"数"，两者之间界限分明。笛卡儿则把几何和代数都看作是"数"的问题，认为两者的研究对象是一致的。

1619 年 11 月，笛卡儿随从军队驻扎在多瑙河畔的诺伊堡。没有战事的冬天，士兵们整日沉醉在酒色之中，唯有笛卡儿整天与哲学、数学做伴，试着"踩在巨人的肩膀上"前进。在研读古希腊几何学家帕普斯（约 300—350 年，以评注托勒密和欧几里得的数学著作而著称，所著《数学汇编》一书给后人留下了许多难题）的著作《数学汇编》时，被著名的帕普斯问题所吸引。

"如果从任一点作直线与五条具有给定位置的直线在各个给定的角度上相交，并且其中三条直线所围之长方体的体积（这里的体积是指三个距离之积）与其余两条直线和一给定直线所围之长方体的体积之比是给定的，则该点将落在给定位置的曲线上。如果有六条直线，并且其中三条所构成的上述立体与其余三条所构成的立体的体积之比是给定的，那么这一点仍将在给定位置的曲线上。"这就是困扰数学家一千多年的帕普斯问题。1619 年，"笛卡儿第一次向老师贝克曼报告了一项使笛卡儿名垂青史的'新科学纲要'。这就是后来人们所熟悉的解析几何"。

这部书是他去世后才出版的。

10 年之后的 1628 年，笛卡儿在书稿《指导哲理之原则》中，已经表明了"数、形同质"以及用代数方法研究几何问题的思想。又一个 10 年之后的 1637 年，笛卡儿出版了《关于科学中正确运用理性和追求真理的方法论的谈话。进而，关于这一方法的论文，屈光学、气象学、几何学》（简称《方法论》），该书的主要内容是他的数学方法论、他发明的解析几何以及他对光学的一些研究成果。《几何学》虽然仅占整部著作的 100 页，但却是变量数学的第一个里程碑，它系统完整地阐述了坐标几何和代数、点的坐标，以及变数的思想等解析几何的主要内容，将代数与几何统一起来，使几何曲线与代数方程相联系起来，为数学的发展开辟了无限广阔的空间，因而也被学术界看作解析几何学诞生的重要标志。

在《几何学》中，笛卡儿跳出了古希腊数学家用线段、图形来表示数的既定框框。他认为只要给定一个单位线段的长度，就能用线段的长度表达一个变量的任何次幂，而当变量的值被确定时，就能够作出该线段的几何图形。由此，笛卡儿解决了古代流传下来的最难解的难题之一"帕普斯"难题，笛卡儿的主要贡献是给出了这个问题的通用代数解法，他给出的事例用到了 4 条直线，在这种情况下，我们所需要知道的就是给定线段的长度。这些线是坐标系的轴，轴的长度单位能让我们确定要求点的横纵坐标。

将方程和曲线联系起来，是笛卡儿解帕普斯问题的方法特征。将待求定点和曲线放在同一个平面内，也就是今天我们所熟悉的直角坐标系中，这是前人所没有采用过的。当然，笛卡儿所使用的坐标是斜坐标，也没有 y 轴，与今天的直角坐标还有一定的距离。但正是笛卡儿的坐标系思想，为后人完善、发展解析几何奠定了基础。

笛卡儿将传统数学中对立的两个研究对象"形"与"数"统一起来，

使数学的发展进入变量阶段，迎来了数学史上一个时代的新开端。恩格斯对此给予了高度评价，他说："数学中的转折点是笛卡儿的变数。有了变数，运动进入了数学；有了变数，辩证法进入了数学；有了变数，微分和积分也就立刻成为必要的了，而它们也立刻就产生了……"

解析几何学不仅使得一些代数问题形象化，使几何学的问题从此可以用代数学的方法来解决，以前的几何学难题，"如今只要用比较容易掌握的、简单得多的代数运算就行"了。笛卡儿在《几何学》中描述说："每个几何问题都可以归结为这样几句话：为了构成这个问题，所要知道的无非是关于若干直线的长度知识，并且在确定这些长度时，只需要四五步运算。正如一个算术运算可以包括加减乘除和开方（开方也可以看成是除法的一种变化形式）一样，几何学也是如此"。在他看来，解析几何既可以解决传统几何学中的作图问题，也可以解决传统几何学不能解决的轨迹问题。其实，笛卡儿解析几何学的价值或作用还突破了数学的范畴，为物理学提供了一种非常有用的数学工具。

关于笛卡儿创立解析几何的灵感有多种传说，其中的两种传说是这样的。一个传说讲的是，他在一天夜里做了三个梦：被邪恶的风从教堂吹到一个宁静的场所；得到一把"魔钥"；背诵一首名诗。另一个传说讲：笛卡儿在早上"晨思"的时候，注意到一只苍蝇在一面墙壁上爬行，这时，一个闪念出现在笛卡儿的脑海中：只要知道苍蝇与相邻两面墙之间的距离之间的关系，就能够描述出苍蝇的路线。其实，笛卡儿之所以能创立解析几何，除个人的天赋和机遇外，主要得益于勇于探索、勤于思考、方法得当。

对笛卡儿为数学发展所做的贡献，美国学者科恩在《科学中的革命》一书中评价说："笛卡儿使代数摆脱了几何学的束缚，从而使数学发生了革命性的转变，并导致了'一般代数学'的出现，它使那种认为在几何学和算术中'人的知识和能力所及的一些'都已获得的主张成为合理的了。牛顿有关积分的最初思想，是在仔细地研究笛卡儿的数学著作以及一些评论者们对笛卡儿《几何学》的论述时形成的。""笛卡儿数学具有革命性，这一点不仅从笛卡儿以前和以后的数学的比较中可以看到，而且，注意一下 17 世纪的数学（以及以后几个世纪的数学）牢固地带有笛卡儿思想的印记，我们也可以发现这一点。因此可以说，笛卡儿数学通过了鉴别革命的历史的检验。"应该说，这一评价如实反映了笛卡儿的伟大贡献。

3. 笛卡儿与费马之争

解析几何是由法国学者笛卡儿与费马（1601—1665）各自独立发现的，前者的代表作是 1637 年发表的《方法论》，后者的代表作是 1629 年写成、1679 年出版的《平面和立体的轨迹引论》。

笛卡儿的《方法论》出版后，一些当时重要的数学家对之提出了严厉批评，这使笛卡儿感到震惊、委屈甚至愤怒。在这些批评声中，费马声称他在 8 年前就已完成了此项工作，这让笛卡儿几近崩溃。

喜欢沉思的笛卡儿是个特立独行的人，不擅人际交往，也不能平和地对待别人的批评意见。1636 年让·贝格兰发表《刚体力学》一书，笛卡儿对此书提出了严厉批评。在笛卡儿《方法论》出版之前，贝格兰设法弄到了一份《折射光学》的抄本，并将它在同行间进行传阅。不明所以的费马阅读后批评说：笛卡儿完全依赖数学方法来研究物理，这与日渐重视的实验方法论是相背离的；其折射定律在演示过程上存在侥幸心理，只选择能得到他想要的结论的方法。更让笛卡儿恼火的是，费马在给梅森的信中还表达了他愿意为了共同寻找真理的愿望，向笛卡儿伸出援助之手。

1637 年年末，笛卡儿和费马有过两次交流。看过笛卡儿的《几何学》后，费马对笛卡儿在最大值和最小值方面没有进行任何研究感到震惊。费马将自己的研究成果送给梅森，里面有关于最大值、最小值、曲线的切线的方法，以及他在解析几何上的成果，这更加剧了他二人的冲突。笛卡儿在《方法论》出版之前看到了费马的研究成果，虽然费马用别的方法解决了帕普斯问题，但他的方法和解题过程与笛卡儿自己的惊人相似。随后，一大波批评向笛卡儿涌来。对此，笛卡儿以"两三只苍蝇"来称呼向他提出批评的法国数学家；称让·贝格兰的信最多只能当作"解手纸"用。笛卡儿还企图使他的读者们相信，费马不能解决任何古代几何学遗留下来的问题。

在当时的时代背景下，笛卡儿与费马之间的争论有其必然性。（1）1633年笛卡儿已经完成了书稿《论世界》，伽利略因支持哥白尼学说而受到教会迫害的消息使他将成果束之高阁。1637 年发表《方法论》时，为了不与教会发生直接冲突，用语也比较晦涩。所以，他的《方法论》非但没有引起同行对其解析几何的重视，反而招致大量批评，这就使得视学术为生命的笛卡儿备感痛苦。（2）当时的欧洲并没有学术期刊供科学家进行规范的讨论。教皇的教廷大使梅森作为一名神父，对数学充满兴趣，是法国学术界 "移动的学术期刊"，很多数学家都愿意将自己的研究成果送给梅森阅读。所以，除公开发表的著作外，与梅森的通信也表达了一个人的学术成就。然而，通信却带有明显的个人主观臆断甚至偏见，而梅森大多原封不动地进行转送，这更加剧了笛卡儿和费马之间的争论。（3）笛卡儿和费马的个人性格也是重要原因。尽管费马的评论是学术性的，但费马并不清楚笛卡儿完整的学术研究，只是阅读了《折射光学》就欲窥一斑而见全豹，对笛卡儿的研究成果进行批评。其实，笛卡儿在 1644

年发表的《哲学原理》和 1664 年发表的《论世界》，充分论证了费马指出的两个缺憾，而这正是 1634 年之前笛卡儿就已完成了的研究成果，只因躲避教会的迫害而未出版。

"其实他们两人都做出了贡献。费马从代数方程出发寻找其轨迹，笛卡儿则是从轨迹出发来寻找其代数方程，是殊途而同归。他们的解析几何也都未致完善，如他们的坐标都还没有负数等等。"潘永祥、李慎在《自然科学发展史》中的这一评说应该是客观、公允的。还须指出的是，笛卡儿与费马关于解析几何发明权的论争，丝毫不辱他们两人作为解析几何创始人的地位和贡献。

三、"最后一位全才"

"笛卡儿是研究自然科学的最后几位哲学家之一。在 17 世纪将近结束的时候，哲学和自然科学分道扬镳。哲学家开始把注意力集中在政治、道德和宗教上面，而自然科学研究不同的科学领域，不管是数学、物理学、生物学还是天文学。"笛卡儿的科学生涯不是很长，也不是一位多产作者，然而，他在哲学和科学上奠基性的成就，对人类文明进程有着深远的影响。他的机械唯物论成为 18 世纪"百科全书派"的奠基石，其解析几何构成牛顿建立微积分的基础。总之，笛卡儿是对人类文明进程有着重要影响的哲学家、数学家、物理学家、生理学家。

1. "我思，故我在"

笛卡儿具有强烈的批判精神，提倡理性主义，反对经院哲学的信仰主义，其哲学的出发点是"怀疑一切"，通过怀疑探索真理。认为："要想追求真理，我们必须在一生尽可能地把所有事物都怀疑一次。"在这一思想的指导下，笛卡儿在自然界中寻找真理的存在，从哲学角度来研究数学问题，十分重视获取正确知识的方法论的研究，并把它作为一切工作的首要任务。笛卡儿非常推崇数学方法，认为这是在一切领域中获取真理的方法。在他看来，数学中立足于公理的证明是无懈可击的，是任何权威都不能左右的，数学提供了获得必然结果及有效证明其结果的方法。笛卡儿创立的"数学演绎方法论"，与培根倡导的"实验归纳法"、伽利略创立的实验加数学的方法，至今依然是科学研究的基本方法。

在《方法论》一书的绪论部分，笛卡儿崇尚理性的方法论，提出了获取正确知识必须遵循的基本准则：（1）不能确知是对的事，不能接受。这就是说，对任何事物作判断时要谨慎，以避免仓促和偏见使自己做出错误的判断。（2）把我所考察的每一个难题都尽可能地分成细小的部分，直到可以适于加以圆满解决的程度为止。（3）按照步骤，从最简单、最容易认识的对象入手，一点一点逐步上升到对复杂对象的认识，最后解决复杂、困难的问题。（4）把一切情形尽量完全地列举出来，尽量普遍地加以审视、观察，使我确信毫无遗漏。

正是在这些原则的指导下，笛卡儿创立了解析几何，开辟了近代数学发展的新起点。

笛卡儿的学术研究，始终关注人类的理性解放，强调理性高于感性，不能将感觉作为事物的真实性质的标准，如同我们看不见空气并不等于空气不存在一样，理性才是认识的最高阶段和一切知识的源泉。认为哲学的任务就是用知识代替信仰，用理性代替非理性，用逻辑证据代替权威教条。强调怀疑与批判精神，提出了"我思，故我在"的这一著名哲学命题。认为任何事物都可以怀疑、值得怀疑，唯有"我在怀疑"不能怀疑。"怀疑"即"我思"，我思即我在，因此，我思即我在是一个清楚明白的命题。我在怀疑之所以不能怀疑，是因为有一个怀疑着的我（心灵独立存在）。于是，笛卡儿进一步指出了心灵与物质的相互差异，即：心灵能思维而不能占有空间，物质占有空间而不能思维，两者互不决定，互不派生。也就是说，笛卡儿在这里指出了物质与心灵的二元论，物质的本质属性是广延，心灵的本质属性是思维。

笛卡儿运用机械主义哲学解决科学研究中的重大问题，反过来，这些重大问题的解决又给机械主义哲学的基本原理提供了实证支持，如笛卡儿在数学、物理学、光学、天文学、生理学、医学等领域的研究成果，都有力地支撑着他的机械主义哲学。据科学史家科恩的研究，"到牛顿的《原理》发表时，笛卡儿的机械论哲学已经在欧洲科学中占据了统治地位。波义耳在谈到'有关物体、物质及运动的两个最重要、最普遍的原理'时，想到的恰恰就是笛卡儿的机械论哲学"。

2. 物理学

笛卡儿的自然科学体系是机械主义的，用机械哲学解释自然现象。在他的体系中，所有的物质的东西都是为同一机械规律支配的机器，动物、植物和无机物如此，人体也是如此。这样，他就排除了亚里士多德的那种以为自然界总是按照一定的等级制度构成的传统观念，把自然规律和机械原理看成一回事。这种机械论的科学思想，对以后几个世纪欧洲科学思想和哲学思想的影响也是很大的。其物理学方面的贡献极多，这里简要介绍其中几例。

首先，关于世界的三大自然法则（即力学的三大基本定律）。（1）物质运动的惯性定律。只要没有外力的作用，运动的物体便会以同样的速度运动下去，静止与运动没有本质区别，静止只是运动的一种特殊形式而已。而亚里士多德的物理学理论则认为：只有静止的东西可以自然地保持它们的状态。（2）物质运动的直线定律。所有运动本身都是直线运动，因而圆周运动的物体有离心的倾向。钟摆的摆动虽然呈圆形，但是摆的每个部分在每一刻都试图做直线运动。（3）物质运动的碰撞定律。一个物体如果与更大的物体相碰撞，不会损失任何的运动；如果与更小的物体相碰撞，则它传输到另一物体的运动和它失去的运动是一样多。在《光学》里，则给出了物体碰撞时运动是守恒的结论（第三法则大有问题，因而以后被牛顿的第三定律所取代）。

其次，光的微粒说和折射完律。笛卡儿是光的微粒说的积极倡导者，第一个提出了光线折射的正弦定律，并用演绎推理方法加以证明，认为光的入射角的正弦总是相互保持同一比例。虽然从近代物理学，尤其是量子力学的角度看，光的微粒说和它的对立面，即光的波动说都有其片面性。光的运动既是波动，也是粒子传播的。但是，在科学发展史上，微粒说一直是 19 世纪以前光学研究中的主流学说。人们常常将英国物理学家牛顿（1642—1727）看作光的微粒说的创始人，其实，早在牛顿之前笛卡儿就提出了光是微粒的观点。

再次，"无限宇宙论"和"漩涡理论"。针对哥白尼、伽利略等人的有限宇宙概念，笛卡儿提出了无限宇宙论，认为宇宙是一个充满物质的空间，这些充满物质的空间的运动形成无数的漩涡。他明确指出，太阳系就在这样一个漩涡中，这个漩涡大到整个土星轨道相对于它而言就是一个点。漩涡的绝大部分区域充满微小的球，由于彼此之间不断地碰撞，这些小球变成了完美的球体。笛卡儿把这些小球称作"第二元素"，而"第一元素"是极度精细的微粒，构成行星等大物体。每一颗行星都倾向于逃离漩涡中心，但受到离心力的强大作用，从而形成了强大的动力学平衡，行星的轨道就被确定了。笛卡儿"漩涡理论"的宇宙模型比康德的"星去假说"宇宙模型早一个世纪，是称霸 17 世纪的宇宙学说，直到牛顿提出万有引力定律，才慢慢地退出历史舞台。

3. 生理学

笛卡儿不仅运用机械主义力学的原理研究自然现象，而且将其扩展到人体现象，认为所有物质都是受机械规律支配的机器，从人到宇宙，世间万物莫不如此。

笛卡儿对生理学和医学抱有极大的兴趣，系统总结了人体解剖的最新成果，并著有《论胚胎的形成》一书。其研究成果主要是：

首先，身和心的二元论生理哲学。认为心可以影响身，反过来身也可以影响心，身和心既是二元的，又是相互作用的，身对心的影响甚至大于心对身的影响，例如身体受到外界刺激的条件反射，病愈后的白痴可以变成非凡的聪明人，天才一经染病也会成为不可救药的傻瓜，表明身体的变化控制着意识的变化。

其次，人的肉体是一部机器。他不仅仔细研究人体解剖学，而且常常观察屠夫们解剖动物，进而得出人的身体和动物的身体一样，有如一台精致的机器。

第三，人的肉体受基本力学规律的支配。笛卡儿认真观察了人的血液循环系统、呼吸系统、消化系统和神经系统，认为人和动物的一切活动都受基本力学的支配，尤以血液循环最为典型。

第四，刺激反应说。动物个体都有本能行为，动物个体一旦受到突然性的外界刺激，都会出现如迅速眨眼、退避、喊叫等身体的反射行为（条件反射），人的手或脚碰到火后会迅速缩回来。

此外，笛卡儿还通过机械主义解释人的大脑、人的视觉，以及失眠、疲劳与血液循环的关系等问题。

据美国学者科恩的《科学中的革命》介绍，托马斯·亨利·赫胥黎认为笛卡儿"确实为运动和感觉的生理学做出了贡献（哈维则为血液循环的生理学做出了贡献），并且开辟了通往这些过程的机械理论的大道，他的后继者遵循的都是这种机械论理论"。

刘景华、张功耀的《欧洲文艺复兴·科学技术卷》这样评价说："笛卡儿的心身二元论的生理学哲学，现在看来已经有点荒谬。比如，他过分夸大了松果腺的作用。""尽管如此，笛卡儿的这种哲学，最早综合了当时的解剖学、生理学和病理学成就，并试图用统一的力学规律寻求统一性的解释，尤其是把思维从单向的动物精气作用引导到了身与心的交感作用，从而叩开了脑生理和思维科学的大门。因此，近代哲学之父的笛卡儿，也应该是脑生理科学和思维科学之父。"

此外，在地质学上，笛卡儿提出了一种地层理论，"认为地球是依据物理·机械原理的长期活动形成的"，把地球起源问题作为宇宙论或者说世界起源问题的一部分来研究，成为近代地球成因学中最有意义的理论。

孙卫民在《笛卡儿传：近代哲学之父》中认为："笛卡儿的思想在科学和哲学的历史发展上有着不可替代的影响。我们尤其应该注意到，笛卡儿的这种贡献和影响不是靠一两句口号来取得的，甚至不完全是因为他提出的机械哲学的体系，而是来自于笛卡儿在这个体系上对大量的经验现象给出的清晰、准确和深刻的解释和说明。这些解释和说明使得我们对世界的认识更加深入精确，从而反过来支持了笛卡儿的哲学思想。"

历史是公正的，尽管笛卡儿的著作在 1647 年遭荷兰教会烧毁，1663 年被罗马教廷列入"禁书目录"。但是，1819 年法国将笛卡儿的骨灰移入圣日耳曼圣心堂时，在墓碑上镌刻着：笛卡儿，欧洲文艺复兴以来第一个为人类争取并保证理性权力的人。笛卡儿一生都在致力于人类理性的解放，"自 1710 年起……他得到了人类导师的卓越地位。这足以说明他的重要性"。

在哲学上，笛卡儿是将哲学思想从经院哲学的束缚下解放出来的第一人，被誉为"近代哲学之父"，其哲学思想主要针对封建教会和经院哲学，主张理性高于感性，理性是认识的最高阶段和一切知识的源泉。反对信仰高于一切，提出哲学的任务就是用知识代替信仰，用理性代替非理性，用逻辑证据代替权威教条。在自然科学上，笛卡儿不仅是解析几何的创始人，并且在物理学、光学、天文学、地学和生理学、医学等领域的都取得了足以载入史册的杰出成就。纵观人类几千年的文明史，在哲学和自然科学方面都做出划时代贡献的科学家，虽然不能说仅有笛卡儿一人，但绝对是不多见的。

生平大事记

1. 1506 年 3 月，出生于法国图兰省（土伦省）一个名叫拉埃的小镇。
2. 1604—1612 年，就读拉弗莱齐公学。
3. 1612—1616 年，在波埃顿大学攻读法律。
4. 1616 年，大学毕业后成为一名律师。
5. 1617 年，以绅士志愿兵的身份加入荷兰莫里斯亲王的军队。
6. 1618 年 11 月，在荷兰结识物理学家埃萨克·贝克曼教授，并向贝克曼教授学习数学和力学；完成第一部科学著作《论音乐》。
7. 1619 年，加入巴伐利亚军队；第一次向贝克曼教授汇报其"新科学纲要"（即解析几何，此书直到作者去世后才出版）。
8. 1620—1628 年，随军转战南北、周游欧洲。
9. 1628 年，出版著作《指导哲理之原则》。
10. 1637 年，《关于科学中正确运用理性和追求真理的方法论的谈话。进而，关于这一方法的论文，屈光学、气象学、几何学》（简称《方法论》）一书出版。

11. 1641 年，出版《第一哲学沉思录》。

12. 1644 年，出版《哲学原理》。

13. 1650 年 2 月 11 日，在瑞典的斯德哥尔摩因病去世，享年 54 岁。

主要参考文献

1．［英国］汤姆索·雷尔．笛卡儿．南京：译林出版社，2014.

2．［美国］科恩．科学中的革命．北京：商务印书馆，1998.

3．［法国］弗朗索瓦·阿祖维．笛卡儿与法国．北京：中国人民大学出版社，2008.

4．潘永祥、李慎．自然科学发展史．北京：首都师范大学出版社，1996.

5．刘景华，张功耀．欧洲文艺复兴：科学技术卷．北京：人民出版社，2008.

6．孙卫民．笛卡儿传：近代哲学之父．北京：九州出版社，2013.

7．吴泽义，等．文艺复兴时代的巨人．北京：人民出版社，1987.

8．吴国盛．科学的历程．长沙：湖南科学技术出版社，1995.

9．江晓原主编．科学史十五讲．北京：北京大学出版社，2006.

10．朱家生．数学史．北京：高等教育出版社，2004.

11．马克思恩格斯全集：第 2 卷．北京：人民出版社，2005.

使『化学』真正成为化学的科学家

——罗伯特·波义耳

科学名言·空谈无济于事，实验决定一切。

在科学发展的历史上，1543 年是具有划时代意义的一年。这一年，波兰天文学家哥白尼（1473—1543）和布鲁塞尔医学家维萨里（1514—1564），出版了划时代的巨著《天体运行论》和《人体构造论》，揭开了科学革命的序幕。

显然，在科学革命的历史上，化学革命要比天文学革命和医学革命晚了很多。1661 年和 1789 年，英国化学家波义耳、法国化学家拉瓦锡（1743—1794）出版的名著《怀疑派化学家》和《化学基础论》，标志着化学科学终于找到了正确的方向，波义耳和拉瓦锡也被学术界誉为"近代化学的奠基人"和"近代化学之父"。波义耳不仅规定了化学研究的"目标在于发现化学变化的一般原理"，而且将实验和观察作为化学研究的基础，提出了"空谈无济于事，实验决定一世"的科学名言。从此，化学告别了炼金术和医药学，真正走上了科学发展的轨道。恩格斯在《自然辩证法》中高度评价波义耳对近代化学的巨大贡献，明确指出"波义耳把化学确立为科学"。

此外，波义耳还组建了由多国学者构成的研究团队，培养造就了一批卓有成就的化学家，从波义耳的实验室回到各自祖国的化学家，积极传播和弘扬波义耳的新化学思想，使欧洲大陆的化学研究摆脱了炼金术和医药化学的束缚，有力地促进了化学科学的独立发展。

一、甘为科学献身的贵族后裔

在 16 世纪以来科学技术的发展史上，英国、法国等欧洲许多国家曾出现过一批科学技术的"自由从业者"。这些科学的自由从业者，大部分是家境富裕、很有社会地位的贵族后裔，他们不是追求奢华的物质生活，而是心甘情愿地献身于科学事业，在探索自然的过程中寻求人生乐趣、体现人身价值，以科学发现为最大的满足，为近代科学的发展做出了不可磨灭的巨大贡献。其杰出代表，就是将化学确立为一门自然科学的波义耳。有趣的是，学识渊博、知识丰富的波义耳，并没有接受过化学的专业训练，甚至没有读过大学。当人们好奇地问他是哪个学院的毕业生时，他总是爽朗一笑，说：我毕业于"无形学院"。

1. 别开生面的求学生涯

1627 年，波义耳（1627—1691）出生在爱尔兰的一个非常富有的新贵族之家，父亲理查德·波义耳是爱尔兰科克郡的一位伯爵，这位英国伊丽莎白女王（1580—1603 年在位）时代著名的经济"冒险家"，在波义耳出生时已是不列颠最富有和最有影响力的大贵族之一，拥有大量田产、庄园、城堡以及众多的佃户与奴仆。波义耳是科克伯爵 15 个孩子中的第14 个（第 7 个儿子），母亲凯瑟琳·芬顿是理查德的第二位妻子，波义耳 4 岁时母亲不幸去世。他的兄长姊妹都与贵族家庭缔结姻缘，家族财大势强，终生未娶的波义耳虽然没有为科克伯爵家增殖财富，但是，这位流芳千古的科学家却为人类创造了难以估量的财富。

科克伯爵非常富有，社会地位也极高，但对儿女要求很严，认为子女不可娇惯。小波义耳生下来后，就被送到农村寄养，4岁才回到利兹莫城。波义耳从小就喜爱观察大自然，素有"神童"之称，整天钻进花园不愿意出来。小波义耳总有问不完的问题，每当家里来了有学问的客人，他就缠住问个不停。例如：苹果烂了以后生成的东西是什么？星星为什么不从天上落下来？绿草和红花怎么会变颜色？好多好多的问题，离奇古怪，常常令大家又好笑又惊奇，都十分喜爱小波义耳。波义耳的提问几乎成了科克伯爵家接人待客的一项程序。贵族之家的血统和家庭教育，也养成了波义耳的贵族气质和担当精神。

在完成良好的家庭学习后，8岁的波义耳与哥哥法兰克一同进入著名的英国贵族学校伊顿公学。据说，素有"神童"之称的波义耳进入伊顿公学时，已能讲希腊文和拉丁文。他们由两名仆人伴随，寄读在伊顿公学教师的家里。仆人写给科克伯爵的报告说：哥哥法兰克嗜好赌博，弟弟波义耳则酷爱读书。在这所以管理严厉著称的学校里，别人都像霜打的茄子似的，可小波义耳却如同笼子里的小鸟飞回了大森林。学校藏书丰富，渐渐地，小波义耳开始沉默了，他不再到处缠着别人提问了。有时，他一个星期也不说一句话；有时，他读书读着读着就哈哈大笑起来。一家人看到休假时的小波义耳读书痴迷的情形，甚至还有些为他担心；仆人们经过他的书房时都蹑手蹑脚。

在伊顿公学学习了3年后，1639—1644年，波义耳在家庭教师和仆人的陪同下，到法国、瑞士、意大利旅行和学习。游学期间，波义耳参观了一些著名学者工作学习的地方，接触到了新的学术思想和学术著作，开阔了眼界，增长了见识。在欧洲大陆游学的5年，波义耳12岁至17岁，相当于初中和高中年龄段，这正是求知欲望和接受能力最强的时期，它对波义耳的一生都有重要影响。例如，在意大利，波义耳阅读了意大利物理学家、天文学家伽利略（1564—1642）的伟大学说，钦慕伽利略追求真理、探索未知世界的科学精神，他出版的近代化学的奠基之作《怀疑派化学家》，也模仿伽利略的名著《关于两大世界体系的对话》的对话体裁。再如，在瑞士的日内瓦生活、学习的两年期间，波义耳接受了加尔文新教，成了虔诚的宗教徒，将科学研究视为宗教事业。去世后，还在遗嘱的附录中规定，将遗产的一部分作为传播基督教的"波义耳讲座"基金。波义耳虽然富有，但始终践行加尔文倡导的俭朴生活，不求奢华、不图虚荣，为了从事科学研究，不惜花费巨资建造实验室、购置实验设备和实验材料，以及组建科研团队。

在游学期间，波义耳也在不知不觉之中从少年成长为一个翩翩青年，他从迷恋亚里士多德，到熟悉培根、伽利略和笛卡儿等著名学者，通过伽利略还知道了波兰籍天文学家哥白尼。波义耳的学术视野越来越宽广，通过仔细阅读培根、伽利略等人的著作，他逐渐明白了，认识自然界的事物，了解它们变化的规律，必须通过实验。

1640年，英国资产阶级革命爆发，作为当时英国最富有的人"科克伯爵"的老波义耳，毫无疑问地成了保皇派。1644年，在王党与新党之争的一次战役中，老波义耳因伤不治身亡。于是，17岁的波义耳回到了战乱中的祖国，继承了父亲留下的丰厚遗产，这为他终身从事科学研究提供了坚实的物质基础。

2. 皇家学会的创始人之一

回国之初，波义耳寄居在姐姐莱涅拉夫人家里。莱涅拉夫人热情好客，待人周到，她家的沙龙里名流云集，著名的英国诗人弥尔顿就曾为了逃避国王派的迫害而避难于此。莱涅拉夫人家的沙龙里，人们既关心时局，为国王派和议会派的行为激烈争论，也谈论科学、教育和文学艺术。

在姐姐莱涅拉夫人的沙龙里，他还聆听过弥尔顿、笛卡儿等著名学者的精彩演说。在此期间，波义耳在伦敦结识了著名的科学教育家哈特利伯，并在其鼓励下从事医学、农学等实用科学的研究。1645—1654 年，波义耳绝大部分时间都居住在父亲为他留下的庄园里（多塞特郡斯塔乐桥）。

值得一提的是，对波义耳的科学人生有着巨大影响的科学家团体。结识哈特利伯后不久，年仅 18 岁的波义耳便加入了由哈特利伯等学者讨论科学问题的定期聚会，这个非正式的民间学术团体便是赫赫有名的"无形学院"（即自然哲学家小组）。无形学院在英国哲学家、实验科学之父弗兰西斯·培根（1561—1626）和捷克教育家夸美纽斯（1592—1670）学说的指导下，"旨在通过加强学术交流、提倡热心公益事业的精神、普及教育、传播实用的知识以及统一语言，求得真理和实现人的理解与和平"。这个"谈笑有鸿儒，往来无白丁"的知识群体，汇集了众多学有所成、站在学术前沿的著名学者，大家交流研究信息、研究成果，互相切磋讨论、砥砺共进，涌现出不少青史留名、造福人类的科学家。加入无形学院，使年轻好学、崇尚科学的波义耳有幸结识了一大批著名科学家，从而迅速掌握了最新学术理论、学术方法和研究成果，并进入到学术研究的前沿阵营。从某种意义上说，是无形学院培养和造就了波义耳，他在这里所接受的科学知识、科学教育、科学训练和前沿理论、前沿动态等，是任何一所大学的硕士和博士研究生都难以企求的。难怪波义耳自称毕业于无形学院，直到晚年依然对无形学院怀有深深的眷恋之情。

此时的英国，学术活跃，学术团体众多。伦敦是英国的政治、经济和文化中心，除无形学院外，还有不少与无形学院相似的民间学术团体。其中，以经常在格雷沙姆学院聚会的科学家俱乐部最为有名。该俱乐部自 1645 年起每周聚会一次，讨论学术问题，交流学术成果和学术信息。

1653 年，波义耳结识了俱乐部牛津分部的负责人威尔金斯，并建立起通信联系。1655 年，波义耳移居牛津后，随即加入了该俱乐部。

1660 年 11 月，包括波义耳在内的 12 人策划成立一个促进科学知识进步的学术组织，并规定了集会时间、地点及会员的义务等，威尔金斯当选为主席。两年后的 1662 年，国王查理二世为其颁发了"许可证"，正式批准成立了"以促进自然知识为宗旨的皇家学会"，这个世界上历史最悠久而又从未中断过的科学学会，就是至今依然具有广泛影响的英国皇家学会。其实，学会并非皇家建立，而是由会员自主设立和经办的自治团体，活动经费来源于会员缴纳的会费，与私立机构别无二致。日本学者古川宏上的研究认为："在皇家学会，由于对有兴趣者采取开放的政策，因此其成员不仅包括对学术感兴趣的人，也包括贵族、政客、乡绅（仅次于贵族阶层，尤其指大地方阶层）等实际上不从事研究的名义会员。其结果是，这些名义会员占据了皇家学会成员的半数以上。他们的参加不仅使财政上有了些许盈余，而且使学会的社会威信得到了提升。"1665 年，经学会秘书奥登伯格（约 1618—1677）的努力，刊登会员成果的皇家学会会刊《哲学学报》得以创刊，这是迄今为止最古老的学术期刊。波义耳不仅是皇家学会的发起人之一和首届理事之一，1680 年还一度被推举为皇家学会主席。在波义耳的研究生涯中，皇家学会始终是他最主要的活动舞台。

波义耳 8 岁进入伊顿公学，12 岁游学欧洲大陆，17 岁回国之后不久加入学术团体"无形学院"，33 岁出版奠定其学术地位的成名作《关于空气弹性及其效应的物理力学新实验》，34 岁出版科学史上的不朽名著《怀疑派化学家》，使化学成为自然科学的一个分支。因此，我们有理由说，除自身过人的天赋、勤奋好学和巨额的财富支撑外，科学家群体学术氛围的熏陶、学术成果和学术信息的交流、众多知名学者的悉心点拨，发挥了不可估量的作用。如果说，寄居瑞士日内瓦的两年影响波义耳的宗教信仰的话，那么，加入无形学院对他留名青史的科学人生和科学成就具有不可替代的重要意义。

二、创新型研究方法和研究机制

从 17、18 岁加入无形学院一边学习、一边从事科学研究起，到 1691 年去世，在波义耳 64 岁的一生中，学术生涯超过 45 年。在这 40 多年间，波义耳撰写 43 部著作，发表了数十篇学术论文，内容波及科学、哲学和神学，在物理学和化学上都有建树，尤其是化学，其《怀疑派化学家》（该书全称是《怀疑的化学家：或化学—物理学的怀疑和悖论，涉及炼金家普遍推崇并为之辩护的而又为化学家通常认为实在的种种要素》）被公认为使化学真正成为化学的标志。波义耳取得举世瞩目的成就，与他的开创性研究方法、研究机制密切相关。

1. 引入实验、定量和分析方法

在研究方法上，波义耳是培根的"实验归纳法"的践行者和捍卫者，在培根关于"科学是实验的科学"的基础上，提出了"空谈无济于事，实验决定一切"名言，还在化学研究中引入了定量方法和分析方法。

波义耳自幼喜好观察自然，游学期间接触和学习了意大利物理学家和天文学家伽利略、法国哲学家和数学家笛卡儿等著名科学家的主要著作，熟悉伽利略的实验方法和笛卡儿的数学和演绎推理方法，并对伽利略的实验方法产生了浓厚的兴趣。不过，培根总结和概括的实验归纳法对波义耳的影响显然更大，将波义耳称为培根研究方法的忠实信徒也不为过。

他非常敬仰这位被誉为"实验科学之父"的英国唯物主义哲学家和科学家，很早就反复研读过培根的《新工具》一书，对培根强调的实验归纳法之重要性认识深刻，对《新工具》论述的归纳三法——求同法、并导法和共变法更是烂熟于心。

加入无形学院后，在每周一次的集会上，科学家们讨论科学问题，交流各自的研究成果，畅谈科学发明的趣闻乐事，谈论轰动英国及欧洲大陆的科研成果，如英国皇家医学院院长、伊丽莎白女王的宫廷医生吉尔伯特（1544—1603）关于磁铁的系统研究，英国皇家医学院院士哈维（1578—1657）大夫发现血液循环和伽利略的《新科学对话》等。同时，揭开自然奥秘或解读自然之书的方法——研究方法，也是众多科学家常常谈论的重要话题之一。有人认为通过人类的大脑可以解读上帝撰写的"自然之书"，有人主张通过实验的方法解读"自然之书"，有人推崇笛卡儿的数学和演绎方法。真理是在争论和批判中诞生的，唯有经得住激烈争论和批判的理论、思想等才堪称真理，争论和批判越是激烈，结论越是可靠，这些激烈的讨论和批判，使亲身参与争论和批判的波义耳印象深刻，受益良多。

1646年，不到20岁的波义耳便在自己伦敦的家中建造起设备优良的实验室，成天埋头在科学实验之中，表明波义耳在从事科学研究之初就崇尚培根的实验归纳法。此后，随着一个个科学发现在实验中的诞生，波义耳更加信奉培根的实验归纳法，坚信科学理论或科学发现来源于实验（实践），并接受实验（实践）的检验。波义耳不仅崇尚严密的实验方法，而且1661年3月出版的《若干自然科学论文》及此后的许多著作，都在不遗余力将这种方法引入科学研究之中。在波义耳发表的研究成果中，既有直接冠以"实验"一词的著作或论文，如《关于空气弹性及其效应的物理力学新实验》（1660）、《关于颜色的实验与思考》（1664）、《矿泉水的博物学实验研究简报》（1685），也有讨论科学实验的论述，如《若干自然科学论文》中，有 3 篇论文专门讨论科学实验。"空谈无济于事，实验决定一切"的科学名言，也是来自于科学实验。江晓原主编的《科学史十五讲》介绍说："波义耳不但论述了实验对于化学的重要性，对实验中的具体注意事项，他也有清晰的讨论。比如，他主张化学实验不但要认真记录好每一步骤，更重要的是及时、清楚地报道实验成果，以便同行能够重复、证实和受益。……由此确立了科学实验的一个原则——可重复性原则。正是由于这一原则，科学实验在人们心目中最终获得了其应有的可靠性保证。"也正是坚持这一原则，因而波义耳的科学思想、科学成果能够经受科学实验的检验。

还须说明的是，实验归纳法在 17 世纪后半期尚未形成学术界的共识，尚未引起足够的重视。新哲学的代表人物、著名的荷兰唯物主义哲学家斯宾诺沙（1632—1677）曾专门给波义耳写信，要他相信理性高于实验。波义耳去世后，名满欧洲学术界的德国哲学家、数学家莱布尼茨（1664—1716）和荷兰物理学家惠更斯（1629—1695），"都叹息他为了通过实验证明那些可由逻辑推理得知的东西而浪费了时间"。

波义耳在化学研究中不仅引入和倡导实验归纳法，还将分析方法和定量方法引入化学研究。他最先提出分析化学的名称，1664 年出版的《关于颜色的实验与思考》一书，被认为是化学分析史的里程碑。他在化学研究中进行许多定量研究，例如，在进行硝石的分解与合成实验时，对实验前所用的硝石和实验后重新合成的硝石分别称量重量。

波义耳成功地使化学真正成为化学的示范性效应，以及被同时代科学家誉为伟大化学家的影响力，为实验方法、定量方法和分析方法得以成为化学研究的基本方法奠定了坚实的基础。

2. 引入科研团队的研究机制

在科学研究中，波义耳创造性地引入了科研团队的研究机制，开辟了科学研究从个人孤军奋战转向科研团队集团作战的道路。波义耳的科研团队，由来自英、法、德等国的科学家和大学生组成，团队成员群策群力，共同讨论、辩疑科学问题，增大了每个人的科研能力。波义耳科研团体中的大学生，更是在实践中迅速成长，并成为波义耳化学思想的受益者和传播者。

1655 年，波义耳移居牛津，建造自己的私人实验室，招聘助手，形成自己的科研团队。波义耳自幼身体孱弱，一次由于医生开错了药方而差点丧生，幸亏胃不吸收吐了出来，才未致命。在繁忙的研究与实验工作中，他经常感到疲倦，有几次竟然晕倒在实验台旁，多亏女仆安妮的救护。所以，他下决心寻找几名研究助手，组建自己的研究团体。这个目标明确、分工协作、集思广益的科研团队，汇集了一批年富力强、思维敏捷、才华横溢的研究人才，胡克、奥尔伯格、洛克、奥贝格等人甚至成了波义耳的左膀右臂。同时代的人都惊诧波义耳怎么能获得那么多的成就，其实，原因就在于别人是在孤军奋战，波义耳则是率领一个军团作战，发挥了集团作战的优势，真正做到了众人拾柴火焰高！

在牛津，波义耳结识了天才的实验家胡克（1635—1703）。当时胡克正在维尔金斯的实验室工作，两人一见面，马上为对方的才华和见识所倾倒。波义耳马上宣布雇用胡克。历史进程表明，波义耳和胡克相遇牛津大学是一次多么有益于人类的事件！胡克是一位卓越的实验室大师，又是一位构想奇特、创意无限的仪器发明制造大师，他的优点弥补了波义耳的缺点，两个人可谓珠联璧合，相得益彰。当波义耳在皇家学会发表气体定律时，谦虚而又实事求是地说："这个理论虽然是我想出来的，但是，这些实验都是我的助手胡克帮我做的，这里面也有他很大的功劳。"

1891年，在姐姐莱涅拉夫人的病榻旁，为了转移姐姐对病痛的注意力，波义耳饶有趣味地谈论起他的助手。"胡克生于怀特岛，像我一样体质也很弱。原来，他本打算到教会供职，可考虑到经受不了频繁的弥撒、布道等工作，只想找一个轻松的研究工作。本来，他是在威利斯那里做一些不领薪水的辅助工作。在牛津期间，他一下子就迷上了我的实验室，主动要求到我这里，做一个只需管饭的小帮工。你瞧，我怎么能夺人之美呢！后来，他三番五次跑到我这里，连维尔金斯也开玩笑说：'你们波义耳家管胡克的饭吧，我想管也管不成了。'"

"那个胡克，既懂得理论又在实验上眼明心细，胆大手巧。在研究空气时，我几乎都想放弃了，因为抽气泵的技术和玻璃器皿的制造简直太难了。凡是参与研究空气泵的人都泄气了，可是，有一天胡克竟然把它弄成功了。我们都佩服极了。每个人都把他看成圣徒，仿佛有上帝在指点他，真是不可思议。""胡克也有一个明显的毛病，伙伴们都说他悭吝金钱。他省吃俭用，薪水收入也不低，可是让人感到他仍然一贫如洗。"波义耳也很疑惑地说。"金无足赤，人无完人。历史上许多有名的人物，他们的优点和缺点一样，都会流传千古的。"莱涅拉夫人嘟囔了一句。

"还有那个龚贝格。我俩组成了专门研究盐的小组。虽然他做起实验来有些笨手笨脚，可他设计的实验却相当美妙，很长一段时间，他倒成了主人，我简直就成了他的仆人了……"

波义耳的科研团队既帮助他完成了探索自然的划时代巨著，同时，这个科研团队也形成了薪火相传的学术梯队，造就了一批留名青史的科学人才。

英国物理学家、化学家胡克（1635—1703）作为波义耳的助手，协助波义耳改进真空泵，参与了波义耳的大多数有关真空和气体的实验，帮助完成了气体的波义耳定律的实验。而且，胡克还发现了"胡克定律"——即弹性定律，研制出显微镜，最早完善了显微镜系统，在使用显微镜的过程中提出了光的波动学说。他用显微镜观察微观世界，绘制出苍蝇眼、羽毛、虱子、跳蚤、霉菌等将近 60 张标本图谱。在观察软木纤维过程中，发现软木树皮是由细胞构成，是最先提出"细胞"一词的科学家。他还对大量矿物、植物和动物进行观察，积累了大量精确的资料。两年后的 1665 年，他出版了世界上第一部关于显微图像的学术专著《显微图谱集》，向人们展示了许多鲜为人知的显微图像和信息，成为 17 世纪自然科学领域里重要的文献之一。

英国皇家学会的首任秘书奥登伯格曾任波义耳的文字秘书，他虽然不是一个科学家，但他大力提倡科学的实验方法，进行大规模的科学通信，广泛地传播科学信息，长期担任皇家学会的秘书，参与了缔造皇家学会的工作，奠定了科学的社会建制的机构基础。在保存至今的波义耳手稿中，《化疑派化学家》出版前，波义耳写作的名为《对通常所谓能证明在混合物中存在亚里士多德学派的四元素或化学家的三元素的实验的看法》一文，就是奥登伯格 1660 年抄写的。

德国著名化学家、"燃素说"的奠基人贝歇尔（1635—1682），曾跟随波义耳研究燃烧现象，他在自己的著作中常常提到波义耳，还将 1682 年出版的《矿物学基础》一书献给波义耳。1703 年，贝歇尔的学生、德国化学家施塔尔（1660—1734）出版《化学基础》一书，继承和发扬光大贝歇尔的燃素学说，形成化学发展史上系统的燃素说，取代炼金术思想在化学中的统治地位。该学说将燃素定义为一种物质性微粒，用以解释燃烧问题，认为火是由大量细小的微粒组合在一起形成的。1777 年，法国化学家拉瓦锡（1743—1794）发表《燃烧通论》一文，提出燃烧的

"氧化学说"后，燃素说逐渐退出历史舞台。虽然波义耳的火微粒和贝歇尔、施塔尔的燃素都是不存在的，但是，它在历史上却发挥过积极的作用，近代化学正是通过火微粒说和燃素说从炼金术中解放出来的。

法国化学家洪伯格 1675 年左右曾在波义耳的实验室工作，回国后将波义耳的化学成就介绍到法国，1691 年当选为巴黎科学院院士，正是在他的推动下，巴黎科学院的化学研究方向，从研究与制药有关的课题转到波义耳开辟的新方向。

波义耳不仅创立了近代化学本身，更创造了传播几百载的研究传统和研究机制，培育了一大批化学精英和化学教育的顶尖人才，加速了科学研究的发展步伐。名扬全球的"卡文迪许实验室""卢瑟福实验室"等，都可以看到波义耳研究机制的影子。

三、使化学成为化学的奠基石

波义耳在其化学发展史上的里程碑巨著《怀疑派化学家》中明确指出："化学到目前为止，还是认为只在制造医药和工业品方面具有价值。但是，我们所学的化学，绝不是医学或药学的婢女，也不应甘当工艺和冶金的奴仆，化学本身作为自然科学中的一个独立部分，是探索宇宙奥秘的一个方面。化学，必须是为真理而追求真理的化学。"他既反对将化学视为炼金术，也不同意将化学附属于医药学，强调化学旨在对自然界的物质现象进行理论解释，使化学彻底告别了炼金术，否定了亚里士多德的"四元素说"和炼金术士、医药化学家的"三元素说"。他对近代化学奠基性的伟大贡献，除前述的开创性研究方法和研究机制外，还有他的科学思想和科学实验。

1. 近代化学的科学思想

在波义耳看来，无论是认识自然界，还是解释自然现象，都必须从构成自然界的基本物质入手。他认为"数学所涉及的只是自然界抽象的数与形的关系；物理学虽然研究物质运动，却不涉及自然界构成要素的本质问题，生物学如果不借助于化学也只能是描述性"，化学从一开始就关注物质世界的基本构成，所以化学是揭开自然奥秘的关键，明确提出了"要认识自然的本质，最好是研究化学"的观点。

关于波义耳为近代化学奠定基础的科学思想，拟介绍以下两点：

第一，指出元素是还有待于进一步探讨的存在物，明确了元素与化合物区别。16、17世纪流行的物质构成理论，一是古希腊哲学的集大成者亚里士多德（前384—前322）的"四元素说"，认为世间万物由"水、土、火、气"四种元素构成，一是曾任巴塞尔大学医学教授巴拉塞尔苏斯（医药化学的创立者，1493—1541）和比利时化学家海尔孟（1579—1644）等医药化学家的"三元素说"，认为世间万物由"硫、汞、盐"三种元系构成。巴拉塞尔苏斯教授还是炼金术的信奉者，相信可以从矿物中提取到长生不老之药，他分别将硫、汞、盐这三种元素比作人的精神、灵魂和身体，硫代表颜色和可燃性元素，汞代表流动性元素，盐代表坚固性元素。

波义耳通过化学实验，发现元素远远不止四种，"四元素"和"三元素"给出的元素还不到已知化学现象的十分之一，千差万别的化学现象或物质现象都无法得到合理的解释。他的《怀疑派化学家》明确指出："难道可以用分析的方法把所有的物体分解成盐、硫或汞吗？显然不行！也没有一种方法能够把数目繁多的物质只变成四种原质——水、气、土、火。"因此，自然界一定存在着许多元素。进而，他提出了自己的元素概念，认为不能互相转变和不能还原成更简单的东西为元素，"我说的'元素'，是指某种原始的、简单的、一点儿也没有掺杂的物体。元素不能用任何其他物体造成，也不能彼此相互造成。元素是直接合成所谓完全混合物的成分，也是完全混合物最终分解成的要素"。元素是"一种一切所谓元素组成的物质中都总会遇到的物质"。也就是说，元素是原始的、简单的、一点儿也没有掺杂的物体，是构成化合物的基本物质成分，元素存在于所有物质之中，反过来，每一种物质都含有元素。

在波义耳看来，元素必须具备下列条件或特征：（1）元素是原始的、简单的、完全没有混杂的物体；（2）元素不能由其他物体组成，也不包括元素之间的相互合成；（3）元素是化合物的成分，完全的化合物最终也将被分解成元素。因此，"水、土、火、气"或"硫、汞、盐"都不具备冠之以元素之名的条件。那么，什么物质是元素呢？元素是还有待于进一步探讨的存在物。

波义耳虽然没有明确指出哪些物质是具体的元素，但是，他关于元素还是有待于进一步探讨的存在物、元素与化合物相区别的见解，奠定了近代化学的基本思想。从此以后，寻找化学元素的实验就成为化学研究和探索自然奥秘的重要内容之一。迄今为止，人类已发现的化学元素已达一百二十多种，种种迹象表明，这也不是终结。同时，这也证明了波义耳关于元素远远不止4种的科学结论是正确的。

第二，认为构成自然界的材料是一些细密、用物理方法不可分割的粒子。波义耳一生辛勤耕耘，全部工作都受一种理论的指导，他把这种理论称作"微粒哲学"，即波义耳的机械论宇宙观。认为粒子结合成更大的粒子团，粒子团往往作为基本单位参加各种化学反应。复合微粒或粒子团是可以通过化学分析得到的简单物质，具有确定的化学性质，通常不可再分，在化学变化过程中保持不变。粒子团的大小和形状决定物质的性质，运动粒子之间的相互匹配集聚形成物质的吸引力和亲和力。波义耳的微粒哲学摒弃了神秘的超自然力量的作用，排除了上帝的主宰，比较系统完善地回答了"物质世界是怎样的"问题。波义耳认为，不仅自然界是由微粒构成的，化学元素也是由微粒构成的。波义耳推崇的微粒哲学，对于化学、物理现象能够用物质及其运动的观点做出机械论的解释，而无须诉诸超自然的、人格化的因素，从而抛弃了经院哲学的神秘主义理论。

波义耳用微粒理论解释当时普遍使用又神秘莫测的火，火是什么？火焰的本质如何？亚里士多德认为，火是一种元素。随着矿冶的实践深入，特别是科学家对焙烧、煅烧等实验现象的深入观察，亚里士多德的观点已经显得陈腐不堪。波义耳认为，火由极其细小的微粒即"火微粒"所构成。他在《怀疑派化学家》一书中对此做了表述，认为细小无比的火微粒可以透过烧瓶同被加热的物体结合。

波义耳主张根据简单物质的概念来分析物质的组成及化学变化，为18世纪化学的发展指明了道路。

他的微粒思想是带有大小层次的粒子观，已经具有了近代原子论和分子论的雏形。这一理论模型经法国化学家、"近代化学之父"拉瓦锡（1743—1794）发展达到了一个新的高度，英国化学家道尔顿（1766—1844）则将其发展为近代科学的原子论。

2. 影响深远的实验化学

波义耳的科学思想和科学成果来源于科学实验，他一再强调实验和观察是科学思想形成的基础，化学必须依靠实验来确定自己的基本定律。

《怀疑派化学家》效法伽利略《关于两大世界体系的对话》一书的对话模式，通过旧理论的拥护者与怀疑派化学家对话的形式，全面阐述化学研究的目的、对化学元素的见解、对"四元素"和"三元素"物质观的大胆怀疑、否定旧观念的论据。怀疑派化学家卡尔尼亚迪斯由于手中掌握了实验的武器，提出了足以摧毁大多数陈旧元素观念的令人信服的证据。《怀疑派化学家》一书使人们益发坚信，在科学争论中，最有说服力的是实验，有无实验证据成为评价一本著作优劣的标志。同时，波义耳明确指出了化学实验的重要意义，认为"化学，为了完成其光荣而又庄严的使命，必须抛弃古代传统的思辨方法，应该像物理学那样，立足于严密的实验基础之上"。他所确立的科学实验的重要原则——可重复性原则，即敢于接受任何人检验的原则，大大提升了其科学思想和科学成果的可靠性、正确性，也为化学成为实验科学打下了基础。

波义耳不仅在化学思想上有创见，而且是出色的实验家，在科学实验方面做了许多开创性的工作，亲自设计并做了大量科学实验，实验内容涉及物理学、化学、医学和生物学等学科。为了进行科学实验，在胡克的协助下设计和制造了不少实验仪器，17世纪发明和广为使用的至少6种仪器——显微镜、望远镜、温度计、气压计、抽气机和摆钟，他参与了显微镜、温度计、气压计、抽气机的设计和制造，还改进和完善了一些仪器。

和当时的许多科学家一样，波义耳首先研究的对象是空气。在胡克的协助下，波义耳制造出一台新型真空泵，该真空泵使用球形玻璃仪器做排气装置，操作方便，还可以从外面观察排气装置内部的变化。通过对空气物理性质的研究，特别是真空实验，他认识到真空所产生的吸力乃是空气的压力。他做了一系列实验来考察空气的压力和体积的关系，并推导出空气的压力和它所占体积之间的数学关系。1660年，波义耳出版了自己的第一部科学著作《关于空气弹性及其效应的物理力学新实验》，这也是他的成名作。该书 1662 年的第二版，证明了"空气的弹性和它的体积成反比"的假说，即"波义耳定律"，还证明了空气也是有重量的物质。1676 年，法国物理学家马略特（1620—1684）也根据实验独立发现了这一定律。所以，后人把关于气体体积随压强而改变的这一规律称作"波义耳—马略特定律"。这一定律用当今较精确的科学语言应表达为：一定质量的气体在温度不变时，它的压强和体积成反比。波义耳定律是第一个描述气体运动的数量公式，为气体的量化研究和化学分析奠定了基础，学生在学习化学之初都要学习它。

波义耳在实验中非常重视物质的颜色变化，第一个注意到所有的酸都能使紫罗兰的蓝色汁液变红，而所有碱则能使紫罗兰汁液变绿，并在化学实验中发现了酸碱指示剂。这个故事还真有几分浪漫色彩，女友去世后，波义耳一直把女友最喜爱的紫罗兰花带在身边。在一次紧张的实验中，放在实验室内的紫罗兰，被溅上了浓盐酸，波义耳急忙把冒烟的紫罗兰用水冲洗了一下，然后插在花瓶中。过了一会儿，波义耳发现深紫色的紫罗兰变成了红色的。这一奇怪的现象促使他进行了许多花木与酸碱相互作用的实验。由此他发现了大部分花草受酸或碱作用都能改变颜色，其中以石蕊地衣中提取的紫色浸液最明显，它遇酸变成红色，遇碱变成蓝色。利用这一特点，波义耳用石蕊浸液把纸浸透，然后烤干，这就制成了实验中常用的酸碱试纸——石蕊试纸。事实上，波义耳已经发明了现代化学研究必不可少的"石蕊试剂"和"pH 试纸"。通过大量关于颜色的实验，1664 年他出版了《关于颜色的实验与思考》影响深远的巨著。

波义耳对燃烧现象进行了大量实验，1672 年发表《关于火焰与空气的关系的新实验》一文，描述了硫黄、火药、氮气等物质的燃烧实验，发现物质在真空中不能燃烧，但火药在真空中和水中都燃烧，得出了物质同硝石混合，即便没有空气也能燃烧的结论。此外，他还首次描述制取并收集氢气的实验。

在 1673 年发表的《使火焰固定并可称重的新实验》这篇文章中，波义耳描述了一系列金属的煅烧实验，以及硫黄在真空中的燃烧过程，发现在没有空气进入的情况下，带有硫黄的纸卷只冒烟不起火，一旦空气进入纸卷马上产生蓝色的火焰，他由此意识到空气对燃烧的必备条件。在对火和燃烧现象的实验中，波义耳引入定量分析方法，分别对燃烧前和燃烧后的物质进行称重。认为金属煅烧后的煅灰之所以比金属本身还重，是金属在煅烧过程中"火微粒"穿过容器壁与金属结合的缘故。其实，煅烧后的金属之所以要重一些，在煅烧过程中，金属与瓶内空气中的氧化合，金属的氧化物自然比金属重。顺便说说，波义耳的"火微粒"，后来被发展成为 17 世纪后期至 18 世纪中期欧洲盛行的错误理论"燃素说"。还须说明的是，科学研究已经证明，虽然"火微粒"或"燃素"都是不存在的。有趣的是，化学却是借助"火微粒说"和"燃素说"才得以从炼金术中解放出来的。

在助手、德国化学家汉克维兹的协助下，波义耳经过 3 年的努力，制出了磷，并于 1680 年出版了《气态发光体》一书，将磷的制取方法公之于众。成功地制取磷后，汉克维兹曾问波义耳："先生，我们是不是也像别人一样，保守制磷的工艺秘密？""不，我们不能那样，我们不是江湖术士，我们是专业工作者，科学发明创造的所有权应该属于全人类。"波义耳斩钉截铁地说。汉克维兹十分钦佩老师，他激动地说："先生，我要研究大规模生产磷的工艺，让磷造福于全人类。"后来，人们利用波义耳制取磷的方法，实现了磷的大规模生产。

发现元素磷，揭开了探索自然界元素奥秘的序幕，从物质中分离出新元素告诉人们，自然界不是由简单几种元素组成的。

除物理、化学实验外，波义耳还进行了许多极有意义的科学实验。例如，观察了动物在没有空气的情况下的行为，用实验系统地考察了空气在呼吸和燃烧中的作用机理。他借助抽气机的功能，抽掉空气进行实验，发现通过从气管上的开孔把空气注入狗肺，已解剖的狗的心脏还能跳动一个多小时。再如，波义耳还改进了磁倾计，用以测定地磁偏角。为了测量各地海水的不同比重，他改进并研制成比重计。直到今天，人们所使用的海水比重计还是波义耳式的。又如，波义耳还亲自测量了声音的速度。所使用的方法是，一支步枪向远处射击，观察者处于适当的位置进行观察，然后测量从看到闪光到听到声音所需时间，再除以距离，即可得出正确的声音的速度。

四、将生命融入科学的伟人

1655—1668 年在牛津生活的 14 年间，波义耳在实验化学和理论化学两方面都取得了重要成果，为近代化学奠定了初步基础，并形成以波义耳为核心的研究团队。在此期间，波义耳一度担任过解剖学私人教师，提出在酒精中保存生物标本的方法。1665 年 9 月 8 日，鉴于他在医学上做的大量工作，牛津大学授予他医学博士学位。1680 年，波义耳被推举为皇家学会会长，而这位学术界公认的领袖却因讨厌宣誓仪式，以体弱多病为由谢绝就任。1691 年 12 月 23 日，波义耳的姐姐莱涅拉夫人不幸去世；12 月 30 日，波义耳因悲伤过度而逝世，姐弟两人的遗体埋葬于圣马丁教堂。根据波义耳的遗言，他的遗产一部分赠给他的哥哥法兰克，一部分用于资助科学研究，一部分用于传播基督教。在遗嘱中，他还不忘 "祝愿皇家学会会员们在试图发现上帝作品真正本质的宏伟事业中取得成功，并祈求他们以及其他所有探索自然科学真理的人们，能够真诚地将取得的成就用于赞颂上帝和用于人类的安逸"。

波义耳一生都对事物怀有好奇心，相信经验，特别是以实验为基础的经验。这位学术兴趣非常广泛的科学家，几乎涉猎了当时科学的全部领域，尝试了同时代人做过的所有研究。当然，最让他痴迷的还是实验。1646 年，19 岁的波义耳便在伦敦的家中建立了自己的私人实验室；1655年迁居牛津后，又在牛津建立实验室；1668 年从牛津迁往伦敦与姐姐莱涅拉夫人住在一起时，也在伦敦建了一个实验室。从 1646 年建立实验室至 1691 年 12 月逝世，波义耳不论白天黑夜，整日都沉浸于实验之中，乐于与刺鼻难闻的气味、粉尘、硫酸等相伴，而不愿与达官贵人往来应酬。父亲给他留下了丰厚的遗产，但他却过着非常俭朴的生活。为了从事科学实验，却不惜耗费巨资，例如要证明黄金是一种元素需要将黄金溶于王水，要研究宝石的结构需将宝石切割、粉碎，等等。

波义耳在生前就被科学界誉为伟大的化学家，正是他使化学不再是炼金术和医药学的附庸，走上独立发展的道路，成为自然科学的一个重要分支，其学说对科学界产生广泛而深远的影响。我国学者吴国盛的《科学的历程》认为："从波义耳开始，化学被看成一门理论科学，它不只是制造贵金属或有用药物的经验技艺，而是自然哲学的一个分支，主要从事对物质现象的理论解释。"经典力学的创立者牛顿（1642—1727）的物质理论和光学研究就明显地受到了波义耳的影响，并在自己的著作中发展了波义耳的微粒哲学。波义耳去世后，有学者甚至称波义耳为"近代化学之父"。虽然人们对"近代化学之父"的提法不尽一致，但波义耳作为近代化学的奠基者却是学术界的共识。

波义耳是著述丰厚、硕果累累、声名远扬的伟大科学家，被视为英国科学界的泰斗。1662 年，英国国王查理二世还将爱尔兰的一所庄园赠送波义耳。他经常应邀入宫，成为国王的座上宾，显贵们认为哪怕与这位"泰斗"谈几分钟话也是光荣的。然而，波义耳并未为此沾沾自喜，并未放弃本职工作，并未离开实验室。待在实验室，他感到惬意、舒畅、充实；离开实验室，他就有一股失落、怅然的滋味。

波义耳不仅创立了近代化学本身，更创造了传播几百载的化学研究传统，培育了一大批化学精英和化学教育的顶尖人才。化学发展史上传承至今的三大学派（英国的牛津学派、法国的传统学派和德国的传统学派）中，首当其冲的便是由波义耳开创、在牛津落户和生根开花的"牛津派化学家"。该派始终秉承波义耳重视创造的思想传统和实验至上的精神，有人统计过，至今获得诺贝尔化学奖的化学家中有一半左右是牛津派化学家的后裔或传人。中国化学家也有受波义耳——牛津派化学家恩泽之人，诸如著名药物化学家赵承嘏、生物化学家王应睐、有机化学家汪猷等人，亲身沐浴了牛津风雨，受波义耳影响至深。

生平大事记

1. 1627 年 1 月 25 日，生于爱尔兰的利兹莫尔堡。

2. 1635—1638 年，在英国著名的贵族学校伊顿公学学习。

3. 1639—1644 年，到法国、瑞士、意大利旅行和学习。

4. 1644—1645 年，结识著名科学教育家唯特利伯并加入"无形学院"。

5. 1660 年，参与策划成立"促进物理、数学和实验知识"的学会（即英国皇家学会）。

6. 1660 年，出版第一部科学著作——《关于空气弹性及其效应的物理力学新实验》。

7. 1661 年，出版科学史的划时代巨著《怀疑派化学家》。

8. 1662 年，证明"空气的弹性和它的体积成反比"的假说，即"波义耳定律"。

9. 1664 年，出版分析化学史上的里程碑著作《关于颜色的实验与思考》。

10. 1680 年，当选英国皇家学会主席，以体弱多病为由谢绝就职。

11. 1691 年 12 月 30 日，在伦敦去世，享年 64 岁。

主要参考文献

1. 恩格斯.自然辩证法.北京：人民出版社，1971.

2. 波义耳.怀疑的化学家.袁江洋，译.武汉：武汉出版社，1993.

3. ［日］古川宏上.科学的社会史：从文艺复兴到20世纪.北京：科学出版社，2011.

4. ［美］科恩.科学中的革命.北京：商务印书馆，1998.

5. ［英］丹皮尔.科学史.北京：中国人民大学出版社，2010.

6. 胡亚东.世界著名科学家传记：化学家Ⅲ.北京：科学出版社，1995.

7. 张家治.化学史教程.太原：山西教育出版社，2001.

8. 潘永祥，李慎.自然科学发展史.北京：首都师范大学出版社，1996.

9. 刘景华，张功耀.欧洲文艺复兴：科学技术卷.北京：人民出版社，2008.

10. 卢晓江.自然科学史十二讲.北京：中国轻工业出版社，2007.

11. 吴泽义，等.文艺复兴时代的巨人.北京：人民出版社，1987.

12. 吴国盛.科学的历程.长沙：湖南科学技术出版社，1995.

13. 江晓原.科学史十五讲.北京：北京大学出版社，2006.

14. 束炳如，倪汉彬，杜正国.物理学家传.长沙：湖南教育出版社，1985.

近代自然科学的开路先锋

——达·芬奇

科学名言：铁不用就会生锈，水不流就会发臭，人的智慧不用就会枯萎。

勤劳一日，可得一日的安眠；勤劳一生，可得幸福的长眠。

　　说到达·芬奇（1452—1519），很多人都知道他是享誉全球的艺术大师，也是整个欧洲文艺复兴时代最杰出的代表人物之一，与米开朗琪罗、拉斐尔并称"文艺复兴三杰"，或"艺术三杰""佛罗伦萨三杰"，他的《最后的晚餐》和《蒙娜丽莎》今天依然令人赞叹不已。殊不知，他在自然科学和工程技术领域的伟大贡献，完全可以和他的艺术成就并肩而立。这位世界画坛的一代宗师，通晓天文、地质、物理、数学、生理和工程建筑等学科。恩格斯在《自然辩证法》中，称赞达·芬奇"不仅是大画家，而且也是大数学家、力学家和工程师，他在物理学的各种不同部门中都有重要的发现"。

　　英国著名科学史家丹皮尔在《科学简史》一书中高度评价说："他既是画家、雕塑家和工程师，又是建筑师、物理学家、生物学家和哲学家，在他所涉及的每一个领域里，他的成就都达到了登峰造极的地步。在世界发展史上，大概无人有过这样的记录。""如果说，彼特拉克是文艺复兴时期文学方面的先驱，达·芬奇就是其他学科的开路先锋。""假如达·芬奇能够在当时就发表他的著作，那么，科学本来一定会一下就跳到一百年以后的局面。"大量无可争辩的事实证明，达·芬奇不仅"在他所涉及的每一个领域里，他的成就都达到了登峰造极的地步"，而且，他也确实堪称"其他学科的开路先锋"。只是，达·芬奇的艺术成就、艺术名望太高，以至他的科学成就都被他的艺术光芒湮没了。同时，由于他的科学手稿生前没有公之于世，辞世后这些未经整理的手稿又散布在朋友手中，因此，《蒙娜丽莎》画中女子谜一般的微笑几乎尽人皆知，他在科学和工程等领域登峰造极的成就却甚少有人知晓。

我们可以从达·芬奇对解剖学、地质学、光学、军事学等学科的开创性研究，以及影响至今的科学思想和研究方法，梳理其在自然科学领域的巨大贡献，让更多的人了解和认识这位"旷世奇才"。

一、孜孜不倦的探索者

无论是在艺术，还是在自然科学和工程技术领域，达·芬奇都堪称伟大的拓荒者、先驱者，其艺术、科学和工程技术领域的成就均以原创性为基本特征，称其为"开路先锋"一点儿也不为过。他的艺术杰作，依然是难以超越的高峰；他那成千上万页科学手稿给人类文明留下的宝贵财富，涵盖天文、地质、物理、数学、生理和工程建筑等学科，必须用"登峰造极"才能准确评价的成就，至今仍令人惊叹不已。

公元 1452 年 4 月 15 日，达·芬奇诞生于佛罗伦萨共和国的一个名门望族之家，三代都是公证人。父亲皮塞尔·皮埃罗·达·芬奇是当地一名富有的法律公证官，母亲是年轻貌美的农家妇女卡泰丽娜，达·芬奇是二人的私生子。在这个富有的名门望族之家，达·芬奇自幼接受良好的家庭教育，知识渊博的父亲长期充当他的老师，保护和培育他的学习兴趣，发掘他的学习潜力。达·芬奇天赋极高、爱好广泛，聪慧过人而又好学不倦，什么都想学，什么都想一探究竟，幼年时代就表现出了超过常人的才智，绘画方面的天赋尤其突出。由于当时尚无艺术学校，采用的是师傅带徒弟的培养方式，就像手工业的学习者必须到手工作坊去给师傅当学徒一样，年轻的学习者需要去跟一位艺术家（师傅）当学徒，向艺术家（师傅）学习一段时间后，才能出师并成为从业者。于是，家人便针对达·芬奇的兴趣爱好和艺术特长，将他送到一个著名的艺术家那里去当学徒。

从某种意义上说，达·芬奇在艺术、科学和工程方面的成就，与佛罗伦萨著名艺术家委罗奇奥（1438—1488）有着密不可分的关系。无论是委罗奇奥的那个作为人文主义中心的画坊，还是委罗奇奥本人重视解剖学和透视学的艺术创作，都对达·芬奇产生了广泛而深远的影响。

委罗奇奥知识渊博、多才多艺，既是一名画家、雕刻家和首饰匠，还是建筑师、工程师和音乐家，对天文、地理和历史也有浓厚的兴趣。他的艺术创作，强调以科学的理论和实践的方法来表现艺术，非常重视解剖学和透视学等学科的知识。而且，委罗奇奥的画坊是佛罗伦萨极负盛名的艺术中心，志同道合的人文主义者经常在此聚会，交流思想，畅谈文学艺术，探讨自然科学。正是在这里，没有接受过"正式教育"的达·芬奇有幸结识了一大批人文主义学者、艺术家和科学家，有幸在人文主义思想的熏陶下成长。委罗奇奥与达·芬奇的父亲是好友，1467年15岁的达·芬奇拜委罗奇奥为师，开始接受系统的艺术教育。委罗奇奥严格而又循循善诱的培养，激发了达·芬奇多方面的潜力，艺术创作进步特快。刘景华、张功耀的《欧洲文艺复兴·科学技术卷》记载说：达·芬奇在委罗奇奥画坊学习时，据说委罗奇奥看到这个年轻徒弟所绘的天使形象，此后便不再作画。达·芬奇的艺术天赋，由此可见。1472年，20岁的达·芬奇被佛罗伦萨画家行会吸收为会员，也就是说他的艺术造诣获得了社会的认可，具备了独立工作的能力。

1482—1499年，达·芬奇受聘于米兰宫廷，专心从事创作和研究活动，取得了丰厚的成果。1495—1498年创作了举世闻名的壁画《最后的晚餐》，1503—1506年创作了文艺复兴时期最卓越的肖像画之一《蒙娜丽莎》。1513年后，花甲之年的达·芬奇往来于佛罗伦萨和罗马等地，继续从事绘画和科研活动。1516年，达·芬奇受法王弗朗西斯一世的邀请侨居法国，并在异国他乡度过了人生的最后岁月。

达·芬奇天性好奇，喜欢探索未知世界。可以说，他一生都对未知世界充满好奇之心，一生都在孜孜不倦地探索未知世界。据说，孩童时代的达·芬奇，有一次因贪玩迷了路，不知不觉走到了一个山洞前面。山洞里漆黑不见五指，年幼的达·芬奇顿生恐惧，而好奇心又促使他去探个究竟。据陈文斌主编的《品读世界科学史》介绍，后来达·芬奇这样描述了童年的这段经历，"我突然产生了两种情绪——害怕和渴望：对漆黑的洞穴感到害怕，又渴望看看其中是否会有什么怪异的东西"。

好奇心产生丰富的想象力，凡事总要问个明白，喜欢打破砂锅问到底；好奇之心也使人产生怀疑与批判精神，不迷信书本和权威。总之，好奇之心使人充满活力和创造力，是科学发现的源泉。正如梁启超先生在《中国历史研究法》一书中所说："夫学问之道，必有怀疑然后有新问题发生，有新问题发生然后又研究，有研究然后有新发明。"本是很平凡的事物，本是很平常的现象，一遇见好奇的大脑，往往会碰撞出思想的火花。很多科学发明、科学发现，往往源于不大被人们重视的平常事物，往往是由喜欢打破砂锅问到底的人发现的。教堂里不停晃动的吊灯、树上掉下的苹果、烧开水时水壶盖子的跳动，都是平平常常的事物和现象，也很少有人会花工夫去弄清这种再平常不过的现象。但是，伽利略、牛顿和瓦特却偏偏要去弄清原委，因而他们发现了摆的定律、万有引力定律和蒸汽机的原理。

达·芬奇既勤于思索，又勇于动手实践。强烈的好奇心，将达·芬奇引向一个个未知世界，孜孜不倦的探索精神和实践精神，使他成了近代自然科学和工程技术的开路先锋，13000页科学手稿中随处可见的奇思妙想，在400年后的今天依然富有启迪意义，利用太阳能的奇思妙想，今天已经成了现实。

二、大胆创新的开拓者

应该说，创新是达·芬奇从事研究活动的核心和灵魂，他不仅是艺术、自然科学和工程技术等诸多领域的开拓者，也是科学研究方法的开拓者。

在科学史上，英国著名哲学家弗兰西斯·培根（1561—1626）被誉为"实验科学之父"，意大利著名物理学家伽利略（1564—1642）被誉为"实验科学的大师"。其实，早在培根和伽利略提出实验方法之前一个世纪，达·芬奇就已经认识到真正的科学应该从观察开始，实验是科学的源泉，并在自己的科学研究中有意识地运用实验方法，他在天文、地质、物理、数学、生理等学科登峰造极的成就，都是运用实验方法取得的。只是，他没有写过科学方法论的论文而已。

达·芬奇之所以能在自然科学的诸多学科取得登峰造极的成就，被誉为近代自然科学的开拓者，关键在于他拥有先进的科学思想，掌握了科学的研究方法。英国学者丹皮尔在《科学史及其与哲学和宗教的关系》一书中说，达·芬奇坚信"科学如果不是从实验中产生并且以一种清晰的实验结束，便是毫无用处的，充满了荒谬，因为实验乃是精确性之母"。在科学研究中，达·芬奇始终坚持崇尚实验的科学思想和亲自动手的科学态度，以观察和实验作为最基本的研究方法，即：观察—实验—再观察—再实验的研究方法。这种以观察和实验为基础的研究方法，摆脱了中世纪以权威和《圣经》为依据的研究方法，为近代科学的产生和发展奠定了理论与实践基础。

100 年后，达·芬奇以"观察和实验"为基础的研究方法，经伽利略继承和发展，形成观察、实验方法与数学方法相结合的研究方法，即"伽利略的研究方法"。培根对达·芬奇研究方法从理论上加以总结，将实验从一向被鄙视的地位，上升为一种科学原则，形成"大量搜集材料，进行科学实验，再从实验数据中探求结果"的研究方法，即"培根的实验归纳法"。此后，这种以观察和实验为主，通过观察的实验方法归纳出经验定律，再用实践和观察验证的研究方法，很快成了近代自然科学普遍遵循的研究方法，有力地促进了自然科学的发展，至今依然是自然科学研究的重要方法之一。

当然，没有继承便没有创新。没有继承，每一代人都得从头练习生存技术；没有创新，人类社会就失去了活力。任何一位伟大人物都只有从传统文化中吸收营养才能有所创新，达·芬奇的科学方法论也是站在巨人的肩膀上创立的。阿尔贝蒂、托斯堪内里、亚美力果·维斯普西、帕西奥里、布伦内西等人的著作和研究成果，都深深地影响着这位文艺复兴时期的科学巨人。在古典时代的哲学家和科学家中，阿基米德无疑是一个真正具有科学精神的先驱，其著作强烈地反映出一种理性的实验方法，达·芬奇深受其影响，且受益匪浅。当时，好友曾赠送了一些阿基米德著作的手抄本给达·芬奇，后者对这些手抄本产生了浓厚的兴趣，一度很痴迷地阅读，并对这位前辈表达了由衷的敬佩之情。

达·芬奇的继承与创新还体现为科学与艺术的结合，将科学知识运用于艺术创作，艺术创作中包含丰富的科学思想，科学研究则对艺术创作起了巨大的推动作用。例如，透视学是人类历史上最重大的科学发现之一，在古希腊、古罗马和中世纪时期，一些自然科学家已开始注意到了透视这一奇特的光学现象。在文艺复兴时代，布鲁内斯莱斯基（1377—1466）、弗朗切斯卡（1410—1492）、阿尔贝蒂（1404—1472）等人都对透视现象进行了卓有成效的研究，且将透视理论运用到了各自的研究领域，从而在建筑学、数学、绘画等领域取得了不俗的成就。达·芬奇则将人们对透视学的认识和理解发展到一个新的高度，其艺术创作更是运用透视学的典范。《达·芬奇论绘画》一书强调说："如果从绘画时采取的位置观看一件利用透视描画的物体，可以产生更良好的印象。如果你希望描画一件近处的物体，使它产生自然的印象，非使观画者站立的距离、眼睛的高度和视角正好就是你作画采取的距离、高度和视角不可，否则你的透视势必显得错误，具备了只有在拙劣的作品里才能设想其存在的那一切虚假的外观和失调的比例。因此很有必要做一个等同你脸孔大小的窗子或洞口，使你能够透过它观看自己的作品。"《最后的晚餐》《博士来拜》《岩间圣母》和《蒙娜丽莎》等作品之所以成为后人无法超越的经典之作，一个重要原因就在于透视学、解剖学等学科的研究成果对作品赋予的生命力。

达·芬奇绘画作品开拓创新的另一重要内容，就是以人性取代神性。他也创造了不少以宗教为题材的绘画作品，但这些作品往往表现的是人性而非神性。他提出了"谁不尊重生命，谁不配有生命"的口号，明确表达了"人是万物的尺度"这一人文主义的核心思想。《圣经》中的圣母玛利亚神情黯淡，面部表情尽显满目疮痍之沧桑感，怀中的圣子耶稣基督长着很长的胡子，有着一张中年男子的面孔。在达·芬奇圣母圣子画像的代表作《岩间圣母》里，圣母玛利亚面部表情慈祥，眼角露出一丝丝甜蜜的微笑，世俗慈母的爱意一览无遗，而圣子耶稣基督活泼可爱，活脱脱是一个天真无邪的孩童形象。《最后的晚餐》这幅宗教题材的作品，也是芸芸众生世俗生活的真实反映与最为精确的缩影。

在自然科学和工程技术领域，达·芬奇孜孜不倦的探索和英勇无畏的开拓更是随处可见。

三、解剖学的先驱

世人皆知达·芬奇是卓越的艺术家，而他作为一名解剖学家的成就和努力却常常被人忽视，《蒙娜丽莎》迷人的笑容被赞美、解读了几百年，而很少有人知道这迷人的笑容离不开解剖学的支撑，也很少有人知道这是解剖学与艺术完美结合的典范。

在委罗奇奥画坊学习期间，达·芬奇学会了绘画和雕塑的基本知识，随着艺术水平的不断提高，他也益发不满足于画那些被衣物遮盖的人像画，他想知道被衣物遮盖着的人体的外部和内部构造，以便能够准确地描绘人体。在他看来，不知道人体的外部和内部构造，就不能准确地描绘人体。要知道人体的外部和内部构造，只有亲自解剖尸体，别无他途。于是，他开始解剖尸体。也就是说，达·芬奇解剖尸体的动因是出于绘画的需要。"作为画家和雕塑师的列奥纳多·达·芬奇，出于绘画和雕塑的需要，他认为自己应该掌握人体的构造知识。于是，他冲破教会思想的束缚，找来许多尸体并亲自进行了解剖。"早在被誉为"解剖学之父"的维萨里（1514—1564）出生之前，达·芬奇已经开始解剖人体。开始，他与他的一位名叫德拉·托瑞的医生朋友合作进行人体解剖，大约一年后托瑞去世，他便购买尸体独立进行了约30具尸体的解剖。达·芬奇将尸体分解成各种细节，并绘制了数千幅精确的解剖图，将人体解剖描绘提高到了前所未有的精细程度，这些人体图对艺术家和医生都极有帮助。1510—1511年，他曾准备出版自己的解剖学理论著作，还为此专门绘制了200多幅画作。不言而喻，在近代解剖学先驱者的行列中，达·芬奇无疑是非常重要的一位。遗憾的是，直到他去世161年后的1680年，这部名为《绘画论》的解剖学著作才公开出版。如果这些解剖学成果及时发表的话，必将大大推动解剖学的发展，也许还会改写解剖学的历史。

达·芬奇学习和研究解剖学既是基于绘画艺术的需要，也与他的绘画老师委罗奇奥有直接关系。如前所述，1467—1472年，达·芬奇在委罗奇奥的画坊学习绘画艺术。委罗奇奥非常重视运用解剖学等学科的知识进行艺术创造，为了精确地描绘人体，曾经解剖了一些动物和人的尸体，并且要求他的学生们学习解剖学。在委罗奇奥画坊学习的5年间，在老师的言传身教下，天资超群、好学不倦的达·芬奇不仅艺术水平迅速提高，而且也奠定了解剖学的基础。

达·芬奇建立在亲自解剖人体基础上的解剖学成就，首先是对心脏和血液循环、人体骨骼结构与肌肉组织的研究。他是认识到心脏有四个心室的第一人，而传统医学则认为心脏只有两个心室。达·芬奇认为心脏是人体的血流泵，得出了脉搏与心脏跳动频率一致的结论；血液不断地把人体需要的养料运进来，又把人体所产生的废料输送出去，从而维持着人体的新陈代谢，"这就像烧火炉必须要添材除灰一样"。他用自己的机械学和水力学知识论述血液循环，据丹皮尔的《科学简史》记载："他用水的循环来比喻血的运行：水从高山流到江河，再由江河流到大海，再由海水变成云，然后又由云变成雨水而回到山上。可以说，达·芬奇比哈维早100多年发现了血液循环的原理。"达·芬奇还观测到了动脉的硬化现象，推测很多老人的死因之一是动脉硬化，而动脉硬化的原因在于缺乏运动，现代医学已经证明了这种解释是完全正确的。心脏外科医生弗朗西斯·威尔斯通过仔细观察达·芬奇的心脏解剖图，改善了心脏瓣膜手术的具体操作方法，该方法在今天依然被广泛地运用。达·芬奇对人体骨骼结构与肌肉组织的观察非常仔细，论述之详细甚至超过同时代的许多医学家，是第一个全面描述人体骨骼以及摹画了人体全部肌肉组织的科学家，在神经和血管系统以及生理学和生物学等方面也有许多独特的见解。

第二个重要贡献是开创了比较解剖学的先河。除人体外，达·芬奇还解剖了牛、禽、猴、熊、蛙等动物，并且将人体解剖与动物解剖进行比较。为了解开生命的奥秘，运用综合思维方式对人类和动物的身体构造和生理机制进行比较，而不是以一种孤立的方式来看待解剖学。例如，他经常把病理学、生理学和解剖学互相比较，期望能通过解剖找出疾病和人体生理机能之间的关系。按比例画出老人和儿童的解剖图，对比人类在不同年龄阶段的差异性和相同点。对比人和猴的解剖结构，寻找不同种类生命体之间的类似性。通过一系列的比较研究，树立了比较成熟和先进的解剖学思想。此外，达·芬奇还是第一个对植物进行解剖研究的科学家。

第三个重要贡献是运用全新的解剖方法。为了研究心脏的功能和组织结构，先将蜡注入心脏，然后进行解剖，这样就能很好地观察到各个心室的情况。为了研究大脑，他曾在1508—1509年，使用注射器将热蜡注入牛的大脑，等到蜡冷却后再将大脑切开，从而得到一个准确可靠的脑部解剖切面，对大脑的功能和组织结构有了准确的把握。为了研究眼睛，先用陶瓷制作眼睛活动模型，然后进行细致研究。用玻璃建立心脏模型，通过这个模型研究血液在人体里的流动，产生了血液循环的观念。运用这种解剖方法，他推翻了古代医学和盖伦等人的某些错误结论，为解剖学研究提供了正确的理论和实践基础。

第四个重要贡献是艺术与解剖学的结合。达·芬奇集科学家与艺术家于一身，绘制了大约3500幅人体解剖图。这些解剖图以精细、准确著称，同时也是杰出的艺术品。这些达·芬奇的手稿，至今还有许多张解剖图保存在温沙尔宫。他利用绘画技巧绘出的心脏瓣膜图，完全可以和现代高科技3D数字成像技术获取的图像相媲美。所绘人体图形包括人体骨骼正面、背面和侧面，以及肺脏、肠系膜、泌尿道、性器官甚至性交，以及子宫中的胎儿和腹腔中的阑尾等等。在达·芬奇之后，一些医学家和解剖学家也解剖和研究心脏，但在研究成果的表现上，却无法和达·芬奇相提并论，因为他们无法运用绘画手段来表达研究成果。

可见，达·芬奇在解剖学及其与解剖学关系密切的生理学方面，远远地走在了他那个时代的前面。

在此，我们也得承认，尽管达·芬奇在解剖学领域获得了巨大的成功，但由于时代和个人原因的局限，他对解剖学的某些认识还存在着谬误。时过境迁，今日的科学技术正在以一种日新月异的速度发展着，迅速发展的科学技术，既证明了达·芬奇的一些超越了时代而影响深远的成就，也证明了他的一些结论是荒谬之言。对此，我们不应该对这位科学巨匠过于苛责，如能以一种"理解的同情"来看待他和他所处的那个时代，也就不难得出这样的结论：文艺复兴时代赋予了达·芬奇从事解剖学的机遇，勤奋加之秉性过人，使得他在解剖学及生理学方面做出了超越时代的杰出贡献。

四、地质学的创立者

达·芬奇在进行艺术创作和揭开人体奥秘时，并没有停止在其他学科范围里追求真理的脚步，地质学便是他有着浓厚兴趣和始终不停探索的领域之一。

水是生命之源，这是一个公认的真理，包括柏拉图、亚里士多德在内的先哲，都认为水是构成万事万物的元素之一。达·芬奇有着超越时间和空间界限的敏锐目光，认识到了水在生命起源的地球、地质、地貌的形成方面有着决定性的作用。英国学者麦克尔·怀特在《列奥纳多·达·芬奇——第一个科学家》一书中介绍说，他"着迷于水及其好坏两方面的影响，作为一个地质学家他几乎从各个角度思考过水的性质和重要性。他认为水是最重要的元素，并广泛地讨论过它"。在名为《雨之书》的著作里，他详细地叙述了水具有腐蚀性这一特征，指出在构建地球上千奇百怪的地质地貌过程中，水的这一特征起了决定性的作用。也是在这本书中，他描述了云的性质和作用，云如何产生了雨，以及雨在大自然长期的进化与演变中举足轻重的角色。为了了解空气的质量和浓度、准确地预测天气的变化和下雨的时间，他还创造性地发明了一个湿度计，这在文艺复兴时期无疑是一项具有前瞻性的发明创造。

文艺复兴时期，人们有一个普遍的认识上的错误观念，都认为河流的水来自海洋，该方面的权威学者普林尼里也是如此。达·芬奇并不是拘泥于前人和权威的结论，而是以务实求真的科学态度观察和研究，得出了"河流中的水并非来自海洋，而是来自云"的科学结论。该论断在今天看来是一个众所周知的常识，但在深受亚里士多德形而上学影响的时代，在启迪智慧和打破错误的权威理论方面，无异于一阵和谐的微风，吹散了长期压抑在人们心头的疑云。

在高山上能找到海洋动物和植物遗留下来的化石，16世纪对这一现象的解释，大多来自于《圣经·旧约·创世纪》里洪水与挪亚方舟的相关记载：上帝耶和华因人类罪孽深重降大雨，"大渊的泉源都裂开了，天上的窗户也敞开了。四十昼夜降大雨在地上。""水势浩大，在地上共一百五十天。"在这场旧约时代的特大洪水之中，海中植物和动物，被大洪水的力量搬运到了一些高山上，历经岁月的变迁和复杂的地质变化，变成了今天人们看到的化石。达·芬奇打破了这一持续千年的基督教教条，认为客观世界的历史远比文字的历史久远，在文字和书籍尚未出现以前，地球已经存在了很久很久。高山上有海洋化石的存在，并不是缘于《圣经·旧约·创世纪》里记载的大洪水，即使将地球上的海水集中起来也不可能将地球上的高山淹没。基于这一认识，他将高山上出现海洋生物的化石归之于地壳运动（变动）的结果，认为在地球的历史上，地壳一定发生过变动，正是地壳的变动形成了现在的海洋、陆地和高山、峡谷等。在地球演进的漫长历史上，地壳运动改变了地球的面貌，不断造成陆地和海洋，一些从前的海洋变成了陆地和高山，而一些陆地和高山则变成了海洋。"时间长了，地壳的运动就会在亚得里亚海中造出新的陆地，这就像它过去淀积了伦巴第的大部分土地一样。"因此，高山上的海洋化石并非上帝之力，而是自然之力的作用，把对神性的盲目崇拜转移到了对科学的追求上，对人文主义思想的发展起了推波助澜的作用。大约300年后，"火成论"的代表人物、英国科学家赫顿（1726—1797）经过长期艰苦卓绝的研究，得出了与达·芬奇相似的结论，他认为在火山爆发的过程中，原先处于洋底的地壳隆起，从而形成了陆地和山脉。

达·芬奇在地质学领域又一新发现，是使用了类似当今"地质年代"的科学术语，他在其手稿里这样写道："伦巴底的化石有四层（level），就和那些分阶段形成的东西一样。"与此同时，他在地质学领域整体论的思想得到了发挥，把对人体解剖学的研究成果和地球地质的构造进行了形象而有趣的对比，这种合乎情理的对比，实际上就是一种大宇宙观和人体小宇宙观的对比。

达·芬奇在地质学方面的成就，对大航海时代的到来和地理大发现做了理论上的准备。1492年哥伦布发现了美洲新大陆，1519—1522年间，麦哲伦在西班牙王室的支持下完成了史无前例的环球航行。这两个事件标志着人类历史进入了一个全新的时期，大航海时代到来了，全世界各大洲彼此孤立的格局被打破了，地球从此成为一个相互联系和相互影响的整体，真正意义上的世界史开始了。早在哥伦布和麦哲伦开始航海之前，达·芬奇就在测量工具简单和科学观念落后的情况下，使用了不同于前人的测量方法，计算出了地球的直径约为 7000 英里，这与现代测量的结果相差不大，委实令人不得不由衷地佩服生活在遥远时代的这位科学巨人。

达·芬奇对天文学也很有研究，他将天体比作一架听命于自然法则的机器，按照自然法则运行；把地球叫作星，认为地球这个星与其他的星是完全一样的，地球的结构存在长期的、缓慢的变化。

五、光学的先行者

光学是物理学的一个分支学科，以光（电磁波）的现象和性质以及光和物质相互作用为研究对象。光是一种自然界里普遍存在的现象，试想如果没有光存在，感知宇宙人生中万事万物的存在便不能成为现实。

在人类的历史上，很多经典著作都有关于光的记载。基督教经典《圣经·创世纪》有这样的记载："神说：'要有光。'于是便有了光。神看见光是好的，就把光暗分开。神称光为昼，称暗为夜。"《圣经》中有关光的记载，是一种广泛意义上的光，这里所言的光实则是一个基督教神学最基本的概念，宇宙万物和万事万物的元初起源。光学在中国历史上有很长的研究历史，约成书于周安王十四年癸巳（前388）的古代典籍《墨经》，就有很多关于光学原理和现象的记载，包括小孔成像、平面镜、凹面镜、凸面镜成像等等。在西方历史上，欧几里得、托勒密等人也曾经对光学有过较为深入的研究和阐述。光这种自然现象如此重要，以至于古今中外很多人士都对之倾注了浓厚的兴趣和研究热情。达·芬奇更是在光学领域里持之以恒地工作着，最终收获了沉甸甸的硕果。他把光学原理运用到艺术创作当中，在绘画上石破天惊般不断突破和创新，留下了大量优秀的作品。这些作品当中的部分巅峰之作，被一代又一代的人们不断模仿和解读，但始终没有被超越过。

达·芬奇在极其困难的情况下，在光学这一领域里不停地工作与探索着。文艺复兴时期的光学仪器极为简陋，人们对有关光学原理和规律方面的知识所知甚少。不难想象，在这样的历史条件下，从事光学研究，并且要试图在这一领域有所作为，是一件多么不容易的事情。达·芬奇这位人类历史上罕见的科学天才，总是迎难而上，以超乎想象的坚强意志和敏锐的洞察力，观察到了容易被人忽视的现象，并从科学原理的角度，对这些现象做出了合理的解释。

文艺复兴时期，人们对于光学现象的解释有很多误区，大多数人依然墨守成规地盲从于亚里士多德和柏拉图的错误理论。达·芬奇经过艰苦卓绝的研究后，对柏拉图关于光的"粒子说"产生了怀疑，认为该学说不能解释人眼为何能在同一时间看到同一物体的不同部分。他以科学家特有的洞察力，对各种光学现象进行了观察，并且亲自解剖了人眼，了解了人眼的结构和功能。通过多学科的研究，提出了类似于后世物理学家们提出的"光波"理论。在今天的人们看来，该理论固然具有很大的局限性，但在当时的历史条件下，这一见解无疑是具有开拓性的，理应在科学发展史上占有一席之地。

达·芬奇根据自己研究的光学原理，制作了一些光学仪器。作为一个艺术家，他很娴熟地在画布上使用画笔很好地表现光和影，借此来表现一个五彩缤纷而且变化多端的世界，进而力图在艺术领域里不断突破与超越。他长时间沉迷于观察和实验，长期的训练使得他很好地理解了光的本质、色彩的变化以及影子是如何产生的光学原理。在文艺复兴时期，人们固守光在运行时无限的陈词滥调，达·芬奇却坚持光的传播速度是有限的理论。1679 年，丹麦天文学家奥劳斯·洛莫尔的研究证实了该理论的正确性。据相关史料记载，达·芬奇在 35 岁时患上了严重的远视眼疾病，为了克服疾病带来的种种不便，他以玻璃为原料，设计制造了人造眼球。此外，还设计投影仪、聚光镜、望远镜等光学仪器。

作为文艺复兴时期最伟大的科学家之一，达·芬奇在光学领域里的成就和造诣，已经远远地超越了他所处的时代。天才般的敏锐洞察能力，使他能觉察到常人毫不在意的光学现象，长期的实验，又让他足以对这些现象做出合乎情理的解释。就算以今天的标准来看，在那个历史时代，达·芬奇事实上是一座难以逾越的科学高峰。

在物理学方面，达·芬奇也有很多重要成就，并且来源于科学实验。他在实验中，发现了物体运动的惯性原理，认为"凡是感官可以察觉的事物，一般都不能自己运动……而每一物体在自己运动的方向上，都有一个重量"。他证明了杠杆原理，明确指出杠杆是机械的基础，其他机械都是在杠杆的基础上进行发展和变化的结果。发现了阿基米德的液体压力的理论，证明了在两个连通器中高度相同的情况下，如果把不同的液体分别装入两个管子中，那么，管子液面的高度和液体的密度将成反比。

六、超前性的科技构想

达·芬奇是一位非常勤奋的科学家，终其一生，每天都做笔记，留下了大量手稿。这些手稿内容丰富，几乎涉及了当时所有的学科领域。通过这些手稿，不难发现达·芬奇是一位崇尚实践的科学家，他从实用的角度从事科学研究，力图解决现实问题，服务于时代的需要，努力将自己的科技构想付诸实践，笔记本中有关科技构想的设计草图多达数千页。设计草图可分为两类，一是军事科技构想，一是民用科技构想。

达·芬奇在内心深处是讨厌战争的，不赞成使用战争这种极端的方式来解决利益纷争。然而，面对战火连连的社会现实，他也绘制了很多军事武器。达·芬奇对自己在军事领域的才能充满了自信，其在军事领域里多方面的天才建树，可以从 1482 年他写给米兰摄政路德维克的书信里得以证实。麦克尔·怀特的《列奥纳多·达·芬奇——第一个科学家》这样写道：

> 最光荣的陛下，您一直在正确判断着那些自称是熟练的战争机械发明家们的经验，并且了解他们所说的机械和一般所用的并没有什么区别，我将不对其他人抱任何偏见地尽力向陛下您揭示我的秘密，在您方便的时候，我可以向您演示下面简单列举的所有机械。

> 我有一种很坚固但是很轻的桥梁模型，而且非常容易携带，这有利于追击敌人，或必要时摆脱敌人。我还有其他很坚固并能防火及抵御攻击的模型，很容易拆装。我也知道如何烧毁和摧毁敌人的桥梁。

> 在围城时我知道如何抽干护城河中的水，如何建造无数的桥梁、带顶的通道、云梯和用于此目的的其他此类机械。如果由于防护墙的高度和城堡的坚固和其规模，无法用爆破的方法摧毁它时，我知道摧毁任何堡垒或要塞的方法，即使它们是建造在岩石上的。

> 我还有很实用、容易搬运的投石炮模型，我可以用它发射石弹使它们像雨一样落下，它们发出的烟雾将使敌人陷入恐怖和混乱，极大伤害他们。

> 如果战斗是在海上发生，我有很多有效的、既可以用于进攻、也可以用于防守的机械，还可以抵御甚至是最厉害的炮火、火焰和炸药。

> 我知道如何使用小路和地下通道，在不发出噪音的情况下挖掘，辨别复杂的路径，到达指定地点，即使需要从护城河或河底穿过。

我将制造带屏障的车辆，既安全又坚固，它们可以用炮火冲破敌人的阵地、消灭强大的部队；步兵可以跟随在它们之后，没有任何障碍，也不会受到损失。

如果需要，我可以制造设计精美和实用的大型火炮、投石炮和火焰投掷器……在火炮不能起作用的时候，我可以制造弹射器、投石器和 trabocci 以及其他很有效果的机械，它们不同于现在所使用的。简单地说，不管何种场合，我都可以制造可用于进攻和防守的所有种类的机械。

达·芬奇并非只是在信中说说而已，他的手稿表明他确实进行了卓有成效开创性的研究，其军事武器方面的设计和画稿，包括坦克、直升机、潜水艇、降落伞、机关枪、手榴弹等等。后来，一些科学家对这些画稿进行仔细研究后，推断他的天才性研究已达到第二次世界大战时的水平，同时也认为在当时科技水平和生产条件下，他的某些武器构想如坦克、直升机、潜水艇、降落伞、机关枪等无法变为现实。

民用方面的科技构想，也可分为两类，一是机器制造，一是建筑工程。在他考虑撰写的重要著作中，除《人体地图》之外，就是机器制造和建筑工程的著作，遗憾的是，他想写的书最终未能写完。

在机器制造上，他那上千份减轻劳动强度、提高劳动效率的机器草图，都是当时使用的和自己发明的。他设计的机器有：剪毛机、纺纱机、织布机、印刷机、卷扬机、抽水机、挖土机、起重机和钟表，以及活动扳手、棘齿机、千斤顶、绞车、旋床等，还有内燃机、空调装置等。

建筑工程包括水利建筑工程和城市建筑工程，水利工程方面的设计有：开凿运河、修筑河道、改良土壤、水库、水闸、水坝、水力灌溉；城市建筑工程主要是：下水道、教堂和宫殿、剧场、舞台等，意大利和法国都留下了他设计和监督建造的古建筑，他设计和监督建造的米兰市的护城河，至今仍令专家们赞叹不已。当然，达·芬奇留给后世的科学遗产还有很多、很多。

达·芬奇是最富天才的艺术家，也是酷爱探索的科学家，直到晚年依然一直在从事科学探讨，还是杰出的工程师和多产的发明家，生前就被认为是出类拔萃的伟人。这位集艺术家和科学家于一身的时代巨人，虽然没有按原定计划将研究成果整理出版，但是，他作为王公贵族的座上宾和学术界的主要代表人物，从而使他的许多思想学说得以广为传播和保存下来，并对此后的科学发展起到了极大的促进作用。特别是他所崇尚的实验精神，无疑非常有助于近代自然科学的成熟和发展。科学史家丹皮尔说："如果我们要在古代和现代的思想家中，选择出一位文艺复兴精神的代表人物，那么，我们一定选择列奥纳多·达·芬奇这位时代的巨人。"

1519年5月2日，这位孜孜不倦的探索者在床上向神父完成了临终忏悔后，与世长辞，享年67岁。毫无疑问，达·芬奇是一位对人类有着巨大贡献的伟人，他不但属于意大利，更属于全世界。

生平大事记

1. 1452年，4月15日，诞生于佛罗伦萨。
2. 1467—1472年，在佛罗伦萨著名画家委罗奇奥的画坊学习绘画。
3. 1472年，被佛罗伦萨行会吸收为会员。
4. 1482—1499年，受聘于米兰大公，1495—1498年创作了举世闻名的壁画《最后的晚餐》。
5. 1503—1506年，创作了文艺复兴时期最卓越的肖像画之一《蒙娜丽莎》。
6. 1510—1511年，与医生朋友托尔合作进行解剖学研究，一年后托尔去世，达·芬奇自己购买尸体独立进行解剖了至少30具。

7. 1516 年，受法国国王弗郎西斯邀请，侨居法国。

8. 1519 年 5 月 2 日，与世长辞，享年 67 岁。

主要参考文献

1. 亚·沃尔夫．周昌忠，等，译．十六、十七世纪科学、技术和哲学史．北京：商务印书馆，2009.

2. 陈文斌．品读世界科学史．北京：北京工业大学出版社，2007.

3. W.C. 丹皮尔．科学史及其与哲学和宗教的关系．北京：商务印书馆，2009.

4. W.C. 丹皮尔．科学简史：缩译彩图本．北京：人民日报出版社，2007.

5. 列奥纳多·达·芬奇．达·芬奇论绘画．戴勉，编译；朱龙华，校．广西师范大学出版社，2003.

6. 和合本圣经·新约：马太福音．

7. 麦克尔·怀特．列奥纳多·达·芬奇——第一个科学家．北京：生活·读书·新知三联书店，2001.

8. 乔治·萨顿．文艺复兴时代的科学观．上海：上海交通大学出版社，2007.

9. 吴泽义，等．文艺复兴时代的巨人．北京：人民出版社，1987.

10. 刘景华，张功耀．欧洲文艺复兴史：科学技术卷．北京：人民出版社，2008.

11. 吴国盛．科学的历程．长沙：湖南科学技术出版社，1995.

12. 解启扬．世界著名科学家传略．北京：金盾出版社，2010.

后记

　　合上最后一页书稿，不由重重的舒了一口气。本书经过历时近两年的艰难写作，现在终于付梓。其实，这并不是什么长篇大著，也算不上高难度的学术著作，说艰难似乎有些夸张。但我心里知道，这艰难确实没有夸张的成分。这本书的写作者们大都是高校和中学的一线教师，平日里承担着繁重的工作，有的还承受着家中孩子幼小、老人住院等生活压力，只能利用不多的零碎时间收集、整理、写作，其中的艰辛和付出唯有自知。这里，要特别对他们道一声感谢！本书的最后完成，还要特别感谢中国青年政治学院教授刘明翰先生和中国青年出版社王钦仁先生，没有他们的鼎力支持、热情鼓励和不断督促，这本书可能会被我以种种的理由或借口不了了之，绝难面世。

　　文艺复兴时代，涌现出了许多成就卓越、影响深远的科学巨人，我们在这些璀璨的众星中选出十一位着重加以介绍。为了保证本书质量，我们按照丛书的整体安排结合本书的实际提出具体的写作要求：第一，每位科学家的传略以15000至20000字为宜；第二，阐述清楚该科学家的生平事迹（包括成长历程）、主要著作、学术贡献、学术影响等；第三，以事实为依据，充分反映该科学家的真实面貌，并如实评价，不空发议论；

第四，既强调文章的科学性，又注意知识性和生动性。现在看来，各章的写作基本遵循了上述要求，但差距还是明显存在的，如有的科学家的生平事迹还不够饱满，文字的通俗性也还做得很不够，等等。

全书由闵军提出写作思路、框架结构、写作要求并撰写前言、后记，最后统稿、改定。

本书撰写分工如下：

哥白尼、维萨里：文君（贵州大学）

伽利略、开普勒：王丽勤（贵州省贵阳市民族中学）

塞尔维特、哈唯：李其胜（贵州师范大学附属中学）

韦达：税贞建（贵州师范大学历史学硕士研究生）

笛卡儿、费马：耿华英（贵州师范大学历史教育硕士毕业生）

波义耳：穆洋（贵州省遵义市第三中学）

达·芬奇：杨旭彪（四川大学历史文化学院博士生）

由于本书撰写时间仓促，加之我们学识浅薄，难免有疏漏之处，恳望得到读者、专家的指正与帮助。

闵军

2015 年 5 月于花溪

（京）新登字083号

图书在版编目（CIP）数据

文艺复兴时代科学巨匠及其贡献／闵军等著．—北京：中国青
年出版社，2015.8
（欧洲文艺复兴时代名家名作丛书／刘明翰主编）
ISBN 978-7-5153-3508-7

Ⅰ.①文… Ⅱ.①闵… Ⅲ.①科学家—生平事迹—欧洲—中世纪
Ⅳ.①K835.061

中国版本图书馆CIP数据核字（2015）第167530号

责任编辑：王钦仁
书籍设计：瞿中华

出版发行：中国青年出版社
社址：北京东四十二条21号
邮政编码：100708
网址：www.cyp.com.cn
编辑部电话：（010）57350507
门市部电话：（010）57350370
印刷：三河市京兰印务有限公司
经销：新华书店
开本：700×1000　1/16
印张：17.25　插页：1
字数：210千字
版次：2015年8月北京第1版
印次：2015年8月河北第1次印刷
定价：32.00元